本书受到国家社科基金项目——我国城镇家庭能源消费行为的影响
因素及其引导措施研究(项目号:13CGL061)资助

我国城镇居民家庭能源
消费行为研究

杨君茹　著

中国财经出版传媒集团

经济科学出版社
Economic Science Press

图书在版编目（CIP）数据

我国城镇居民家庭能源消费行为研究／杨君茹著 . —北京：经济科学出版社，2020. 5

ISBN 978 - 7 - 5218 - 1483 - 5

Ⅰ. ①我…　Ⅱ. ①杨…　Ⅲ. ①居民 - 家庭消费 - 能源消费 - 研究 - 中国　Ⅳ. ①F426. 2

中国版本图书馆 CIP 数据核字（2020）第 064956 号

责任编辑：刘殿和
责任校对：杨　海
责任印制：李　鹏　范　艳

我国城镇居民家庭能源消费行为研究

杨君茹　著

经济科学出版社出版、发行　新华书店经销

社址：北京市海淀区阜成路甲 28 号　邮编：100142

总编部电话：010 - 88191217　发行部电话：010 - 88191522

网址：www. esp. com. cn

电子邮件：esp@ esp. com. cn

天猫网店：经济科学出版社旗舰店

网址：http://jjkxcbs. tmall. com

北京密兴印刷有限公司印装

710×1000　16 开　12. 75 印张　220000 字

2020 年 7 月第 1 版　2020 年 7 月第 1 次印刷

ISBN 978 - 7 - 5218 - 1483 - 5　定价：53. 00 元

（图书出现印装问题，本社负责调换。电话：010 - 88191510）

（版权所有　侵权必究　打击盗版　举报热线：010 - 88191661

QQ：2242791300　营销中心电话：010 - 88191537

电子邮箱：dbts@ esp. com. cn）

前　言

中国改革开放 40 多年来取得的经济成就全球瞩目，然而环境和资源"瓶颈"也逐渐成为限制中国可持续发展的重要因素。建设资源节约型、环境友好型社会还需落实到每个单位、每个家庭，这使得家庭作为建设可持续发展社会的主体地位被置于战略高度。

鉴于家庭节能能够产生的社会效益和环境效益，本书从环境行为视角展开对微观个体行为的研究。本书主要包括以下研究内容：

（1）总结了我国城镇家庭能源消费行为的四类影响因素：其一，心理变量类因素，包括节能态度、环境价值观、环境知识、节能责任感、节能控制观等；其二，人口统计特征类因素，包括年龄、性别、收入、受教育程度、家庭类型等；其三，情境类因素，包括经济成本、技术条件、行为代价、社会规范等微观情境因素和价格、法律、宣传教育等宏观情境因素及习惯。这些因素纷繁复杂，且彼此间不是替代关系，而是互补关系。持久有效地促进家庭节能行为需要综合考虑内部及外部影响因素。

（2）从理论上系统阐述了我国城镇家庭能源消费行为的持续性引导措施。影响城镇家庭节能的事前措施是通过教育、节能宣传、预设能源消费目标等来改变人们的价值观念以及改变对节能的看法，同时通过建立承诺，使居民在家庭使用能源的过程中形成节约意识；事后措施包括信息反馈、激励、惩罚、强化、社会影响等方法，通过增强或淡化某种影响行为的要素来达到对节能行为的干预；结构性措施主要通过政府来引导实施，对家庭节能行为的事前干预和事后干预措施提供支持和辅助，常用的手段有财税政策、价格政策、法律法规、技术支持等。

（3）构建了我国城镇家庭节能动机与干预措施效果匹配关系的模型并进行了实证检验。研究发现我国城镇居民节能动机包括道德动机、规范动机、获利动机和快乐动机，分别与之匹配的有效干预措施包括节能的社会效益宣传、团体影响技术、节能知识信息宣传及节能效果反馈、经济激励手段。相对于统一化、标准化的干预措施，针对性的干预措施效果要好得多。本书还揭示了我国城镇家庭能源消费者的一个潜在分类，为相关部门识别不同类型的能源消费者及制定有差别的家庭能源消费干预措施提供了建议。

（4）从环境行为视角出发，基于扩展的计划行为理论构建了我国城镇家庭节能行为的影响因素模型并进行了实证检验。研究结果表明居民节能行为态度、主观规范、知觉行为控制影响家庭节能行为意愿；节能行为意愿对家庭削减型和投资型节能行为均影响显著；家庭用能的不良习惯对节能行为影响显著；城镇居民家庭节能行为意愿与居民家庭削减型节能行为的影响关系受到用能不良习惯的反向调节作用。

（5）交通出行构成了家庭用能的重要方面，基于中国私家车拥有量现状及中国城市布局和人口特点，节能驾驶的环境效益和社会效益不容小觑。本书基于新生态范式理论、负责任的环境行为模型及人际行为理论从环境行为视角探究了私家车驾驶者的节能驾驶行为，分析了节能驾驶行为的主要影响因素及其中的作用机制，研究结论可以帮助政府和相关部门更好地理解及推动节能驾驶行为。

（6）随着汽车业快速发展，新能源汽车也成为家庭购车的一个重要选择，新能源汽车对改变家庭的用能方式、用能结构、用能量将会发挥越来越重要的作用，并将产生重要的环境效益和社会效益。本书从消费者认知、消费者心理意识（内部心理归因）和社会参照规范（外部心理归因）三方面探讨了我国城镇居民新能源汽车消费的影响因素，并提出了基于三方视角的促进我国城镇居民新能源汽车消费的建议框架。

本书研究价值具体体现在：一是通过对家庭能源消费行为的研究，促进广大城镇居民改变粗放型能源消费行为，促进崇尚节能、科学用能的文明行为规范建立，这有助于开拓我国能源节约的思路，特别对采取何种方式实现全民参与的节能行为有所启迪；二是政府的能源需求管理政策需以对微观主体的行为洞悉为基础，本书为国家及有关部门制定引导家庭能源消费行为的政策提供了理论支撑和现实参考；三是国内对于家庭能源消费的研究多从经济及技术角度入手，从居民态度和行为视角对家庭能源消费进行的研究比较缺乏，本书研究内容是一个有益的补充。

作者

2020 年 2 月

目　录

第 1 章

绪　论

1.1　研究意义

能源是全人类赖以生存和发展的基础要素。在现代社会，大到国家的经济发展，小到居民个体的生活起居，无不与能源密切相关。从消费者个体层面，美国人首次深切体会到能源缺乏之痛是在 1976～1977 年度过的寒冷冬天，当时由于阿拉伯国家的石油禁运和欧佩克（OPEC）对石油价格的操纵，石油和天然气价格高涨，并造成了能源的严重短缺，使得美国多个城市大面积连续停电且无法供暖，漆黑的夜晚和刺骨的寒风引起了美国人对能源问题的关注。之后虽然能源价格有涨有跌，但能源及与之密切相关的环境问题都成为全球瞩目的焦点话题。

可能更多的人如果没有切身体会过能源短缺之痛，就会简单地认为该问题与己无关，实际上每一个消费者个体汇聚起来对总体能源耗费的影响已经足够大，且不谈公众消费行为对最终能源消费的间接影响，仅居民个体直接的能源消费也已经占据了总体能源消费的很大份额。早在 2005 年经合组织国家的家庭能源消费量已经占到了总体能源耗费总量的 20% 以上，其中发达国家占比更高。现在从全球来看，居民家庭内的耗费能源总量大约占总体能源耗费量的 30% 左右[①]。当然，居民私人领域的能源消费行为是否低碳不仅直接影响家庭能源消费的结构、规模和增长速度，而且也间接影响居民对工业产品的消费价值判断和选择。

---

① Swan, L. G., Ugursal, V. I., Modeling of End-use Energy Consumption in the Residential Sector: a Review of Modeling Techniques. Renewable and Sustainable Energy Reviews, Vol. 13, No. 8, 2009, pp. 1819 - 1835.

我国是世界上人口数量最多的发展中国家，40多年改革开放取得了卓有成效的经济发展成就，人们的生活水平也得到了显著提高，其中一个显著的标志是每个家庭内耗能电器数量急剧增长；汽车也早已进入了千家万户，并成为能源消耗的一个重大项目。近些年以来，伴随着中央的鼓励政策，我国的城镇化进程不断向纵深推进，目前常住人口的城镇化率已接近60%。从我国现实来看及依据发达国家的发展经验，我国在未来的若干年仍处于城镇化快速发展阶段，有数据显示到2030年，我国的城镇化率将高达70%。其结果是大量人口涌入城镇，城镇家庭的用能需求逐步攀升，如燃气、汽油、电力等能源，且呈现出刚性增长趋势。一方面家庭范围内能源需求量巨大，另一方面家庭范围内的节能常常被忽视，而实际上这是一个有很大潜力实施节能的领域。

与此同时，一个必须要面对的现实是伴随着中国经济的快速发展，出现了环境恶化、资源枯竭，从某种意义上说环境和资源"瓶颈"也逐渐成为限制中国可持续发展的重要因素。建设资源节约和环境友好的生态文明社会已经成为摆在国人面前迫在眉睫的现实，每个个体、每个家庭也应义不容辞地承担起相应的责任和义务，成为建设生态文明社会的主体。

相对于能源供给而言，西方发达国家纷纷转向需求管理。我国的节能政策基本上是"政府主导型"，且主要对企业的用能行为进行制约，在对能源使用规范上，多强调技术的创新与发展；相对而言，从居民消费态度、消费行为等方面制定有针对性的措施，从微观主体层面探究中国能源需求改善之策尚显得不足。基于以上分析，本书对我国城镇居民的家庭能源消费行为展开研究。

1.2　研究对象及相关概念界定

本书以城镇居民的能源消费行为为研究对象，通过对能源消费行为进行系统的分析，为引导行为的政策设计提供依据。因此，需要对相关的概念进行界定。

首先，"城镇居民"是指拥有城镇户口或在城镇连续居住半年以上的居民。

其次，我国居民家庭领域的能源消费主要包括用于日常生活和用于交通出行两方面，目前生活消耗的主要能源为电力、燃气、石油。家庭日常生活中耗能的主要用途为温度调节、电器耗能、做饭淋浴等，家庭的交通耗能主要是私家车使用。在国外的相关研究文献中，对于家庭能源消费行为使用的概念包括"居民能源行为""家庭能源消耗""居民节能行为"等，主要指居民在家庭领域的能源消费行为。不同学者对这一概念的界定和分类视角也不尽相同，例如，范拉伊（Van Raaij, 1983）和弗哈伦（Verhalle, 1983）将公众的家庭能源消费界定为与购买、维护和使用等相关的能源消费行为，这是一个笼统的范畴界定；林登等（Linden et al., 2006）则是针对居民能源使用用途上进行的划分，将家庭能源消费划分为取暖和照明、清洁、餐饮、娱乐等用途；中国学者陈利顺（2009）则将城镇居民能源消费行为划分为选择性的能源消费行为和习惯性的能源消费行为。

借鉴上述学者对家庭能源消费行为的界定，本书将"家庭能源消费行为"定义为指居民家庭生活及交通等日常消费型用能行为以及与购买耗能产品相关的购买行为。

1.3 整体研究思路

鉴于家庭节能能够产生的社会效益和环境效益，本书研究内容始终是从环境行为视角展开对微观个体行为的研究，且总体上采用的是规范研究和实证研究相结合的方法。总体思路设计为：定性研究与定量研究相结合，在定性分析讨论基础上，再采用一手数据对具体特定的重要主题进行定量研究。定性研究包括第1～3章，这三章的逻辑思路为阐述基本概念和现状（第1章）。而后基于对已有研究文献的梳理并结合我国的现实情况，对影响城镇居民家庭能源消费行为的因素进行了系统阐述和总结（第2章）。在此基础上分析了引导我国城镇居民家庭能源消费行为的综合措施，这些措施包括事前措施、事后措施及结构性引导措施（第3章）。第4～6章主要采用一手数据对我国城镇家庭能源消费行为进行了实证研究。这些章节相对独立，其基本思路为：第4章为节能动机的实证研究。由于动机是行为的出发点，我国城镇居民家庭节能动机的实证研究比较鲜见，在这一章里主要探讨了节能动机与适宜的引导措施的匹配效应，并提出了基于我国人口统计特征异质性实施差异化、非标准化引导措施的可能性。第5章是基于一个特定的理论（扩展的计划行为理论）对我国城镇居民家庭节能行为影响因素及引导措施进行了实证研究。和其他消费行为相比，家庭节能行为有很强的特殊性（正外部社会效应明显，但也有显著的私人消费行为特点），应用扩展的计划行为理论对该主题进行研究有明显的优势，相关研究结论也进一步验证了在定性分析中提及的影响因素（第2章）及引导措施效果（第3章）。同时，由于交通出行和在家庭内部空间内的用能均属于家庭能源消费范畴，交通出行耗能占比在我国逐年上升，但两种行为差异也很明显，因此在第6章对我国城镇居民私家车驾驶行为进行了实证研究。同时，新能源汽车对调整家庭交通耗能结构及带来的环保效益功不可没，本书第7章分析了城镇居民对新能源汽车接受和使用意愿，从多个角度提出了促进新能源汽车消费的综合举措。

第 2 章

我国城镇居民家庭能源
消费行为影响因素分析

城镇居民家庭能源消费行为的影响因素是解释居民节能行为的基础，在厘清以家庭为单位的居民能源消费行为影响因素之后，我们可以提取出关键影响变量，并以此作为依据进一步通过实证研究方法分析居民节能行为和探讨有效的干预措施。基于初步的访谈和已有的研究文献，本书将影响我国城镇居民家庭节能行为的因素划分为：心理变量因素、人口统计特征因素（包括先赋性因素和自致性因素）、情境因素（包括微观情境因素和宏观政策类因素）以及习惯因素。

居民家庭能源消费行为与一国的基本国情、经济发展状况、社会技术水平、法律法规、市场结构、气候条件等宏观因素及居民的节能知识、节能动机、感知效能、用能习惯等微观因素均紧密相关。总结影响行为的关键因素是制定适合我国家庭能源消费行为干预措施的基本前提。由于家庭节能亦是一种特定的、典型的节约能源及利于环境保护的行为，因此能源消费行为研究常常也被纳入环境行为研究范畴。

2.1　心理变量因素

心理类因素是影响居民能源消费行为内在动机的微观因素，其他因素对居民能源消费行为的影响也常常会通过心理类因素的中介效应发挥作用，该类因素常常被研究者视为最重要的、深层次的、直接的作用因素。因此，分析心理类因素对城镇居民能源消费行为的影响非常重要。本书总结了影响城镇居民家庭能源消费行为的主要心理类因素：环境价值观、环境知识、节能态度、节能责任感、节能控制观。

2.1.1 环境价值观

在分析环境价值观之前，首先有必要理解价值观的一般概念。价值观是指个人对外界事物及对自己行为结果的意义、作用、效果和重要性的总体评价，是一种处理事情、判断对错、选择取舍的标准。

环境价值观是人们持有的环境存在状况对于人的需求是否有用或能否有利于人类发展的一种评判标准体系。主要讨论的是人类怎样看待环境，如何看待人类和自然界的关系（如认为人是至高无上的、凌驾于自然之上还是认为人是大自然的一部分，应与之保持和谐共处）。显然，环境价值观能从整体上影响所有个体的环境行为，当然也包括家庭节能这样的特定环境行为，并且这种影响常常是强有力的。环境价值观也可以说是一种深藏于内心的准绳，在对待环境问题（包括节能问题）时，人们会根据这一心理倾向体系，区别出问题的严重性和重要性，从而指导自己的行为。

对于价值观的维度，目前较为普遍接受的是施瓦茨（Schwartz，1992）基于实证研究得出的价值观四个维度[1]。针对此，后人又有进一步的发展，斯特恩（Stern，2000）等在施瓦茨研究的基础上，总结出了三种环境价值观，即生态价值观、社会利他环境价值观和利己环境价值观，三种价值观分别从不同的角度表明了人们关注环境问题、实施保护环境行为的出发点和角度[2]。生态价值观以生态本身作为关注的焦点，人们承认环境本身存在的价值和权力，实施环境行为和节能行为时主要从环境本身角度考虑问题，环境行为是对环境的关心和情感投入；社会利他环境价值观是从人类社会整体利益的角度出发来保护环境，即认为保护环境行为产生的效果是对社会整体起到作用的，从而引发积极的环境行为；利己环境价值观的出发点是自身的利益，即认为保护环境的出发点是从自己本身的利益考虑，将保护环境看成是对自己有价值的行为。关于环境价值观的分类，另外一个有代表性的研究是将价值观分为人类中心价值观和生态中心价值观[3]。不同的分类方法关注的

---

① Schwartz, S. H., Universals in the Content and Structure of Values: Theoretical Advances and Empirical Tests in 20 Countries. *Advances in Experimental Social Psychology*, Vol. 25, 1992, pp. 1–65.

② Schultz, P. W., Zelezny, L., Values as Predictors of Environmental Attitudes: Evidence for Consistency Across 14 Countries. *Journal of Environmental Psychology*, Vol. 19, No. 3, 1999, pp. 255–265.

③ Thompson, S. C. G., Barton, M. A., Ecocentric and Anthropocentric Attitudes Toward the Environment. *Journal of Environmental Psychology*, Vol. 14, No. 2, 1994, pp. 149–157.

侧重点也不同。

正如一个人的价值观是在家庭和社会影响下逐渐形成的，环境价值观的形成同样受到个人成长环境以及经历的环境问题影响。居民环境价值观的形成受到自身所处环境以及接触到环境问题的影响，并在一定程度上存在不可逆性。研究表明：具有不同环境价值观的个体会产生不同的环境态度和环境行为。

环境价值观多采用量表的方法来测量，目前主要的测量方法和测量一般价值观的方法类似，分为直接方法和间接方法。直接方法是在尽量全面的范围内给出不同的价值观选择项供被测者选择，并从测项问题选择结果中分析出个体持有的环境价值观；间接测量方法是针对环境问题给出可能的行为选择项，通过不同的行为选择推断出个体的环境价值观。

环境价值观是影响包括家庭节能行为在内的诸多环境行为的重要因素。而价值观也是根植于文化传统的社会产物，探讨我国城镇居民的环境价值观根源应从分析中国传统文化中自然与人类社会关系的视角入手。在古代，天人合一思想是中国传统文化思想中重要的观念之一，人们意识到人类社会在大自然中形成并发展，是大自然的一部分。所以人与自然是相通相应、息息相关的统一体；然而随着现代社会的到来，"人类中心主义"价值观渐渐呈现，人类中心主义价值观认为人是自然的主宰，大自然是为人们所利用的。近几十年来随着经济和社会的发展，我国的资源和环境问题日益突出，人们在认识到环境问题的严重性和重要性之后，先人对待环境和自然的"天人合一"价值观又被重新引起重视。

居民具有的环境价值观也是在社会发展变化过程中逐渐形成的，面对我国严峻的环境问题现状，显然我国城镇居民应该具备的合理环境价值观为：首先，关于人类和自然关系的价值观念层面，人类应该认识到自己和自然界有着紧密的关系，人类属于自然的一部分，人类的发展应该顺应自然界发展、遵从自然发展规律，为了经济发展和个人享受而牺牲环境的行为是不理智行为，作为大自然中一员的人类应该与之和谐相处；其次，对于具体的公众节能意识的形成，应该从整体层面来引导其树立合理的节能意识行为，从而使公众深刻认识到"家庭节能减排"不仅仅是居民个体养成的习惯行为，更是在可持续发展新理念的指导下，在社会整体层面形成一种节能环境意识。该意识能够提醒公众，居民个体作为节能行为主体具有重要的经济、社会和环境意义。

2.1.2 环境知识

海因斯（Hines，1987）等提出的"环境素养模型"[1] 包括了知识层面的三个变量：自然生态学知识、环境问题知识、环境行为策略知识。陈利顺在对城市居民能源消费行为研究中也提到，通过信息宣传、教育等手段形成的环境知识本身应归为影响居民能源消费行为的外部因素，而居民对于环境知识的接收、储存、加工、理解及重新组合以形成自我认知的过程却是影响居民能源消费行为的内部因素[2]。与环境价值观和节能态度的形成一致，公众节能知识的获得和信息宣传、教育紧密相关，本部分借鉴和总结学者们已有研究结论，将环境知识归为影响居民环境行为的心理因素。

这里讨论的环境知识主要是指公众通过接触到有关环境问题及实施环境行为的知识后形成的认知、学习等心理反应过程，主要是从知觉角度入手分析。没有人能与世隔绝，在某种程度上，我们每个人都是外部信息的独立接受者。当居民接触到有关环境及节能相关的知识时，会对这些信息吸收和解读并不断提高对包括能源问题在内的环境问题的认知水平和关注程度。

借鉴海因斯（Hines，1987）等建立的"环境素养模型"[3]，我们将环境知识进一步分为三大类，分别是：（1）自然环境知识：自然环境是指人类面临的实体外界环境，自然环境知识包含了生物学和生态学的知识，具体包括大气、水、土壤、生物和各种矿物资源等知识。（2）环境问题知识：指对于大气污染、水污染、资源短缺等现实问题的认识和评价。（3）环境行动知识：指对面临的现实环境问题如何去解决的知识。

针对认识到的环境问题应该如何采取具体行动的知识，学者孙岩在其关于环境行为影响因素的研究中指出，环境问题知识就是公众对环境恶化、资源耗竭问题的理解和认识；环境行为知识与技能是个体具备的解决面临的环境问题，采取相应行动的知识[4]。从现实来看，解决现有的诸多环境问题，首先需要对目前的环境困境，即环境问题有一定认知，在此基础上还需要有如何去解决问题，即采取行动的技能。此外，马辛科夫斯基（Marcinkowski，

---

[1][3] Hines, J. M., Hungerford, H. R., Audrey, N., Analysis and Synthesis of Research on Responsible Environmental Behavior: A Meta-analysis. The Journal of Environmental Education, Vol. 18, No. 2, 1987, pp. 1 – 8.

[2] 陈利顺：《城市居民能源消费行为研究》，大连理工大学博士学位论文，2009 年。

[4] 孙岩：《居民环境行为及其影响因素研究》，大连理工大学博士学位论文，2006 年。

1988）在其研究中提出，相对于自然环境知识，环境问题知识、环境行为知识更能有效预测居民环境保护行为[1]。

已有关于环境知识影响环境行为的学术研究结论也不尽相同。比如有的学者指出，环境知识对于环境行为的影响并不显著。其中邦（Bang，2000）以美国居民为研究对象，调查他们是否具有为节能产品多付费意愿时，发现对环境问题关注度高的居民环境知识量并不多，从而他得出结论：情感因素而不是认知因素更能影响居民对可再生能源购买和使用[2]。然而，总体上该领域大多数研究结论表明环境知识对公众环境行为有很强的预测力和影响力。学者陈利顺在其研究中指出，居民使用清洁能源的环境行为受到"感知到的行为结果"的显著影响，但居民消费清洁能源时，往往缺乏必要的知识而无法作出正确的选择[3]。因此居民积累大量如何实施积极环境行为的知识，是节能行为得以实施的必要条件之一。

日常生活中家庭能源消费者如果具备相关的自然环境知识和环境问题知识，就能形成对环境的一种认知。例如，个体意识到中国经济高速发展付出了资源和环境的沉重代价，子孙后代可能不会有绿水青山，甚至日常生活都有可能受到影响，那么他们就有可能形成对严重环境问题的认知。显然，只有在认识到环境问题知识之后公众才能够形成对环境问题的感知，才进一步采取包括节能在内的亲环境行动。对于有意愿采取行动的能源消费者，应该向其进一步传递相关的环境行动知识，比如更多的节能技巧和节能方法方面的知识。居民掌握的节能行动知识越多，越懂得怎样有效地采取实际行动节约能源。已有关于能源知识对能源行为的影响以及对我国居民家庭实际用能行为相关研究表明，对于我国城镇居民，具体的环境问题知识及环境行动知识还有待于进一步进行普及教育，以引导其节能行为。

2.1.3 节能态度

态度在概念上是指对特定对象的评价和反应。ABC 态度模型指出：态度

---

① Marcinkowski, T., An Analysis of Correlates and Predictors of Responsible Environmental Behavior (Ph. D. dissertation) [D]. Southern Illionois Unviversity, Carbondale19.

② Bang, H. K., Ellinger, A. E., Hadjin, M. J., Traichal, P. A., Consumer Concern, Knowledge, Belief, and Attitude Toward Renewable Energy: An Application of the Reasoned Action Theory. *Psychology and Marketing*, Vol. 7, No. 6, 2001, pp. 449 – 468.

③ 陈利顺：《城市居民能源消费行为研究》，大连理工大学博士学位论文，2009 年。

由情感、意向、认知三种成分构成①。情感指主体对态度对象的感觉，一般表现为喜欢或不喜欢的倾向；意向包括人们对某一态度对象采取行动的倾向（但意向不一定会发生实际行动）；认知是指主体对一个态度对象所持有的信念。正如学者郭琪在其研究中指出，态度对行为的作用是通过影响行为信念进而对行为产生影响②。就某一具体事务而言，态度也可以定义为对特定对象的感觉、信念和行为意向。

由于节能具有很强的环境效益和社会效益，因此居民的节能行为也常常被视为一种典型的环境行为。环境态度也被称为环境意识、环境信念、环境情感、环境关注等。我们需要基于态度界定中关于态度构成的研究来进行具体分析。

首先，情感在环境态度中起着举足轻重的作用，因此在分析环境态度对环境行为的影响之前，我们首先对环境情感进行分析。积极的环境情感是人们对环境产生的一种欣赏、尊敬、关心的态度，也是人们对环境具有内在价值的认可，环境情感的存在能够使人们感知到环境与自身的相关性，从而更加容易察觉到环境问题，因此环境情感也被称为环境敏感度。环境情感对居民环境行为的影响被许多学者证实，如邦（Bang，2000）等研究表明能源消费者对环境的关注和信念主要来自于情感因素③。

已有环境态度研究的文献已经证实存在一般环境态度与特定环境态度两大类。一般环境态度不针对特定问题，它反应的是对总体环境问题的认知和情感倾向评价；特定环境态度则是指向特定环境问题的，比如说对垃圾回收、新能源汽车、一次性筷子使用等特定环境问题的认知和评价倾向。这里谈及的家庭节能态度是指特定环境态度，特定环境态度对于环境行为的预测能力要大于一般环境态度。一般而言，城镇居民的一般环境态度在一定程度上可以预测其特定环境态度，如对节能的态度和行为。尤其是对于我国这样一个面临日益恶化环境问题的国家，对环境问题的关注会形成居民的一般环境态度，这一环境态度可以影响到家庭能源消费者持有的能源消费态度，即一般环境态度对特定环境态度存在影响；能源消费者面对能源问题时会产生特定

① Guagnano, G. A., Stern, P. C., Dietz, T., Influences on Attitude-behavior Relationships: A Natural Experiment with Curbside Recycling. *Environment and Behavior*, Vol. 27, No. 5, 1995, pp. 699 – 718.

② 郭琪:《公众节能行为的经济分析及政策引导研究》，山东大学博士学位论文，2007 年。

③ Bang, H. K., Ellinger, A. E., Hedjin, M. J., Consumer Concern, Knowledge, Believe and Attitude Toward Renewable Energy: An Application of the Reasoned Action Theory. *Psychology and Marketing*, Vol. 17, No. 4, 2000, pp. 449 – 468.

的环境态度，即节能态度，这一态度会更加直接影响到居民的家庭能源消费行为。

通过对城镇居民家庭节能行为的态度测量可以得出居民对节能行为的评价、信念以及敏感度情况，从而我们可以推知态度这一心理影响因素对居民家庭能源消费行为影响机理以及影响程度。态度一旦形成就具有稳定性和持续性的特征，态度的稳定性是指居民节能态度一旦形成便具有不易改变性。但是这并不是说节能态度一旦形成就不发生变化，所有的态度都会因个体经历及其周遭环境变化而变化。因此我们在分析、测量出城镇居民的节能态度之后，可以设计出与之相应适宜的干预措施，从而引导居民节能行为。

本书在进行实证研究之前，进行了小范围的访谈及焦点小组讨论，初步研究结果发现我国城镇居民整体节能态度积极，对于节能宣传政策持正面评价。特别是在资源和环境问题日益突出的当前中国现实背景下，城镇居民节约能源、保护环境的意识得到了很大程度的提升。但正如已有研究发现，积极的节能态度有时并不等于积极的节能行动。我国居民在节能态度越来越积极的同时，节能行为却没有相同程度的改变。分析其原因，一方面由于节能行为是受到多种因素综合影响而产生的。如果我们借鉴瓜纳诺德（Guagnano，1995）等学者①研究居民垃圾回收行为（一种典型的环境行为）时所提出的ABC 理论，就可从中找到答案。垃圾回收行为除受到心理类因素的影响之外，也受到各种情境因素的制约，该理论强调了影响行为的心理因素和情境因素，指出实施行为时如果受到各种不可控因素制约而难以付诸实践时，行为就会受到外界情境类因素的影响较大，而受到内在心理因素的影响会较小。另一方面，从节能态度具体形成过程也能够寻找到原因。近年来我国加大了对环境问题及能源问题的宣传，在节能态度的形成过程中有两种情形：一种是居民对宣传环境保护的一般性观点的接受引起对环境态度的改变，即居民认识到了环境和能源问题的重要性，从而对于节约能源的家庭消费行为形成积极态度；另一种是居民对宣传问题的相关细节进行了更深层次的思考，主要包括环境问题和能源问题的具体成因、节能行为有效性、具体措施和技能条件等内容，然后形成新的态度。这两种方式形成的态度中，后一种应该是更强有力、更有可能促进节能行为实现。实际上对于节能态度形成的这一过程也可为宣传节能策略的具体设计提供理论指导。

---

① Guagnano, G. A., Stern, P. C., Dietz, T., Influences on Attitude-behavior Relationships: A Natural Experiment with Curbside Recycling. *Environment and Behavior*, Vol. 27, No. 5, 1995, pp. 699 – 718.

2.1.4　节能责任感

环境责任感是指公众面临严峻环境问题时愿意采取积极的措施和勇于承担责任的状态[①]，这一概念衡量了个体认为保护环境是其应尽责任的程度。环境责任感较强的居民会将保护环境看作自己的义务和职责，并且从道德层面约束自己的行为，自觉保护环境。

与节能这一特殊环境行为相关的节能责任感是指居民认为自己有义务采取节能行为的程度，愿意以实际行动来节约能源的状态。具有节能责任感的居民，在意识到能源的稀缺性以及环境污染严重性时，会自觉采取行动改善问题。前人在环境行为的相关研究中指出，环境责任感对节能等环境行为实施具有较为直接的影响。具备较强环境责任意识和环境道德感的居民更愿意牺牲自我利益来实现节约能源和保护环境的目的；具有较强环境责任感的居民认为每个个体都有义务采取行动并认为保护环境人人有责。前人在研究中也指出，与具备较强环境责任感的居民相比，缺乏环境责任感的居民浪费资源行为更加严重。

结合实际来看，我国面临的环境和资源问题尤其突出，居民个体的能源消费行为对于环境保护和能源节约的作用越来越大。居民个体自觉采取节能行为是提高能源利用效率，解决能源短缺问题，改善环境问题的重要举措之一。家庭作为重要的社会单位，居民家庭能源消费占据了很大比重，所以提高居民综合节能素质，形成较强的节能责任感至关重要。

针对我国居民在家庭内节能责任感的实际情形，相关组织和政府、媒体应采取宣传教育等各种措施，积极引导居民形成更加强烈的节能责任感意识。应该使居民认识到家庭作为基本的社会单位，对社会发展以及人类进步有着重要的作用，在家庭内部的节能行为具有重要意义。积小流以成江海，积跬步以行千里，汇聚小微力量也能取得巨大成就。提升居民对家庭节能行为重要性认识的同时，积极引导居民从责任层面来思考环境和能源问题，促使居民形成较强的家庭节能责任意识以约束其家庭用能行为，最终形成巨大的社会合力。

2.1.5　节能控制观

控制观在心理学上也被称为自我效能感、反应功效。控制观是指个体对

[①]　孙岩：《居民环境行为及其影响因素研究》，大连理工大学博士学位论文，2006年。

其行为是否能产生效果的认识和评价，即指行为主体对自己在某一活动领域中操作能力的主观判断。居民能源消费行为的控制观既包括居民对自己能源消费行为价值及效果的评价，也包括居民对自己是否有能力实施节能行为的认知。

已有研究中将控制观分为了内控观和外控观两种。具体而言，内控观是指个体相信自己具备某种行为能力及相信该行为能力产生的效果；而持有外控观的人则认为自己行为的效果不是自己能够控制的，对自己实施行为的能力也持有不信任的态度[①]。将这一研究结论放在家庭节能领域来看，持有内部控制观的居民认为自己的有效使用能源以及节约行为会对环境问题的解决发挥价值，同时认为通过自己的努力是可以做到对能源的有效利用和节约。具有较强节能内控观的居民更加明确自己行为的作用和影响，认识到自己行为的价值，因此更加积极地投入到行为的实施中。持有外控观的居民认为自己的行为不能对资源及环境问题产生作用和影响，认为自己的能力有限，个体力量太小，自身的努力对于缓解资源和环境问题是杯水车薪，因此认为节能更多的不应该是个体去实施，而应借助外部力量发挥效应。博多（Bodur，2013）等对土耳其居民环境行为的研究也有类似的结论[②]，其研究结论也证实了控制观的作用。

孙岩（2006）在其关于居民环境行为的研究中指出，控制观与环境行为中的说服行为显著相关。环境行为中的说服行为常常运用各种手段和媒体资源，通过沟通去影响他人的环境态度。结合我国的实际情况分析控制观对居民家庭能源消费行为的影响发现，我国作为人口大国，节能效果与每个人的行为选择紧密相关，但实际上每个个体节能行为的环境效果、资源效果及经济效果不是瞬间或短时间能看到的，与之相反却是常常不可见的，因此具备节能控制观并不是一件简单的事情。加之整体上我国集体主义观念影响深远，在这样的文化背景下，居民的环境控制观更容易表现出较强的外控观，即居民会认为自己作为微小个体的行为不能对环境问题产生作用和影响，他们会更倾向于认为自己的能力有限，甚至微不足道，认为通过自身努力不能达到解决资源和环境问题的效果。还有部分居民认为，即使自己做到了节约及合理利用能源，也不能阻止其他居民浪费能源的行为，因此也就没有自我约束去

---

① Robinson, J. P., Shaver, P. R., Wrightsman. L. S., Measures of Personality and Social Psychological Attitudes. *Behavioral & Social Sciences Librarian*, Vol. 11, No. 2, 1992, pp. 107 – 128.

② Bodur, M., Sarigollu, E., Environmental Sensitivity in a Developing Country: Consumer Classification and Implications. *Environment & Behavior*, Vol. 37, No. 4, 2013, pp. 487 – 510.

节能的动力。现实来看，确实很少有居民将自己的能源浪费行为与整个社会环境恶化、资源匮乏联系到一起。但实际则不然，个体力量确实很小或者说微不足道，但汇聚十几亿人的个体力量效果则是惊人的。同时，每个人都是其他人的环境要素，对社会氛围和风气形成发挥着作用。而如果个体就是一位意见领袖，那他就是一个标杆或榜样，会引起他人的模仿或效法，发挥的作用更大。

结合我国居民环境行为控制观的实际情形，我们应采取措施促使居民树立正确的环境行为控制观，提升居民的环境行为内控观，使居民意识到自己可以掌控自我的环境行为，每个个体环境行为的实施对于环境保护都发挥着重要的作用，从而进一步提升居民家庭内能源节约行为的实施。

2.2　人口统计特征类因素

具有不同人口统计特征的群体，其环境态度和行为、环境问题认知往往呈现出明显的差异性，基于此可以将能源消费者划分为不同的群体，采取有差异的能源消费干预和引导措施。这种细分后的措施更具有针对性，因此效果会更好。国内研究已经表明不同特征的居民在节能项目和途径偏好上存在差别①。前人在相关研究中指出，不同人口统计特征群体存在生活方式差异，而生活方式差异则直接导致了包括家庭耗能在内的诸多消费行为的差异。借鉴已有相关研究，在这里将城镇家庭居民的人口统计特征因素分为两大类：先赋性因素和自致性因素。

2.2.1　先赋性因素

先赋性因素主要包括年龄、性别等。不同年龄、性别的居民对环境问题的认知存在差异，对家庭能源消费行为选择上的差异也明显。

2.2.1.1　年龄

已有年龄影响家庭能源消费行为的相关研究结论并不一致。国外研究主要分为三种完全不同的研究结果，即三种不同的相关关系：正相关关系，认为老年人更加注重和采取节能行为；负相关关系，认为年轻人更加注重实施节能行为；曲线相关关系，认为中年人相对年轻人和老年人而言，更加注重

---

　① 郭琪：《公众节能行为的经济分析及政策引导研究》，山东大学博士学位论文，2007 年。

节能行为的实施。我国学者陈利顺（2009）选择国内样本率先对家庭成员年龄与节能行为的关系进行了研究，结果表明两者间确实有较明显的联系①。

对年龄与节能行为关系的研究得到迥然不同的结论可能有以下两个原因：一方面，以往不同学者的研究样本来自不同的国家和地区，样本自身的文化观念、节能心理以及情境因素存在差异，从而造成研究结论的差异；另一方面，不同学者在研究中所采用的方法也不同，研究中使用的方法包括问卷调查、访谈、实验等，方法不同甚至方法的不合理可能导致了结果的差异。

从我国实际来看，随着社会经济的发展，近几年倡导节能行为的理念对于大多数居民来说已经耳熟能详，但基于我国环境问题、能源问题严重程度存在渐进性，在实际中如果分析年龄对于家庭能源节约行为影响时应该综合考虑社会文化因素和历史因素。总体上全世界范围内效率节能在近几年呈现增长趋势，年轻人在关注到环境问题、能源短缺问题同时，更具备创新意识、容易接受以及尝试新鲜事物，因此年轻人更容易接受技术投资型的节能。但是，我国年轻人形成的能源消费行为习惯更多的则是偏浪费型，而且当下经济社会大环境下年轻人的生活节奏普遍较快，更多地追求舒适度和享受生活，很少选择改变习惯来降低能源使用量。而年老者受传统文化和生活经历的影响形成了根深蒂固消费观，某种程度上可以说缺乏长远的眼光，很少会在节能方面进行投资；但在日常生活行为习惯方面，年老者因为受到长久以来形成的节约观念影响，更多地会实施习惯型节能行为。

2.2.1.2　性别

本书将性别归于人口统计特征类的先赋性因素，先前已有学者通过实证方法研究了性别与能源消费行为的关系。关于性别对居民能源消费行为的影响研究结论也并不一致。其中，有部分学者指出性别与节能行为之间没有关系；也有部分学者指出性别与能源消费行为存在显著关系，但男性和女性相比谁更倾向于选择节能等环境行为的研究结论也存在差异。如有学者指出，相比于男性，女性更加注重环保和节能，更加具有从事绿色消费行为的可能性；而有的研究则与之相反，认为男性参与环保节能的人数比女性要多。还有研究指出，男性和女性比较来看，男性更加注重节能的效果，主要为结果导向型；女性则更加关注节能的过程，为过程导向型。

结合我国实际，分析性别与家庭能源消费行为的关系，我们更多倾向于认为性别对节能行为的实施存在影响，已有"男性更加注重节能的效果，主

---

① 陈利顺：《城市居民能源消费行为研究》，大连理工大学博士学位论文，2009 年。

要为结果导向型；女性则更加关注节能的过程，为过程导向型"的研究结论也比较符合我国的实际情形。例如，基于中国的传统生活习惯，在具体的节能消费行为选择上，女性更加注重、也更多参与家庭炊事用具的选择及日常行为中的具体节能行为过程，男性相对来说则更多参与家用电器和技术方面的消费选择行为。由于不同性别家庭分工和角色的差异会导致节能行为实施的差异。具体分析性别对于家庭节能行为影响的差异性，可为相关部门制定出合理的基于性别实施有针对性的差异化引导措施提供建议。

2.2.2 自致性因素

这里谈及的自致性因素包括家庭成员的收入、受教育程度、职业等，这些指标能够反映个体后天的特征差异。有学者通过实证研究得出收入、受教育程度高的人群能源消费量更高，他们更有能力占有社会资源，他们的生活消费水平较高，出行方式、休闲方式等都决定其能耗水平更高，从而得出了社会地位的结构位置与能源消耗存在正相关关系。本书研究的节能行为主要是指城镇居民的家庭节约能源行为，是指居民在原有耗费能源基数上来采取相应的节能措施以节约能源的行为，因此节能效果的衡量具有相对性，不能以简单的耗能数量多少得出结论。

2.2.2.1 收入

自致性人口统计特征的许多因素都在某种程度上与收入具有一定相关性，而收入是影响居民家庭节能行为的重要因素。总结前人关于收入对节能行为影响的研究结论并结合我国的现实可知，我国居民收入水平和能源消费量水平存在正相关关系，高收入水平的家庭拥有更多的耗能电器及大排量的汽车，能源消费量更大[①]。但同时收入的提高有助于居民进行高效能电器的投资，从而提高能源使用效率。与高收入家庭的节能行为模式相比，低收入家庭更加倾向于通过降低耗能数量、改变日常行为习惯的方式来节能。

收入与居民能源消费行为的关系可以总结为两点：一方面，收入与能源需求总量存在显著的正相关关系；另一方面，高收入者更加倾向于从选择性节能行为方面及通过投资来改善能源消费方式、节约能源；低收入家庭则更加倾向于通过改变行为习惯的方式来节能。这也意味着对于不同收入层次的居民可采取的引导措施具有差异性。

---

① 孙岩：《居民环境行为及其影响因素研究》，大连理工大学博士学位论文，2006 年。

2.2.2.2 受教育程度

孙岩（2006）在其居民环境行为及其影响因素的研究中指出，居民受教育程度越高越具有环境信念；居民受教育程度越高越具有较多的环境知识。陈利顺（2009）也通过实证研究指出居民受教育程度越高越具有较多的能源知识，从而表现出对环境问题更多的关心，这导致的结果是高教育水平的城镇居民更可能实施包括节能在内的亲环境行为。郭琪（2007）在关于城市居民节能行为影响因素的研究中，将受教育程度高低分成四种类型，并通过实证方法研究发现，受教育程度对居民环境行为的影响差异表现在对不同类型节能行为偏好不同。研究指出，本科及以上的居民在能源使用减量行为上相对不理想；在能源效率提升行为上表现最好。

从我国城镇居民家庭范围内的能源消费现状及结合已有的相关研究，可以得出低受教育水平和高受教育水平的家庭居民相比较，前者可能更多是出于节俭目的，在日常的行为习惯上注意节能；后者则出于对环境问题的深刻理解，选择效率提升的节能行为，如更多地通过改变购买或投资来实施节能行为[①]。

2.2.2.3 职业

关于职业对居民能源消费行为的影响，学者对这一单独变量影响效果的研究比较少，多数研究将职业归于社会地位范畴中，认为职业和居民的收入以及受教育程度具有相关性，因此关于职业影响环境行为效果的研究主要集中在社会地位影响方面。只有少数学者从"职业"本身研究对家庭节能行为的影响，如陈利顺（2009）在研究中采用单因素分析法得出结论，工程技术人员和政府工作人员比起其他职业的人员更加关注环境问题，并且更多地持有生态中心价值观，而其他职业人员更多地持有经济中心价值观，从而导致了差异性的节能行为。

2.2.2.4 家庭类型

家庭类型不同显然会影响其耗能量及节能行为。一般而言，不同家庭类型是指居民的家庭规模、成员构成情况等存在差异。对于不同家庭类型对节能行为的影响，不同学者得出的结论也不尽相同。

家庭规模对居民能源消费行为的影响没有一致的结论，部分学者指出家庭规模对能源节约行为有显著的影响。有实证结果显示，家庭规模与家庭节能消费行为存在正相关关系，因此成员数目较多的家庭比较倾向于采取节能

---

① 郭琪：《公众节能行为的经济分析及政策引导研究》，山东大学博士学位论文，2007年。

措施。前人在研究中也曾探讨了具体的家庭规模对居民节能行为的影响，如陈利顺（2009）在其实证研究中得到一个很特别的研究结论是三口之家的家庭规模是节能效果最差的家庭组合①。

家庭成员构成对包括节能在内的环境行为影响的研究结论还包括：婚姻状况对家庭能源消费行为的影响——孙岩（2006）采用单因素方差分析家庭类型对亲环境行为有显著差异性，已婚居民比未婚居民有更强的环境信念，并且更容易实施亲环境行为，有老人的家庭更注重日常行为习惯上注重节能，等等。关于住宅类型对居民能源消费行为的影响前人也作了探究，有学者指出与租住的居民相比，具有独立住宅的居民更愿意参与家庭节能活动②，并且住宅面积大小也对居民家庭节能行为具有影响。

2.3　情境类因素

情境因素被视为影响居民包括节能在内的环境行为的重要因素，尤其是干预政策制定者也多从这类因素入手干预居民节能行为。那么何为情境类因素？介绍该类因素可从环境行为研究中著名的 ABC 理论谈起。早在 1995 年瓜纳诺德（Guagnano，1995）等学者研究特定的环境行为——垃圾回收时，提出了垃圾回收行为（B）是态度变量（A）和外部条件（C）相互作用的结果③。其研究中提及的实施垃圾回收的外部条件实际上就是情境因素，具体包括是否有便利的回收工具、回收工具设计是否合理、是否提供足够的信息等。ABC 理论首先提出了影响环境行为的因素包括态度因素和情境因素，其后众多学者围绕情境因素的具体内容展开了研究，学者们尤其指出对于难以实施的环境行为，受到情境类因素的影响会相对更大，受到心理类因素的影响会相对更小。

海因斯（Hines，1987）等学者在其"负责任的环境行为"概念模型中将诸多影响个体采取行动能力的要素归为情境因素④；陈利顺（2009）在研

---

① 陈利顺：《城市居民能源消费行为研究》，大连理工大学博士学位论文，2009 年。

② Samuelson，C. D.，Biek，M.，Attitudes Toward Energy Conservation：A Confirmatory Factor Analysis Jounal of Applied Social Psychology，Vol. 21，No. 7，1991，pp. 549 – 568.

③ Guagnano，G. A.，Stern，P. C.，Dietz，T.，Influences on Attitude-behavior Relationships：A Natural Experiment with Curbside Recycling. Environment and Behavior，Vol. 27，No. 5，1995，pp. 699 – 718.

④ Hines，J. M.，Hungerford，H. R.，Audrey，N.，Analysis and Synthesis of Research on Responsible Environmental Behavior：A meta-analysis [J]. The Journal of Environmental Education，Vol. 18，No. 2，1987，pp. 1 – 8.

究中则指出了存在物质条件的不便利、时间的匮乏、过于麻烦等具体影响公众实施亲环境行为的情境因素①。同时，陈利顺在其研究中指出与居民能源消费行为相关的宏观政策类因素也是重要的情境因素。结合我国的实际并借鉴前人的相关研究成果，本书将影响城镇居民家庭范围内节能的因素分为微观情境类因素和宏观情境类因素，其中微观情境类因素包括经济成本、技术条件、行为代价及社会规范等；宏观情境类因素包括价格政策、法律政策、信息宣传及教育政策等。

2.3.1　微观情境因素

微观情境因素是指直接影响公众实施包括节能在内环境行为的因素，这些因素常常能直接约束公众实施环境行为的积极性和动力，其影响的力度也更大。具体内容如下：

2.3.1.1　经济成本

任何一项活动都要考虑其成本，本书中谈及的节能经济成本主要是指居民在实施节能行为时所付出的货币成本。其内容包含两方面：一方面是居民受经济水平制约，是否有经济能力实施相关的节能行为（主要是投资或效率节能行为），即受制于资金的限制；另一方面也包括了居民对所获利益的衡量，居民将付出的货币成本与获得的利益会进行权衡，即考虑资金的节约。

一般而言，城镇居民节能行为可分为习惯型节能行为和投资型节能行为两大类。投资型能源节约行为主要是指居民选择采用一次性的资金投入（如购买能源效率较高的电器等）达到节约能源目的。对于低收入家庭，其投资型节能行为会受到自身经济条件的限制，即经济条件限制了选择一次性的高投入来提高家庭能源使用效率。关于资金节约主要是针对有能力采取一次性投资行为达到节能目的的居民而言，如郭琪（2007）在其关于公众节能行为研究中提到的利益驱动会首当其冲影响个体是否去采取节能行为。其研究指出，公众在实施节能行为之前会对实施行为的成本和收益进行权衡，只有当采取节能行为投入的成本至少不高于由此带来的收益时，公众才会实施节能行为②。

另外，从促进我国城镇居民采取节能行为的动因来看：首先，随着资源

---

① 陈利顺：《城市居民能源消费行为研究》，大连理工大学博士学位论文，2009 年。
② 郭琪：《公众节能行为的经济分析及政策引导研究》，山东大学博士学位论文，2007 年。

和环境问题的日益突出，节约能源也日益引起更多的关注。其次，我国居民家庭能源消费行为也受到传统文化中勤俭节约观念的重要影响，尤其是中老年人更是如此，实际上这类群体的节能行为就是受感知经济效果驱动，用货币衡量即为节约金钱。因此居民是否采取习惯型节约能源消费行为，尤其会考虑可见的经济效果；同时在选择投资性能源节约行为时会权衡投资与产出的关系。因此，我们将经济成本看作影响居民家庭能源消费行为的微观情境因素之一。

意识到居民的节能行为受经济成本制约后，在倡导居民家庭节能行为时（尤其是特定群体）就应该重点对能源节约的经济效果进行宣传，即站在居民自身需求角度加强宣传。能源节约本身就是一项经济行为，不论是习惯性节能产生的直观效果还是通过投资行为产生的间接效果均是节约资金的行为，只是部分群体可能对后者的效果尚没有意识到而已。家庭节能除了影响个体的经济状况外，从整个国家角度来看，节约的金钱也是一个不容小觑的数目。如中央电视台 2012 年的一则关于节能的公益广告，宣传的就是每一个人随手关掉待机电源节省的电量足以供东三省一年的用电需求量。显然，这种节能的经济效果还有很多人没有深刻意识到，这也需要相关部门的宣传工作进一步加强，尤其是投资型节能选择行为具有短期付出、长期获益的特点，更需要加大宣传力度。

2.3.1.2　技术条件

已有对于家庭能源消费行为的研究中指出，提供方便的工具设备或有效的技术支持会促进公众的能源消费行为更加积极。另外，技术的进步也可以应用在使我国的家庭节能行为更加直观和能够被测量方面。缺乏必要的技术条件会限制居民实施节能行为，因此技术条件是影响我国居民能源消费行为重要情境因素。

节能行为可以分为直接减少能源消耗量的节能行为和改变耗能效率的节能行为。结合我国经济发展和技术进步的实际情形以及前人相关研究可知，提高效率的节能行为的主要影响因素为技术进步（如买一个包含隔热板的高效能源加热系统）。进行效率提升的节能行为比改变习惯行为更有效，因为习惯是根深蒂固的，改变的困难更大。

还需要强调的是，这里讨论的技术因素包括了两个方面的含义，一方面是指与能源消耗有关的交通工具、电器、炊具等的生产技术，我们一般称为"硬"技术；另一方面也包括了与前者相关的管理机制、人员素质培养等，以及与能源消耗相关的控制管理方面的技术，我们称为"软"技术。举例而言，汽车耗能在我国居民家庭能源消费中占据较大的比重，对节约家庭能源消费起到重要作用的新能源汽车的发展却因为受到了电池技术限制，使得新能源汽车在近期内不能得到普及。之前许多高耗能的家用电器、炊具等，随着技术进步提高了能源的利用效率也大大带来了能源节约。例如，海尔智慧家庭水生态系统，为产生既节能又省水的热水器提供了保障，从而居民可以直接通过选择该品牌的热水器来实现良好节能效果。

技术的发展也可以促进节能效果被感知及可被直接测量，这也能大大促进部分群体的节能行为。例如，智能电表技术可以得到实时用电信息。这种技术可以将中国城市家庭为照明、制冷、淋浴及各种装备的电力消耗等实时估计出来，同时帮助城市家庭控制用电量，节约资金，即能有效对能源使用行为进行控制与检测，该技术的发展及应用为居民采取家庭节能行为监控提供了保障。

2.3.1.3　行为代价

博格斯泰德（Borgstede，2002）等的研究指出亲环境行为如果是单独的个体无法完成，需要协作和配合时，那么来自外界的协作及配合成本就是很重要的影响因素[①]。如果个体需要付出较大努力才能实施亲环境行为，那么他们采取实际行动的动力会大打折扣。

中国改革开放取得的经济成就，不仅解决了居民基本的温饱问题，更使得大家注重追求高品质、高质量的生活。人们在享受高品质生活的同时对于能源的需求也随之增多，能源消费量与居民的生活水平呈现正相关关系，在某种意义上居民采取节能行为常常意味着需要付出相应的代价。这些代价包括生活舒适度的降低、时间耗费增加、影响方便性等，这些代价也成为影响居民采取节能行为的情境因素。

举例而言，如果居民选择在冬天或夏天限制使用空调时间，或者调整空调的温度来节能，就可能降低其舒适度；如果居民为了节能减少自驾出游，其休闲娱乐的生活方式可能受影响。同时，从私家车出行方式改为步行或骑车、公交车、地铁等，也会在一定程度上增加居民时间耗费。居民在日常生活中是否采取能源节约行为与方便性有很大关系，很多对资源具有浪费性的行为却恰恰能带来时间节约和便利性。

但是，我们需要认清的是：过"低碳生活"、居民积极践行节能行为并

① Borgstede, C. V., Biel, A., Pro-environmental Behavior: Situational Barriers and Concern for the Good at Stake. *Bulletin of Japanese Society for Science of Design*, Vol. 18, No. 4, 2002, pp. 1 – 10.

不是意味着就不能开私家车、居住面积较大的房子、享受舒适的空调了。低碳生活是指导我们通过能源消费行为改善，在长久、高效用能基础上打造出最适合人们的生活环境。"低碳生活"的最终效果是提供给人们舒适的环境，即在节约能源、高效使用能源基础上提高居民的生活质量，能同时兼顾社会环境效益和个人利益。从两类不同类型的能源消费行为来看，通过改变习惯产生的节能行为是指居民努力修正自己行为习惯的同时降低浪费从而达到节约能源及保护环境目的，与此同时不会降低居民的生活质量；而通过改变消费方式来提高能源消耗效率行为则恰恰是在提高能源效率的同时提高了居民生活质量，如选择高能效炊具及其他高能效家用电器等。

2.3.1.4　社会规范

社会认同原理认为：我们是通过他人的想法和行为来进行抉择和判断的。和他人的想法及行为保持一致就是为了获得认同，也就是说获得认同常常是我们行为的出发点，人们也习惯参考周围他人的行为来决定自己的行为，是否选择节能行为也不例外。

获得社会认同的重要途径是遵守社会规范，格温（R. Gwin，1993）和科辛（R. Corsin，1994）将社会规范定义为一种社会行为规则，其研究指出来自周围人或参照群体的意见及行为能够左右个体的消费选择。是否遵守社会规范与个人的生活经验有密切关系，因此许多学者在研究中将社会规范这一影响因素归为生活经验变量。如帕尔默（Palmer，1999）等在研究中提到父母等家人、老师、朋友或同事、书籍、宗教、环保组织、教育经历、与自然的接触等生活经验变量，是导致个体是否采取环境友好行为的关键变量[1]。借鉴已有相关研究，在这里将社会规范界定为人际影响，是指社会群体意见和行为准则对居民个体实施节能行为的影响。

博格斯泰德（Borgstede，2002）等研究表明，如果践行亲环境行为的难度不大，或者说不需要个体付出过高的成本，那么社会规范就会发挥更大的影响力[2]。进一步研究发现，家庭把节能改进措施作为责任，能追溯到社会规则与个人伦理。如果周围群体的节能行为产生了某种效益会更好地促进个体积极的节能行为。因此，个体的社交圈子，尤其是密切接触的社交圈子是

---

① Palmer, J. A., Suggate, J., Robottom, I., Hart, P., Significant Life Experiences and Formative Influences on the Development of Adults' Environmental Awareness in the UK, Australia and Canada. *Environmental Education Research*, Vol. 5, No. 2, 1999, pp. 181 – 200.

② Borgstede, C. V., Biel, A., Pro-environmental Behavior: Situational Barriers and Concern for the Good at Stake. *Bulletin of Japanese Society for Science of Design*, Vol. 18, No. 4, 2002, pp. 1 – 10.

导致积极节能行为产生的重要因素。

我国是集体主义观念主导的国家，个体大多会把自己看成是社会集体中的一分子，居民在采取节能行为时会考虑集体中其他成员的行为表现。居民在意识到或者是了解到周围的人对家庭节能参与度很高时，自己也会更积极地参与节能行为。在我国的现实背景下探究社会规范对居民家庭内节能行为的影响，以及通过经验主义的研究阐明社会规范在居民家庭能源消费行为上的影响方式，能为家庭节能指导政策的选择与规划提供更多明确的参考。就现实来看，目前我国居民的节能行为虽然受到社会规范和人际关系影响，但这种影响主要是身边人效应，我国整体上崇尚节能的社会舆论和社会风气还没有形成。

2.3.2 宏观政策类因素

对于家庭节能的社会学研究视角常常着眼于宏观层面，认为家庭能源消费是一个受社会因素影响的长时间累积结果，而不仅仅是个体在短时间内的消费抉择这么简单[①]。在社会因素影响过程中政策的实施发挥了重要影响。

目前来看，政策手段也是国外重要的引导家庭节能的措施，政策类因素也构成了居民能源消费行为的宏观情境。从长远来看，运用政策手段推进节能是一种趋势，是有效的激励和约束手段。在政策目标取向上，我国重视经济与社会的协调发展，这显示出了我国在制定政策时的价值取向。近些年来我国面临着巨大的资源和环境压力，可持续发展战略目标更高于短期经济增长目标，也因此国家在政策层面上越来越重视经济与环境协调发展。

结合我国实际，我们主要分析价格政策、法律政策和教育宣传政策。

2.3.2.1 价格政策

价格政策，顾名思义是指通过能源定价策略来促进居民的家庭节能行为。这一政策包括"拉"与"推"两类，"拉"是降低相关产品或服务的价格，让节能成为有吸引力的行为；"推"则是为了抑制高耗能行为，通过提升相关产品或服务的价格来达到目的。能源价格与能源消费的关系是引导家庭节能价格政策设计的基础。

从长期来看，如果能源价格高企，总体上家庭能源消耗量将减少是个必

---

① Lutzenhiser, L., Marketing Household Energy Conservation: the Message and the Reality. New Tools for Environmental Protection: Education, Information, and Voluntary Measures, 2002, pp. 49 – 65.

然的结论，发达国家关于汽车燃油消费与燃油价格关系的实践就证明了这一点。实际上许多实证研究已经发现预期的高能源价格与节能行为产生可能性的关系。

结合我国实际，中国能源的价格机制应逐步优化，由于能源价格部分或全部被政府所控制，所以当前的能源价格机制与国际标准并不一致。我国的能源价格没有充分考虑资源的环境成本，没有显现出资源稀缺程度的调控影响。同时，需要引起重视的是能源价格对于不同消费水平人群的影响力不同，结合影响节能行为的心理因素和人口统计类因素，能源价格可以作为其他影响因素的调节变量，通过精细化分级定价策略才能够有效影响家庭节能行为。

2.3.2.2 法律政策

法律政策是指采取立法方式促使居民实施节能行为。在环境保护问题上，法律具有硬约束特性，这种硬性特点成为促进实施环境行为的强有力保障。同时，法律政策实施了一段时间后，还可以和其他的"软性"因素结合起来，形成好的氛围和风气。当然，法律也可以为企业推进环保行为提供制度保障。

法律政策促进节能行为的引导机制之一是其对社会氛围及意识的形成发挥作用；引导机制之二是法律的强制性特征优势非常突出，是促进行为能够实施的有力保证。节能行为还是一种具有显著利他性的行为，能带来公共利益和社会利益，为社会带来"正外部效应"的行为利用法律政策来引导优势很明显[1]。

随着环境污染以及能源短缺问题的日益突出，我国出台了大量针对环境保护以及能源节约的法律和法规，这些相关的法律法规为我国公众实施环境保护行为提供了客观依据，为我国环境保护事业的开展和实施提供了保障。但随着我国经济的迅速发展和社会的不断进步，原有环境保护政策已经不能完全适应工作的需要，也无法解决面临的诸多实际问题。因此，我国相关法律制定部门应该与时俱进，根据目前的情形制定出合理有效的法律法规，同时加大监督检查力度，保障法律法规的执行力度，从而最终提高居民环境保护和能源节约行为的实施水平。

2.3.2.3 教育宣传政策

面对日益严峻的资源及环境问题，相关媒体及机构采取了一定措施进行了大量的信息宣传，对公众进行环境教育，以期改善人们的行为。然而从目

---

① 郭琪：《公众节能行为的经济分析及政策引导研究》，山东大学博士学位论文，2007 年。

前的现实来看，效果还是差强人意。这说明目前的信息宣传教育内容和手段还有待改善。

信息宣传和教育侧重于通过多种渠道的有效沟通及说服策略，从心理层次上影响公众的节能动机。同时，教育还不能只停留在表面，否则效果会不理想，并应通过在具体的操作层面给予行为指导来驱动实施居民节约能源行为。林登（Linden，2006）等的研究表明，能源消费量的反馈和有效引导对居民能源消费行为有显著影响，能够比较显著地使个体节能行为发生变化[①]。宣传教育中提供的信息应尽可能丰富和多样化，能源相关问题的信息能帮助居民增加全球变暖等问题的知识；通过提供具体如何行动以减少能源使用的信息，居民可以得到更多在操作层面上节能的知识。陈利顺在关于城市居民能源消费行为研究中通过调查显示，我国节能宣传教育水平很低，大部分的被调查对象认为现阶段我国节能信息宣传力度很小。我国自然资源总量很大，但作为人口大国，居民的人均资源占有量很少。居民在能源消费过程中因缺乏合理、科学的使用方法造成的资源损失、浪费现象也十分严重。因此我们应该加强环境问题、能源问题以及居民节能行为实施重要性等多方面信息的宣传力度，让居民切实体会和认识到节能的现实意义，促进居民能源短缺意识和环境问题意识的形成。只有在面对现实的巨大压力时，才可能进一步有采取行动改善现状的动力，也只有形成了节能的内在动机，在家庭范围内实施的节能行为才会是自觉去采纳的积极行为。需要强调的是信息宣传和教育的持续引导，会不断强化居民节能动机，并最终形成一个良好的状态，将节能环保落到实处。

2.3.2.4　习惯因素

行为是在动机的作用下产生的，前文已经谈及促进家庭能源消费行为动机的产生条件包括了心理因素、人口统计特征类因素以及构成外部条件的情境因素。家庭能源节约行为是在上述各种因素作用下产生的。另外，在动机类因素引发行为的同时，习惯因素对于行为的产生和维持也起到了重要影响，尤其是习惯性能源消费行为更是如此。

习惯是在较长时间内形成的较难发生变化的一个因素。习惯是不断重复实施某种行为而形成的，是反复行为的结果。对于习惯的产生，罗尼斯（Ronis，1989）等的研究指出：当人们因为相同目的在相似情境中频繁而一

---

① Lindén，A. L.，Carlsson-Kanyama，A.，Eriksson，B.，Efficient and Inefficient Aspects of Residential Energy Behaviour：What are the Policy Instruments for Change? . *Energy Policy*，Vol. 34，No. 14，2006，pp. 1918 – 1927.

致的采取相同行为时，习惯就形成了[1]。丹纳（Danner，2006）等学者也指出，当个体还没有明确的意图或特别强烈的意愿去实施行为时，习惯因素可直接导致特定行为产生[2]。习惯性行为是由稳定性情境中没有调节意图而引发，表现出一致的不假思索的处理方式。

总结已有对行为产生机理的相关研究，可以看出：习惯的产生是在意图作用之外的情境下产生的，受态度和意识的影响较小。反复的实践行为以及稳定的情境是习惯产生的必要条件，家庭习惯性能源消费行为就颇有代表性。巴尔（Barr，2005）等在其研究中指出，习惯性能源消费行为是指直接的能源选择和消费行为，是在意图和态度作用之外产生的，主要是围绕人们日常生活的消费行为，如关闭空闲屋子中的空调、关闭窗户储蓄热量、以多穿衣服代替开暖气、自然晾干衣服等均为习惯性家庭能源消费行为[3]。

对于习惯因素的测量，重复的发生对于习惯的形成是必要的，但仅以重复率作为测量的标准是不合理的。已有研究者认为习惯的测量应该包含关于行为频率和情境稳定性的信息，在衡量习惯的强弱时，除了要测出行为频率，还要考察行为情境的稳定性情况，即考察行为产生的时间、地点和环境等。习惯可以通过强弱来衡量，相同的行为在过去被频繁实施会使习惯强度增加，人们将更少地被意图影响。已有研究还指出，当有代表性的行为在记忆中能够很容易被提取时，目标导向行为不再由意图控制。如家庭能源消费行为频繁发生会使习惯性的能源消费行为增强，并且不是受意图影响和决定。

在家庭范围内，会否做到随手关灯、会否关闭待机电源、会否合理设置空调温度等诸如此类的行为常常就是一个习惯问题，个体并没有经过深思熟虑，甚至可以说是一个下意识的行为，也因此习惯的影响力不容小觑。如何发挥习惯对节能行为的影响也受到了越来越多研究者的重视。习惯一旦形成，作出改变就很有难度，但并不是说完全没有可能性，在特定条件下可以打破原有习惯并重新形成良好的行为习惯。

要想形成节约型家庭能源消费行为习惯，居民首先应该强化对日常生活

---

[1] Ronis, D. L., Yates, J. F., Kirscht, J. P., Attitudes, Decisions, and Habits as Determinants of Repeated Behavior. *Attitude Structure and Function*, 1989, pp. 213–239.

[2] Danner, U. N., Aarts, H., Vries, N. K., Habit vs. Intention in the Prediction of Future Behaviour: The Role of Frequency, Context Stability and Mental Accessibility of Past Behaviour. *British Journal of Social Psychology*, Vol. 47, No. 2, 2006, pp. 245–265.

[3] Barr, S., Gilg, A. W., Ford, N., The household Energy Gap: Examining the Divide Between Habitual-and Purchase-related Conservation Behaviours. *Energy Policy*, Vol. 33, No. 11, 2005, pp. 1425–1444.

中一些习惯性不良用能行为（如走出房间不随手关灯，电器待机时不会切断电源等）的反省意识，然后结合这些具体的家庭能源消费行为习惯，针对其习惯的强弱水平采取不同的应对措施。对于弱习惯，可以通过传递信息改变人们对家庭节能行为的看法和态度，使居民形成判断自己行为对错的标准，并逐渐以这些标准约束自己的行为。同时，个体应该基于自己特定的能源消费行为习惯对自己提出具有针对性且切合实际的行为改变目标。对于强习惯的改变，居民应当培养自己顽强的意志力，因为好的行为习惯是在持之以恒的精神支撑下形成的。当然，这首先应通过认知水平的改变来促进人们有意愿改变原有行为习惯，在此基础上促使无意识习惯行为得到有意识的改进。对于强习惯的改变，还常常需要通过外界环境要素变化，形成一定的外部约束以改变固有的强习惯，如建立督导机制等。除了能源消费者自身努力改变行为习惯之外，加入外部力量的监督与指导，这样内因和外因共同起作用，就更有利于良好习惯的建立。

　　本章内容主要在对已有环境行为、能源消费行为研究的基础上，结合我国的实际情形，总结了影响城镇居民能源消费行为的影响因素，为进一步提出符合国情且有效的节能行为引导措施提供了依据。

第 3 章

我国城镇居民家庭能源消费
行为的引导措施分析

无论是从中国，还是从全世界范围来看，家庭内部的耗能量呈现了逐年递增趋势。究其原因，一方面，由于宏观因素促进了耗能量增长，这一因素包括科技进步、经济发展、人口因素、政策因素、文化发展等。例如，科技的进步，使一些能源密集型家电不断被发明出来，并且融入到普通家庭的日常生活中，带来了电力的消耗。另一方面，一些微观因素如态度等也促进了能源消耗的增长。尽管家庭耗能量逐年攀升，但家庭领域的能源消费已经被普遍看作是一个具有较大潜力的节能领域。正因为如此，国外在过去的 20 年，家庭节能减排一直是环境心理领域研究的重要课题。

贝托尔迪（Bertoldi，2001）研究发现，通过使用技术可以减少 30% 的能源消耗，通过改变消费者行为可以为节能提供更为长远的、更为实质的贡献[1]，因此如何使公众形成良好的能源消费行为是近年来研究的重点[2]。在消费行为研究领域，学者对改变节能行为的不同策略进行了分类，其中，库克（Cook，1981）等最早提出了七种类型，他们将引导措施分为：有说服力的沟通、唤起态度行为一致性、物质激励和惩罚、社会激励和惩罚、行为示范、促进行为改变的实施和提供有效的信息[3]。此后多数学者对于家庭节能引导措施多是从影响节能行为目标前后的角度进行分类。如盖勒（Geller，1989）从行为主义理论的角度将改变节能行为的策略划分为提前干预（如提示、教

---

① Bertoldi, P., Ricci, A., Almeida, A., Energy Efficiency in Household Appliances and Lighting. New York/Berlin: Springer-Verlag, 2001.

② Herring, H., Energy Efficiency-a Critical View. Energy, Vol. 31, No. 1, 2006, pp. 10 – 20.

③ Cook, S. W., Berrenberg, J. L., Approaches to Encourage Conservation Behavior: A review and Conceptual Framework. *Journal of Social Issues*, Vol. 37, No. 2, 1981, pp. 73 – 107.

育）或者结果干预（如加强、惩罚）[1]。凯特泽夫（Katzev，1987）则在此基础上将干预措施分为行为改变原因类（如信息、提示、说服）、结果类措施（如反馈、激励机制、抑制）和社会影响策略（如群体规范、模范、承诺）[2]。盖勒（Geller，1982）等学者随后又进一步对引导措施进行了更加具体的归类，包括沟通和教育（如演讲、示范、政策、承诺、讨论等）、激励（如书面/口头沟通、制定目标、个人或团体目标、竞争、激励机制、抑制机制）和结果促进（如反馈、奖励、惩罚）[3]。

　　杨德（De young，1983）总结已有文献，将居民能源消费行为的引导举措分为了三大类，其中事前措施包括进行宣传教育、预先设定节能目标等；事后措施是通过反馈机制、奖惩机制达到目标；社会影响技术则是通过宏观的政策手段、群体准则约束等达到目标[4]。另一较有影响的分类方法由斯特格（Steg，2009）提出，他把对节能行为的引导策略划分为信息策略和结构策略两类[5]。信息策略主要针对动机的形成，旨在改变观念、动机、知识和规范，结构策略旨在改变影响行为的背景因素，如政策的调整[6]。本章将在以往研究基础上，将家庭能源消费行为的引导措施归纳为三种类型：事前措施、事后措施和结构性措施，并将对各个引导措施如何具体实施进行分析，以期结合中国当前的实际情况，提出引导城镇家庭节能的措施组合拳。

3.1　影响家庭能源消费行为的事前措施

　　事前措施是引导居民节能行为的第一个阶段，是促进节能动机形成的起

[1]　Geller, E. S., Applied Behavior Analysis and Social Marketing: An Integration for Environmental Preservation. *Journal of Social Issue*, Vol. 45, No. 1, 1989, pp. 17 – 36.

[2]　Katzev, R. D., Johnson, T. R., Promoting Energy Conservation: An Analysis of Behavioral Research. Boulder, CO: Westview, 1987.

[3]　Geller, E. S., Solving Environmental Problems: A Behavior Change Perspective. In S. Staub & P. Green (Eds.), Psychology and Social Responsibility: Facing Global Challenges. New York: New York University Press. 1992, pp. 248 – 268.

[4]　De Young, R., Changing Behavior and Making it Stick: The Conceptualization and Management of Conservation Behavior, *Environment and Behavior*, Vol. 25, NO. 3, 1993, pp. 485 – 505.

[5]　Steg, L., Vlek, C., Encouraging Pro-Environmental Behavior: An Integrative Review and Research Agenda. *Journal of Environmental Psychology*, Vol. 29, No. 3, 2009, pp. 309 – 317.

[6]　Abrahamse, W., Steg, L., Vlek, C., Rothengatter T., A Review of Intervention Studies Aimed at Household Energy Conservation. *Journal of Environmental Psychology*, Vol. 25, No. 3, 2005, pp. 273 – 291.

点与基础，在促进城镇居民家庭节能的措施中，事前措施显得尤为重要，同时也是后续家庭节能工作开展的基础。事前措施也是研究者们最希望采取以达到影响目标受众行为的引导措施，因为事前措施强调居民在能源消费上的主体作用，并认为居民能源消费行为本身是与个体所处的社会阶段、生活方式、文化习俗密切相关的社会化行为，在这一阶段的引导措施是通过教育、节能宣传、预设能源消费目标等来改变人们的观念、态度和信念，引发人们保护环境的动机；或者可以通过建立承诺，以促进个体在家庭范围内形成节能行为。在效果上看，事前措施多是影响居民节能行为动机的形成，或者说影响居民的节能态度。

3.1.1　信息宣传

很多家庭能源消费上的浪费行为某种程度上都可以归因于某一领域知识的缺乏。因此，为了在最初就养成良好的家庭节能行为，给予家庭能源用户尽可能多的相关信息是非常必要的。信息宣传是较为常见的事前影响策略，尤其在促进居民节能行为动机形成上其重要性不可忽视，主要目的是唤醒人们的节能行为。除此之外，信息可以通过告知人们目前问题的严重性从而引发人们行为的改变。宣传的内容多种多样，可以对能源问题的背景资料进行宣传，也可以是对现有问题解决方案的针对性宣传，比如，举行节能知识的讲座，宣传有助于提升居民对能源问题认识以及如何解决问题的信息。

采用信息宣传策略的目标是为了帮助人们理解他们目前所面临资源和环境问题的现状，使他们明确要解决这一问题所必要的行为以及如何将这一行为付诸实践。信息干预是基于这样一种认知，即一旦人们理解他们为什么去改变行为以及如何去改变行为，那么他们就会自然接受这一任务。正如戈瑞（Gray，1995）在研究中所阐释的，提供信息干预，成功地增强了人们关于环境问题的意识，帮助个人获得关于这一问题的特定知识，以此来转换人们关于这一问题的态度和信念。最终，会促使个人采取适当的行动去解决问题[①]。

此外，如果人们已经具备一定的节能态度和观念，但是对于什么样的行为是可取的以及怎样才能更有效去实施特定行为却不甚清楚。此时的信息宣

---

① Gray，D. B.，Ecological Beliefs and Behaviors：Assessment and Change. Westport，CT：Greenwood. 1995.

传重点就变成了帮助人们去识别和态度一致的行为，以及明确成功执行行为所必需的程序性知识。帮助完成这一目标的具体策略包括：使用一些提示，如"购买电器有方法，节能标志真正好""随手关闭待机电源"等；开展家庭节能宣传教育应根据不同群体的异质性，进行针对性强的差异化沟通策略可能会收到更好的效果；开展家庭节能行为宣传的具体形式上，应通过灵活多样的活动深入到居民具体的能源消费情境中，效果会更好。

已有研究也已经验证了信息宣传对居民家庭节能的效果。例如，贾比尔（Jaber，2005）指出对于家庭节能，信息宣传效果明显[1]。穆罕默德（Mahmoud，2010）验证了信息宣传对居民用电量产生的具体数量上的减少额[2]。然而亚伯拉罕斯（Abrahamse，2012）的研究则略有不同，其研究结果表明只依靠信息宣传并不能有效促进居民的家庭节能，还需要辅以其他举措，同样的信息对不同群体也可能效果不同[3]，其研究还指出了通过提供建议和相关信息来改变行为的关键在于消费者对信息来源是否充分信任及信息来源的影响力如何，实践证明基于人际关系间的影响比纯粹的官方节能宣传更加有效。这些研究给我们的启示是信息宣传策略中信息源的选择、具体信息内容的构建、信息发布的渠道都需要在把握受众心理基础上用心设计。

3.1.1.1　定制化信息

已有研究发现尽管居民可能已经积累了一定的有关能源高效利用方面的知识，但是在能源消费行为上却很少表现出节能的倾向。也就是说，为居民提供相关问题的普遍信息能够带来他们知识积累上的改变，但是并不一定能够导致人们行为上的改变或者说能够促使人们实施节能行为[4]。即使有的家庭节能行为的意愿有所加强，但也只是存在于在宣传活动之前就已经有这种表现的人群中，而这恰恰凸显了标准化信息存在的弊端。在标准化信息影响方式中，人们接收的是完全相同的信息；而在针对性强的定制化信息影响方式中，不同类别的人们所接收的信息各不相同，各种不同的信息为了匹配不

① Jaber, J. O., Mamlook, R., Awad, W., Evaluation of Energy Conservation Programs in Residential Sector Using Fuzzy Logic Methodology. *Energy Policy*, Vol. 33, No. 10, 2005, pp. 1329 – 1338.

② Mahmoud, M. A., Alajmi, A. F., Quantitative Assessment of Energy Conservation Due to Public Awareness Campaigns Using Neural Networks. *Applied Energy*, Vol. 87, No. 1, 2010, pp. 220 – 228.

③ Abrahamse, W., Steg, L., Vlek, C. et al., A Review of Intervention Studies Aimed at Household Energy Conservation. *Journal of Environmental Psychology*, Vol. 25, 2012, pp. 273 – 291.

④ Staats, H. J., Wit, A. P., Midden, C. Y. H., Communicating the Greenhouse Effect to the Public: Evaluation of a Mass Media Campaign from a Social Dilemma Perspective. *Journal of Environmental Management*, Vol. 45, 1996, pp. 189 – 203.

同类型居民的特性进行了差异化，这样使得家庭只接收到与改变其行为紧密相关的信息，从而避免了过多无关信息的困扰[①]，这种定制化的信息，会更加有效地发挥影响。

3.1.1.2　能源消费群体的市场细分

实施定制的差异化信息干预的前提是掌握不同类型家庭能源消费行为的异质性特点，即能够首先对不同类型家庭进行有效细分。本书第 2 章已经分析了家庭能源消费行为受多种因素的综合影响，就个体因素而言，其内容包括家庭成员的文化、受教育程度、性别、收入、地理位置等一些人口统计学变量和个体知识、价值观、责任态度等心理特征变量。对不同的家庭来说，即使他们在显性的人口统计特征变量上相似，也仍然会在能源消费行为上表现出差异。因为经过不同的社会经历，每个家庭乃至每个家庭成员都已经形成了自己的行为准则和习惯，他们对于能源消费有着各自不同的理解。研究表明，为了使房间舒适，每个家庭对于使用照明和供暖方式有不同的理解和行为表现[②]。同时，伯吉斯（Burgess，1990）指出，在私人的环境中对于一些正式的、偏官方的信息进行解读过程中，无法保证接受者的理解与发布者的意图相同[③]，而家庭就是一个较为私人的环境。以标准化的用电量账单反馈为例，同一个信息不同个体会有不同的解读。因此，相对于以一种普遍、中立的形式来提供反馈，针对每个家庭的独特特征及家庭成员所持有观念和生活方式差异实施的针对性反馈更为有效。

为了制定有针对性的影响措施，研究者们使用不同的变量对能源消费者进行了细分。根据各细分市场的特点，对划归为不同类型的能源消费者采取特定的引导措施。这些研究包括：普罗斯（Prose，1991）等对德国的能源消费者细分进行了研究，在研究中他们选用一般价值观、生活方式和消费者行为的一般模式作为细分基础[④]。罗伯茨（Roberts，1995）则在其研究中将行

---

① Ryan, P., Lauver, D. R., The Efficacy of Tailored Interventions. *Journal of Nursing Scholarship*, Vol. 34, No. 4, 2002, pp. 331.

② Wilhite, H., Nkagami, H., Masuda, T., Yamaga, Y., Haneda, H., A cross-cultural Analysis of Household Energy Use Behavior in Japan and Norway. *Energy Policy*, Vol. 24, No. 9, 1996, pp. 795 – 803.

③ Burgess, J., The Production and Consumption of Environmental Meanings in the Mass Media: A Research Agenda for the 1990s. Transactions of the Institute of British Geographers, Vol. 15, No. 2, 1990, pp. 139 – 161.

④ Prose, F., Wortmann, K., Energiesparen: Verbraucher Analyse und Marktsegmentierung Der Kieler Haushalte (Endbericht) [Energy Conservation: Consumer Analysis and Market Segmentation of Households in Kiel (Final Report)]. Stadtwerke, Kiel, 1991.

为变量作为对不同能源消费者进行细分的基础①。而维森特（Vicente，2007）等则是将消费者对环境问题的态度作为细分基础②。实际上影响能源消费行为的因素和过程远比已展开的研究要更加复杂和困难，但已有研究为未来进一步深入分析提供了思路和基础，有效细分不同类型家庭的能源消费行为差异性是进一步实施定制化引导策略的前提。

瑟特林（Sutterlin，2011）等针对家庭能源消费行为异质性进行市场有效细分的研究最具代表性③。他将能源消费者细分为六大类，第一类是理想的能源消费者，这类节约者既不介意通过高成本达到节能的目的，也不介意实施节能行为时可能存在的不便之处，他们自己也会大力宣传对节能重要性的认识，并坚信他们的努力会带来一种积极的改变。针对这类能源消费者，不需要制定任何形式的影响措施，只需要定期提供有关能源信息来确保其节能行为的持续性即可，这一群体为我们展示了一种具有模范示范作用的节能者的生活方式。

第二类是无私而又矛盾的能源消费者，约占 26.4%。他们在节能方面也表现出尽力而为，仅次于理想的能源节约者。这类能源消费者对于节能有高度的认识，但是当为了节能而需要他们在某些方面作出牺牲时，努力节能似乎就显得没那么重要了。尤其是涉及食品和家庭能效措施方面而去实施限制性的用能行为时，他们的认识和行为会表现出不一致。例如，需要为购买节能电器付出更高的价格时，他们会犹豫是否应该采取行动。佩蒂（Peattie，1995）曾对这种现象作出的解释是：无私而又矛盾的能源节约者对于生产商和零售商所宣称的产品环保性十分怀疑，进而对与购买相关的节能行为的有效性产生了怀疑④。

针对这一类能源消费者，适宜的引导措施是：对于产品环保性能的宣传必须实事求是，不能夸大。产品环保或节能标签的颁发必须由一个独立的非

① Roberts, J. A., Profiling Levels of Socially Responsible Consumer Behavior: A cluster Analytic Approach and its Implications for Marketing. *Journal of Marketing Theory and Practice*, Vol. 3, No. 4, 1995, pp. 97 – 117.

② Vicente, P., Reis, E., Segmenting Households According to Recycling Attitudes in a Portuguese Urban Area. *Resources Conservation and Recycling*, Vol. 52, No. 1, 2007, pp. 1 – 12.

③ Sutterlin, B., Brunner, T. A., Siegrist, M., Who Puts the Most Energy into Energy Conservation? A Segmentation of Energy Consumers Based on Energy-related Behavioral Characteristics. *Energy Policy*, Vol. 39, No. 12, 2011, pp. 8137 – 8152.

④ Peattie, K., Environmental Marketing Management: Meeting the Green Challenge. Pitman Publishing, London., 1995.

营利性机构来负责。通过这个过程来增加消费者对产品标签内容真实度的信任；确实保障生产商和零售商所声称的产品环保性能的可靠性，进而提高消费者对与购买相关的节能行为的接受度。另外，为了降低这类消费者对技术节能所存在的偏见，可以借由一些权威的专家发表观点，传递通过技术投资进行高效节能具有巨大潜力的信息。这些措施的最终目的就是为了增加这类消费者采取高效节能方法的意愿。

第三类是节俭的能源消费者，这类能源消费者约占14%。只要节能行为不会给他们带来经济上的负担，节俭的能源消费者就会积极地参与到节能活动中来。因此，这类群体不赞成那些会增加额外经济成本的节能行为和政策措施，如使用比一般电器价格更贵的节能电器，或者增加家庭开支的一些措施等，这类能源节约者所代表的是低收入群体。但是，除了经济成本上的考虑之外，节俭的能源消费者有时也会因为强大的社会规范压力而参与到节能活动中来。针对理想的能源节约者所采用的引导措施同样适用于节俭的能源消费者，通过向其不断地提供节能信息可以更进一步强化他们的节能行为。由于这一类能源节约者所代表的是那些低收入的人群，他们的节能动机最主要的就是经济节约。因此，对其大力宣传节能行为能够带来的经济利益或给予节能奖励会是一个十分有效的方法。另外，研究发现节俭的能源消费者群体在社交属性上表现出了强人际交往欲望的特点，通过建立相应的规范、舆论、社区压力等也可以有效促使其节能。

第四类是注重物质享受的能源消费者。这类能源消费者约占25.1%。注重物质享受的能源消费者在节能方面的意识薄弱，尤其是在涉及食品和手机等电器使用方面更不愿意去采取降低生活舒适度的节能行为。但是，在家庭住宅领域，通过使用高效节能家电践行节能行为的效果对他们可能很有吸引力。这类能源消费者高度重视物质享受，且倾向于采用付出经济成本来考虑节能。而节能行为可能造成的不便利性并不是阻碍他们进行节能的最主要原因，他们采取节能行为的主要障碍是生活质量的降低，甚至是社会身份地位的变化。

促进这类能源消费者采取节能行为主要不是从补贴、降价、奖励等方面对其进行经济上的诱导，更重要的是要向其表明能源节约行为和生活质量两者之间并不是相互矛盾、相互排斥的。例如，在消费者购买汽车时，不是主要向其强调价格的低廉，更重要的是向其展示高效节能汽车所具有的创新、时尚、未来潮流趋势等特性。

第五类是便利性导向型的冷漠能源消费者。这类群体约占5.3%。一般而言，便利性导向型的冷漠能源消费者最不可能参与到节能活动中来。他们会自动最大程度地忽略掉能源消费量正在不断增长这一事实，也不会考虑能源消费量的增长会给社会带来的严重后果。同时，他们也不认为自己需要为目前的能源状况承担一份责任，在他们的个人准则中，根本不存在能源责任意识。这类能源消费者的行为并不受经济因素的影响，他们关注的只是个人舒适度和便利性。因此，他们强烈反对限制性的政策规定和干预措施。

盖特斯莱本（Gatersleben，2001）在研究中曾指出，有一类人宁愿支付更多的钱来维持生活舒适，也不会降低他们生活的质量①，便利性导向型的冷漠能源消费者就是这样一类人。引导这类人群向节能行为靠近的一个最理想方法就是基于他们对愉悦的渴望和对新奇事物的好奇心设计特别的活动。例如，让这类消费者试开新型节能汽车并让其体会到乐趣。

第六类是深知问题型的能源消费者。这类群体约占13.6%，他们所代表的主要是年轻一族。深知问题型的能源消费者对于参与节能活动也并不热心。他们对于节能活动可能带来的结果是非常清楚的，并相信如果通过各种努力，则一定可以有所作为。但是，他们认为自己并没有义务去避免一些不必要的能源浪费，且认为自己实施节能行为的能力也是相当有限的。只要节能行为可能影响他们的生活舒适度和便利性，他们就不会实施节能行为。但是，他们十分在乎自己在周围人眼中的形象，因而会因为社会规范压力采取节能行为。

深知问题型的能源消费者之所以高度关注能源问题可能是因为他们成长的这个时期刚好是身边人（如老师、同学、媒体等）经常谈论环境问题的时期②。针对这类能源消费者，首先可以进行一些具体的节能宣传活动，如研讨会、使用节能小册子等，而这些宣传信息必须容易理解，且详细说明了如何采取节能行为，还应特别强调这些节能活动不需要或者仅需很少的努力就能实现。这个过程不仅能增加他们有关能源问题的知识，更能让其增强对节能效果的自我效能感，即让他们觉得节能行为是自己可控并且最终能产生效果的。已有研究表明，如果能向这类群体传递一种实施节能行为就是彰显

① Gatersleben, B., Sustainable Household Consumption and Quality of Life: The Acceptability of Sustainable Consumption Patterns and Consumer Policy Strategie. *International Journal of Environment and Pollution*, Vol. 15, No. 2, 2001, pp. 200 – 216.

② Straughan, R. D., Roberts, J. A., Environmental Segmentation Alternatives: A Look at Green Consumer Behavior in the New Millennium. *Journal of Consumer Marketing*, Vol. 16, No. 6, 1999, pp. 558 – 575.

一定身份符号的信息，那么就能增加他们实施节能行为的动机，尤其当实施这种节能措施能够被其他人清楚地看见和评价时（如使用节能汽车），更能刺激这类消费者节能①。其次，还可以向这类能源消费者提供一些与其生活方式高度匹配的具有创新性和独特性的高效节能产品，这些产品能够提高他们的购买意愿。最后，可以在商业广告中邀请名人为高效节能产品代言，通过名人效应来对其加以影响。

从以往有关能源消费群体的细分研究来看，确实存在不同群体节能行为差异性明显，因此针对特定类型用户提供针对性信息才会有效。当然，这需要根据不同群体所处环境、心理等特征的不同而灵活、动态地提供定制信息资源，才能使信息对行为的影响作用最大化。目前国内传统大众媒体的节能宣传大都是标准化的信息，如电视广告、报纸杂志、纸质宣传材料等，要想实现定制化信息，大众媒体的宣传方式也应当有所变化。总的来说，传统意义上统一的宣传并不是一个有效的策略②。一般而言，通过大众媒体传播能源问题能引起知识水平和节能意识的提升，但其对实际能源消费行为的影响却无从得知③。因此，对于具体的信息宣传策略和宣传媒体选择还有待于在实践中进行创新。而今，互联网和社交媒体的发展提供了应用大数据进行有效细分和对目标群体精准沟通的可能，相应部门应紧跟时代变化应时而动。

3.1.1.3 节能信息宣传的不同渠道

除了仍借助报纸、期刊、海报及电视、广播等传统媒体给予标准化、统一化信息干预的社会宣传途径，对家庭能源消费行为干预的渠道要更多地利用新兴媒体及借助人际沟通。互联网、手机等新兴媒体提供了大规模量身定制信息的可能性；同时，鉴于个体节能效果难以察觉的特殊性，应充分利用社会影响技术，强化人际间互动沟通渠道；而能源教育信息则需重视落到实处并深入人心。

（1）网络宣传。互联网在近些年的发展突飞猛进，逐渐成为主流的信息传播媒体，各大门户网站、论坛等日访问量呈几何式的增长。当我们上网查

---

① Griskevicius, V., Tybur, J. M., Van den Bergh, B., Going Green to be Seen: Status, Reputation, and Conspicuous Conservation. *Journal of Personality and Social Psychology*, Vol. 98, No. 3, 2010, pp. 392 – 404.

② Van Houwelingen, J. H., Van Raaij, F. W., The Effect of Goal-setting and Daily Electronic Feedback on in-home Energy Use. *Journal of Consumer Research*, Vol. 16, No. 1, 1989, pp. 98 – 105.

③ Staats, H. J., Wit, A. P., Midden, C. Y. H., Communicating the Greenhouse Effect to the Public: Evaluation of a Mass Media Campaign from a Social Dilemma Perspective. *Journal of Environmental Management*, Vol. 46, No. 2, 1996, pp. 189 – 203.

阅资料或者浏览视频时，网页上都会自动弹出若干个广告，我们常常不得不去浏览这些信息。因此，如果在互联网上投放节能宣传信息，受众范围是很大的。现有的大数据技术可以通过分析用户经常浏览的网页或者经常搜索的关键词等来分析出上网者的性格、收入、行为习惯等，这对于网络信息的定制化很有帮助。互联网背景下商业领域积累了大量精准信息宣传的实践经验，影响节能行为的社会营销策略应借鉴这些成功的经验，进行针对性的影响以提高沟通的效果。同时，互联网上进行信息传播相对来说成本较小。目前，我国鲜见机构、群体或企业在网络上有针对性地投放节能广告，这是一个节能信息传播的空白，政府相关部门应当在促进节能信息宣传的有效性上施加影响。

（2）订刊类信息。订刊信息能发挥出个性的特点。这种渠道的一个优点是人们能够接受特定的信息，如具体针对节约用水方面或者具体针对天然气使用方面等在特定期刊发布。温特（Winett，1983）早在20世纪80年代的研究就已表明，使用订刊进行节能建议，对节能行为有积极的影响，并且能导致高效用能行为的发生[1]，随后冈萨雷斯（Gonzales，1988）等学者的研究也验证了这一结论[2]。订刊信息有两个来源，一是纸质的书籍报刊。市面上的报纸杂志数量众多，侧重点也不一样。在节能方面，《中国节能减排导刊》提供了大量的专业性知识。目前针对家庭能源有效利用的报刊还不多，但随着国家节能减排政策的实施，这类有针对性的期刊报纸应该增多，用户可以利用其中的专业指导来实施节能行为。二是网络订刊，用户登录各大门户网站，并在各大门户网站的子分类中寻求与家庭节能环保相关的板块，点击订阅，那么就会定期将信息发送到绑定的电子邮箱里，收到该门户网站所发送的节能信息；近年来社交媒体的发展又为节能信息传递提供了新思路，例如，可以成立一个专门的微信公众号，通过特定信息内容有效地吸引部分群体的关注，同时在公众号里推出更有价值的和家庭节能相关的内容及行动指南。

（3）人际沟通。人际沟通的形式有很多种，在非正式场合下，可能是茶余饭后的面对面闲聊，也可能是利用网络或者电话进行的沟通；在正式的场

① Winett，R. A.，Love，S. Q.，Kidd，C.，The Effectiveness of an Energy Specialist and Extension Agents in Promoting Summer Energy Conservation by Home Visits. *Journal of Environmental Systems*，Vol. 12，No. 1，1983，pp. 61 – 70.

② Gonzales，M. H.，Aronson，E.，Costanzo，M. A.，Using Social Cognition and Persuasion to Promote Energy Conservation：A Quasi-experiment. *Journal of Applied Social Psychology*，Vol. 18，No. 12，1988，pp. 1049 – 1066.

合中，沟通可以以研讨会、咨询会、讲座的形式来进行。不管采用哪种形式，在人际沟通过程中双方都表现出了互动特点，能够完成一个信息交流的完整过程。在节能信息的非正式沟通中，相关群体或个人能够听取他人有关节能方面的建议，或者互相分享自己在家庭能源使用方面的经验，或者对自己在家庭节能方面遭遇的问题寻求解答，在交谈中所获得的信息通常会直接影响个人的家庭节能实践，因为这类信息更为"亲民"、更接地气且更具有可操作性。正式的研讨会或咨询会沟通中，也能够有针对性地传播节能信息。研讨会通常由一定权威性的机构主办，可以利用这样的机会吸引一些生产高能源使用率电器的企业进行产品展销，使居民对新的节能技术有所了解，同时普及节能产品在家庭生活中的使用。另外，也可以邀请一些在节能减排、环境保护领域的专家来参与研讨会，普及能源合理使用方面的知识，针对家庭能源使用中较为常见的误区进行总结，解答居民的咨询并且根据不同家庭实际情况提供针对性的节能建议，等等。

人际沟通渠道的选择也应与特定个体的媒体使用习惯相匹配，具有不同个体特征和行为习惯的居民通常会选择不同的渠道来接受信息。举例而言，对于年轻人、中年男性和有更多成员受过高等教育的家庭，网络、手机的沟通渠道更为有效，并且他们更倾向于选择从专家那里得到节能信息。相比之下，老年人、中年妇女和那些受教育程度较低的家庭更依赖传统沟通渠道，如传单和面对面交流，他们更乐意从身边人那里得到信息。因此，信息宣传渠道的选择与细分市场定制策略的有效结合才是最佳选择。

（4）能源教育。能源教育是信息宣传策略的重要内容。刘继和（2012）等认为能源教育最终应该达到的效果是，使公众明确能源的有限性及对国计民生的重要性，并最终形成节约能源的意识及采取有效的具体措施实施节能行为[1]。对节约能源、保护环境的教育几乎伴随着人的一生，随着人们生活经验、知识水平、年龄的提高，教育目标的侧重点也有所不同。在进行节能教育时，也应当针对不同群体开发不同的教育方案。

近年来，我国在能源问题方面开展了一系列的宣传和教育工作，并且已经有专门的管理机构负责具体实施，同时制定了系列节能的标准，推出了相应的政策法规，提出了"低碳""循环经济"等概念，举办了各类节能教育活动。然而从现实来看，城镇广大居民对于家庭范围内的节能意愿还不够强

---

① 刘继和、张玉姣：《日本学校能源环境教育的地位、理念、举措与特点》，载于《沈阳师范大学学报》（自然科学版），2012 年第 2 期，第 34 – 38 页。

烈，对于能源消费和环境困境之间关系的认识也有待提升，家庭范围内的个体节能潜力还相当巨大。这些表明仍需要继续推进能源教育工作，进一步明确能源教育的具体实施宗旨和举措，进一步构建正规的教育体系来支撑节能意识的培养和节能行为的实施。

目前缺乏能源教育活动推广平台是一个影响宣传效果重要的因素。考虑到家庭成员的独特性，针对家庭节能教育并不仅仅局限于以家庭为单位进行，对于具有学生身份的家庭成员可以通过学校进行节能教育，对于具有上班族身份的家庭成员可以通过进驻企业进行节能教育，没有工作或学习单位的家庭成员也可以通过社区培训来达到节能教育的目的。总之，对家庭节能教育的形式是多种多样的，下面仅对校园教育和社区教育进行分析。

其一，校园教育。一个人价值观的形成是分阶段的，而在儿童和青少年时期，价值观尚没有完全定型或是很不稳定。在这个时期对个体进行能源及环境教育，有助于形成个体的节能意识，塑造他们"节能减排"的价值观，树立其社会责任感。一项对校园能源教育现状的调查发现：目前学校能源教育素材不充足，能源教育所采用的教学方法过于单一，学校对学生节能教育的意识薄弱。针对这种情况，可以采取一系列措施：第一，编制教材，合理选择和配置有关节能和环境保护等方面的内容。第二，科学选择教学方式。不同于文化课"古板"的上课方式，节能减排的教育应该更加贴近生活和实际，因此课堂可以不仅仅局限于教室中，可以进行大量的实践活动。譬如，以"低碳节能"为主题的夏令营活动、"环境"为主题的摄影展、生动的课堂小案例，等等。校园教育的形式有很多，比如各班级可以通过绘制宣传展板来展示节能小知识或者进行环境知识竞赛；通过小品、歌舞等娱乐形式来突出某个节能主题，"润物细无声"地影响着还处于学生身份的孩子；还可以定期或不定期在课堂上通过让同学们自由讨论哪些是节能行为，以及在生活中哪些能源消费行为可以避免，结合实际生活会使大家收获更大；同时也可以让学生家长参与进来，为大家分享生活中的节能小妙招等等。第三，注重教师的能源教育水平提高。师为教之本，如果没有相应的师资力量，能源教育就无从谈起。英国和丹麦这两个国家目前将"校园教育"列为低碳教育的一个重要环节，丹麦的哥本哈根市非常重视对儿童和青少年的节能低碳教育，为了应对气候变化问题，制订了"灯塔计划"，并着力培养国民的资源环境意识。虽然目前我国这方面做得并不尽如人意，但近些年也已经加强了对能源教育的重视程度，国人的节能意识普遍得到了提高，但是节能意识的提高并没有带来节能行为同等程度的改进，这需要相关部门继续加大教育的力度,使节能意识深入公众的内心。

其二,社区教育。社区节能教育主要针对成年人,具有时间自由的特点,不像学校教育固定在某个时间,而是根据社区成员的时间来安排。目前社区的节能教育主要以宣传和普及低碳节能知识为主,并倡导家庭实行低能耗的绿色生活方式。进行社区教育的主要方式有:一是开展与家庭节能相关的主题知识宣传,以公开发行的与节能相关的材料为学习基础,以实践为主要目的。比如,规定每月的第二个星期为节能宣传周,在这一周里,社区委员向家庭住户发出低碳家庭生活的倡议,并悬挂节能标语,分发印有能源知识的小册子。二是发动与节能相关的活动。比如每周骑车上下班两次,购物拒绝塑料袋、垃圾分类等活动。三是推出社区节能示范家庭,让这类家庭向人们传授自己在能源利用方面的经验。通过社区教育活动,可以有效地利用"身边人"的良好示范效应,让居民对于节能活动有亲近感,能够感受到节能榜样就在自己的身边,从而更有动机去实施节能行为。目前社区教育促进节能的渠道已经受到了重视,但活动开展的形式和力度还有待改善和加强,从效果看尚没有形成强有力的影响。

3.1.2　承　诺

承诺也是一种引导城镇居民能源消费行为的事前策略,国外对节能消费行为的早期研究对这一策略的关注相对较多。在日常生活中,承诺这一行为经常发生,可以是亲人之间、同事之间、上下级之间、政府与公众之间等。一般来说,承诺是指一个人对他人所作的保证,表达自己能够实现的预期。国外学者塞尔(Searle,1969)将承诺界定为个体对自己将要实施的某种行为愿意担负起一定的责任[①]。也有学者是从心理学视角对承诺进行界定,认为承诺是一个人对未来要实施的某种行为给予的心理认同,并愿意在行动上去践行相应的行为,担负起相应的责任。可见承诺可以表现在心理层面,也可以是在行动上。在这里我们将承诺定义为个体对自己将在家庭范围内实施节能行为作出的一种许诺,这种许诺可以是非正式的言辞表述或者通过正式的文本表达,许诺内容是被自己和第三方共同认可的。

3.1.2.1　激起承诺的三种力量

承诺既可能是自愿作出的,也可能是感受到某种压力而不得已作出的,

----

① Searle, J. R., Speech Acts: An Essay in the Philosophy of Language. New York: Cambridge University Press American Branch. 1969.

譬如舆论压力或者所处的某一群体施加的压力。已有文献研究了激起承诺及影响承诺效果的三种力量，这三种力量分别是社会力量、认知力量和行为力量。

社会力量主要表现在：第一，特定行为的价值被社会群体中其他人认可，且已经作出承诺的榜样很多，就会激起个体作出承诺。就城镇居民能源消费来说，"低碳消费"这一观念已经被广泛普及，如果人们认识到低碳生活方式所带来的好处，就有可能承诺会采用低碳的方式生活并注意节约能源。此外，作出类似承诺的人越多，也越能激起个体作出相应的承诺。第二，个体对于群体的从属程度也是影响其是否作出承诺的因素。如果个体没有群体从属观念，就不会被群体里的其他人影响，榜样也就没什么作用，承诺也不大可能会发生。第三，承诺如果是在社会公众面前公开作出，未来履行承诺的可能性会更大。公开地被他人或群体其他成员广泛已知的声明信息更容易对承诺者形成约束，产生完成行为的压力。从这个角度来看，家庭节能行为借由社会力量激起承诺时必须依赖于特定的群体组织，由组织（不管是正式的还是非正式的）来产生社会力量以促使个体践行承诺。

认知力量主要来自于个体自身的认知水平和认知能力。一个人是否愿意对某种行为作出承诺，以及承诺强度如何，还取决于其对将要实施行为及该行为可能产生结果的认知。个体会衡量作出承诺后的所得及所失，而这一设定结果是受到其认知影响。只有基于个体认知设定将要实施的行为价值足够大，个体才会给予承诺。同时，任何一个将要实施的行为都可能会遇到外界环境或自身条件的消极影响，这时也是由认知决定了个体如何认识和评价这些制约因素，从而决定是否作出承诺及承诺的强度如何。从这里可以看出，基于认知力量使居民产生节能行为的承诺干预策略应着重从以下两个方面入手：一是影响居民对家庭节能行为重要性和必要性的认知，由于许多家庭用能行为是日常性的习惯或无意识行为，多数人会产生自己的用能行为是本该如此，无须多虑的想法；而且多数人也相对缺乏积极节能的深层次动机。当居民认知到汇聚每个个体力量能带来一个可观的效果时，会增强其参与到节能行为的意愿。二是节能行为的形成同样会遇到障碍因素，阻碍了居民产生承诺的行为。因此，如何有效地传递操作层面的家庭节能知识以尽可能降低障碍性因素也是需要考虑的。

作出承诺也可以借助行为力量。行为及行为结果之间具有相互作用的力量，承诺后实施的与承诺内容一致性的行为会使个体产生一个好的自我认知和评价。这种评价一方面来源于承诺后的行为得到了社会群体其他成员的认可，被接纳和被认同，反过来会进一步促进个体作出承诺并践行承诺；另一方面来源于个体心理的自我肯定和自我满足，通过完成自己承诺的行为，自我效能感提升，个体不断强化行为甚至形成习惯，也会进一步促进承诺的建立。基于行为力量促使居民作出承诺的影响策略，就是促使居民个体形成在他人眼中的"自我"和自己心目中的"自我"是一个低碳节能达人的形象。

3.1.2.2 承诺的类型

艾伦（Allen，1991）等认为承诺包含三个层面，分别是情感承诺、规范承诺和持续承诺[①]。针对节能行为的承诺，情感承诺是个体发自内心的意愿与节能倡导者或者群体合作，保持言行的一致性，体现了个体对节能目标和价值观的高度认同；规范承诺是受到社会关系规范的内化及心理契约等因素驱动而作出的。由于个体与社会群体之间是归属关系，所以个体常常会基于社会责任和所处群体带来的压力而作出承诺，在这种情况下个体的目的主要是避免社会惩罚或被群体接纳。持续承诺是指个人一旦离开群体组织将失去原来付出的成本。目前家庭能源消费者所作的承诺大多属于规范承诺和情感承诺。每一个个体都是社会人，都从属于相应群体，并试图通过观察周围人的行为来获取自己应如何行动的提示。事实上，大多数人都渴望融入某个群体或社会，为了达到这一目标，他们会努力迎合群体中的理念和规范，实施或模仿群体所认可的行为，努力满足他人对自己的期望。这个群体可以是家庭所在的社区，也可以是个体所处的公司等。当社会群体的主流价值观倡导节约能源和低碳消费时，群体成员自然受到规范的影响，会给出某种承诺作为响应。除此之外，如果个体具备有关环境现状、能源危机的知识，那么他很有可能会作出情感承诺，并且不会轻易改变承诺。

对承诺的另一种分类是口头和书面的划分，现有研究将承诺分为强、弱两个等级，一般认为口头承诺属于弱承诺，而书面性质的承诺属于强承诺。帕尔迪（Pardini，1984）等所作的特定环境行为（报纸回收）实验研究了承诺强度的效果[②]。结果表明：在短期内，强、弱承诺均对行为存在一定的影响，但彼此差别不大；而长期来看，作出弱承诺的家庭行为和没作出承诺之前的行为趋近一致，而作出强承诺的家庭则仍然遵守承诺。书面性质的承诺之所以是强承诺，原因在于它很容易被公之于众；而承诺如果是公开的，就

---

① Allen, N. J., Meyer. J. P., A Three-Component Conceptualization of Organizational Commitment. *Human Resource Management Review*, Vol. 1, No. 1, 1991, pp. 61–89.

② Pardini, A. U., Katzev, R. D., The Effect of Strength of Commitment on Newspaper Recycling. *Journal of Environment Systems*, Vol. 13, No. 3, 1984, pp. 245–254.

不容易被改变。因为个体公开地作出承诺后，相当于向公众表明了自己的观点，如果再轻易作出改变是没有"面子"的行为。相关研究也发现人们都尽量使自己"言"与"行"保持一致，因此引导策略制定者可以利用这种心理，先诱使个体作出某种公开的承诺，形成一定心理压力，以促使个体长期采取适宜行动和承诺保持一致。可以看出，承诺对个体的未来行为具有约束力，中国古语"言必信，行必果"也是对承诺具有约束力的阐释。承诺一旦被作出，个体出于维护自身形象的目的，内在的压力会使其作出恰当行为；当然有时还会有外在的约束力使其保持行为和承诺的一致性。无论以书面形式还是口头形式表达出的承诺，都会事先让外界形成对个体评判的基础。即使有时候个体不是出于自愿或者承诺内容反映不了内心的真实想法，但个体还是会为了保持自我形象采取和承诺一致的行动。

总之，承诺是影响家庭节能行为的重要事前引导措施，它使家庭能源消费者们有意识地改变自己的行为，对个体的行为产生约束力。相比于其他策略，承诺能够使居民节能行为保持得更为持久，斯特恩（Stern，1984）等的一项研究表明，一旦对某个行为改变作出承诺，那么维持该行为的时间要远高于公开承诺时所许诺的时间①。承诺措施之所以会使行为产生持久的改变，还有一个解释是"外因"激发了"内因"改变，即人们公开作出了承诺，从而产生了一种无形的动机，这种动机会引导他们去发现及理解自己践行行为的真正价值，并开始愿意改变自己的不良能源消费行为，结果就是人们开始自愿维持节能行为。

3.1.3　预先设定节能目标

对于预先设定节能目标在居民家庭范围内能源消费行为引导措施的应用，无论是学术研究还是发达国家的实践都是基于居民已有的能源消费数据设定一个节能目标，当然这个目标设定一定要有合理性，应该是居民通过其自身能力可以完成的。预先设定的节能目标在某种意义上也同样可以发挥与"承诺"相同的效果，没有达到目标也意味着违背了承诺。但是事实上却没有这么简单，现实中存在两大问题。首先，预先设定的节能目标并不总是能够激发居民节能的动机，因为一个好的节能目标应当是具体的、具有一定挑战性

① Stern，P. C.，Aronson，E.，Energy use：The Human Dimension. New York：W. H. Freeman. 1984.

的，但这往往不容易做到。其次，如果居民对节能目标没有作出相应承诺，那么预先设立节能目标常常只是虚设，对于居民的未来消费行为也不会产生很大影响。

3.1.3.1 一个好的节能目标的特征

洛克（Locke，1968）等认为具体的目标可以激励缺乏动机的个体或者可以促进个体对行为采取积极的态度[①]。而一般的节能目标因为没有明确规定实现这一目标所需的努力类型和程度，因此很难影响人们的行为。每个家庭对水、电和天然气等资源的消耗量不同，在设定目标的时候，目标应该具体到每一类能源的消耗上，如"本月耗电量不超过 100 度"。在明确目标的同时，思考采取哪些行为可以达到这一目标也是十分必要的。

另外，节能目标应当具有一定挑战性，班杜拉（1989）认为一个富有挑战性的目标会比一个容易实现的目标引发更多的努力[②]。贝克尔（Becker，1978）在关于目标设定难易程度对节能行为的影响进行研究时设计了一个实验，选取 40 户家庭分成两组，每组 20 户，在设定不同目标的情况下测试电力消耗情况[③]。研究结果表明，设立节能目标较有难度（20%）的一组家庭比设立简单节能目标（2%）的家庭要明显节约 13% 的电力。试想如果居民设定的目标是"这个月要节省 10 度电"，那么他的节能动机就会很弱，因为一个很容易就能达到的目标对改变个体行动影响甚微。

当然，节能目标设定也不是越高越好。在一定的范围内目标设定的越高，个体为节约能源所付出的努力也就越多，行为所带来的成就感也就越强。但是一旦超出某个临界点，过高目标会让个体感知到"无论付出多大的努力也无法达到"或者"要付出很多很多的努力才可以达到"。前者会导致个体直接放弃努力，后者会让个体产生畏难情绪，这两种感知对于激发个体行动的影响都是消极的。阿特金森（Atkinson，1957）认为采用中等难度的目标比采用容易实现的目标和难以实现的目标，个体的努力程度和取得的成就都是最高的[④]。另外，对目标的设定应当符合家庭实际情况，就电力能源来说，不同家庭的实际耗电量不同，如果对所有家庭都设定"用 100 度电"的目

---

① Locke, E., Kendall, M., Goals and Intentions as Mediators of the Effects of Monetary Incentives on Behavior. *Journal of Applied Psychology*, Vol. 52, No. 2, 1968, pp. 104 – 121.

② 班杜拉：《社会学习理论》，陈欣银、李伯黍译，辽宁人民出版社 1989 年版。

③ Becker, L. J., Seligman, C., Reducing Air Conditioning Waste by Signaling it is Cool Outside. *Personality and Social Psychology Bulletin*, Vol. 4, No. 3, 1978, pp. 412 – 415.

④ Atkinson, J. W., Motivational Determinants of Risk-taking Behavior. *Psychological Review*, Vo. 64, No. 6, 1957, pp. 359 – 372.

标，那么对于每月用电量从不超过 50 度的家庭来说，这根本不算是目标，而对于每月都消耗 200 度以上电量的家庭来说，目标又显得遥不可及。以往研究中发现为每个家庭都制定合适的目标是非常困难的，需要大量的数据来支持才可能成功。而今随着技术的应用和发展，对于掌握家庭用能行为特征和用能量已不是一个难题，关键还是需要相应的组织投入物力和人力去着手做这项工作。

此外，好的节能目标应当有清楚的时间框架。在对居民预设节能目标的时候，如果没有明确规定目标完成的时间期限，那么目标就毫无意义，也无法进行节能效果的反馈。时间期限不能太长，如果只着眼于较远的将来，目标就无法为当前行为提供有效的诱因和指导。例如，年度目标和季度、月度目标相比，效果会差很多。

3.1.3.2 节能目标设定与承诺结合

目标和承诺是紧密联系的。通常人们设定某一节能目标，但没有对目标达成作出承诺时，再好的节能目标对于居民节能行为的影响也会降低很多。班杜拉认为个体为特定目标有承诺的时候，这一承诺行为能够防止个体轻易放弃目标[①]，因此仅仅预设节能目标是不够的，与口头或者书面承诺相结合才有更好的效果。

仅仅设定一个目标，结果常常会放弃完成该目标。如果居民的节能意识不强，或者认为从事节能活动没有太大价值，那么即使事先设定了目标，一旦个体的行动达不到目标期望，就会选择放弃继续进行节能行为。如果居民有很强的节能意识，但是为了达到节能目标需要耗费大量额外的时间、精力及金钱，或者即使付出巨大努力也不一定能保证达到节能目标，那么人们也会倾向于放弃该目标。促使居民对目标作出承诺的目的，就是尽量避免上述情况的发生。一方面，一个承诺会给予个体一定的社会压力，当个体没有完成目标时，有可能会使其遭受信任危机或者某种形式的惩罚（这种惩罚可能是精神惩罚或其他）；另一方面，一旦个体承诺完成某项节能目标，那么这个承诺会成为个体采取行动的动机或诱因。

设定节能目标时居民的参与程度也是影响承诺实现的重要因素。班杜拉认为，在制定目标时个体如果参与或扮演着重要角色，那么他们就将为目标的实现承担责任并且在实现目标的过程中使用自我评价机制。如果目标是被别人强加的，那么人们不一定会认可目标或者感到没有义务去实现目标，实

① Bandura, A., Social Foundations of Thought and Action: A Social Cognitive Theory. Englewood Cliffs, NJ: Prentice-Hall. 1986, p. 617.

现目标的自我评价动机也可能因此而减弱。莱特（Wright，1994）等在对目标设定的研究中发现，当研究对象是自主设置目标的时候，在有机会改变目标的情况下被试也不太可能改变这些目标，即被试表现出了一个较高的目标承诺[①]。同样，夏皮罗（Shapira，1989）在一个实验中也得出了相似的结论：如果实验主体可以自主选择目标水平难度，那么他们更容易受到目标驱动[②]。2012 年我国公布了《节能减排"十二五"规划》，规定了各类能源节约的具体目标，其中家庭能源节约是节能减排工作一个十分重要的环节。目前针对家庭的节能目标大多是由政府引导设定，这些目标在落实到单个家庭的时候往往过于笼统，因此居民在日常能源消费中缺乏一个清晰具体的目标。在实际的操作过程中，节能目标的设定是否合适还与家庭成员的文化水平、家庭结构等一系列因素有关，因此帮助城镇居民设定符合实际情况的适宜目标仍然是一个难题。同时，节能目标的设定还需和差异化的针对性引导措施结合起来才能最大程度发挥影响策略的效果。

3.1.3.3 影响节能目标接受的其他因素

除了受到目标自身特征和目标设定主体影响外，社会和个人的因素也会影响个体对目标的接受。卡梅伦（Cameron，1998）等在研究中发现，社会价值取向会影响一个人决定是否会做有利于节能等环境行为[③]。同时，具有亲社会倾向的个体更有可能追求与环境行为相关的目标。亲社会倾向的个体，在社会生活中经常会表现出帮助、分享、合作、捐赠等行为，因此也更有可能从事具有正社会外部溢出效应的环境行为（包括节能行为）。

个体性格对目标的接受也会产生影响，不同性格的个体对于不同目标干预的反应也不同，具有自我导向个性的个体会更加依赖于他们自己的判断，因此通常他们愿意自我设定目标。倾向于社交导向的个体会对分配来的目标作出更好的回应，他们则更愿意接受外部确定的目标，因为这反映了他们对社会规范的服从和接受。另外，非常重要的一点是"预设目标"的引导策略，若想取得满意的效果，还必须与反馈或能源审计结合起来，后两者作为典型的事后策略将在后文阐述。

---

① Wright, P. M., Kacmar, K. M., Goal Specificity as a Determinant of Goal Commitment and Goal Change. *Organizational Behavior and Human Decision Processes*, Vol. 59, No. 2, 1994, pp. 242 – 260.

② Shapira, Z., Task Choice and Assigned Goals as Determinants of Task Motivation and Performance. *Organizational Behavior and Human Decision Processes*, Vol. 44, No. 2, 1989, pp. 141 – 165.

③ Cameron, L. D., Brown, P. M., Chapman, J. G., Social Value Orientations and Decisions to Take Pro-environmental Action. *Journal of Applied Social Psychology*, Vol. 28, 1998, pp. 675 – 697.

3.1.4　示 范

人类的许多行为都是通过对榜样的观察才采取的，人们通过观察别人是如何行动的，来对自己的行为进行指导，从而形成自己的行为标准。如果观察到的行为是能够被理解、能够被感知到有价值并且是有奖励的（产生有利的结果），就会产生对行为的模仿。根据班杜拉的社会学习理论，人的学习来自直接经验和观察学习，如果知识只能通过个体的直接经验来获得，那么认知过程就会变得十分艰难，事实上人们的行为大多数都是通过观察模仿来获得的。班杜拉认为，直接经验导致的所有学习现象都可以通过观察他人行为以及结果而发生，即通过榜样的替代反应和替代强化也能学会榜样的某种行为，这种学习行为也被称为示范观察学习。强有力的示范观察学习能够同时改变观察者们的行为、思想模式和价值观。

在居民能源消费行为的引导措施中，示范是一个非常重要的事前引导措施，居民通过观察他人的能源消费行为来指导自身行为。示范可以帮助人们确定什么是该做的，什么是有价值的行为，因此也能有效地在浪费能源行为发生前改变人们的消费方式。

3.1.4.1　示范的作用

示范并不总是对行为造成影响，因为示范所传递有关行为过程的信息只有在被个体完全接受的情况下才是有效的。观察者在面对示范行为的时候，会思考三个问题：一是自己是否有能力完成这一示范行为；二是该示范行为会产生惩罚还是奖励的后果；三是如果自己模仿这一行为会否仍然有相似的后果。观察者对这些问题的理解程度会影响示范措施会否促使其产生模仿行为。

当然，示范效应并不总是产生积极效果。根据社会认知理论，示范可以起到加强或减弱现有行为作用，当观察者发现榜样所遭遇的不良后果之后，可能会抑制自己的相应行为，这表现为示范的抑制作用。反之，当观察者发现榜样的行为并没有带来不利后果，甚至可能带来某种"利益"，那么他就会保持或增加这一行为，这表现为示范的去抑制作用。根据这一理论，每个人的行为都对他人产生一定的示范作用，如果在家庭能源使用过程中，有的居民表现出浪费但并没有因为这些行为产生消极后果或受到惩罚，那么也很有可能引起周围人的模仿。因此，在让人们感知到不好的行为会遭受惩罚（精神的或物质的）的基础上，树立好的行为榜样是非常必要的。

示范的第二个作用主要是激活个人选择某种行为的动机，引导他们付诸行动。人们可能具备某一行动的能力（一般这类行为都是被社会接受的好行为），但是却没有尝试，主要是因为动机没有被充分激发出来。而当个体看到别人在做这一行为时，会对自己产生付诸行动的心理暗示。因此，一个社会环境中推崇的榜样"特质"常常决定了公众哪些品质或者行为会被激活。

班杜拉认为，榜样示范可以起到指导作用、抑制作用、促进作用、刺激增强作用等，这些不同的功能可能会独立对行为产生影响，但更多时候他们是一起作用于个体的，榜样不仅可以指导个体怎样去实施某个行为，也可以促进类似行为的发生。

3.1.4.2 示范在家庭节能引导中的应用

（1）榜样的力量。在实施引导家庭节能行为的策略时，要树立积极的节能榜样，引导人们去模仿好的行为。比如，以社区为单位，在社区内树立一个或者几个节能榜样，并对他们的节能方法和节能感想进行宣传，必要时对这些起模范带头作用的个人进行物质或者精神上的奖励，刺激社区其他成员对节能行为的模仿。同理，节能宣传可以利用各个不同类型的群体，寻求群体内的意见领袖，意见领袖的节能行为会有力地影响群体内其他人对节能行为的态度。一个良好的节约能源的社会风气形成也是不断积累的过程，汇聚各方力量包括政府和民间机构的有效示范，家庭内节约能源也必然会蔚然成风。

具体操作上，除了身边人、熟悉人的节能示范外，还可以利用"名人效应"所带来的巨大影响实施家庭节能引导。所谓名人，即在社会上有一定知名度的人，这些人一般都具有特定的人格魅力，并且被大多数人所接收和喜爱。目前在营销领域，大到国家的形象代言，小到产品的销售宣传，名人效应的应用十分广泛。在节能环保方面，也可以利用名人的身体力行或者通过其向公众宣传节能知识等，吸引公众去关注节能问题并践行节能行为。

（2）扩展多元化的榜样教育渠道。将榜样的示范效应传递出去当然要借助一定的渠道，可以利用广播、电视、报纸、网络等多种渠道及利用言语示范、象征示范、参照示范等多种方法。同时要保持节能榜样教育的时代性、创新性及长期性。举例而言，可以利用特定的媒体形式（包括传统媒体及新兴媒体），设定某个节能环保栏目，邀请各种榜样人物"现身说法"，充分利用各种示范元素增强效果。内容可以是关于家庭节能的一个小窍门，可以是关于家庭节能的理念，也可以是关于能源使用和环境污染的关系，等等。

3.2 影响家庭能源消费行为的事后措施

事后措施是指引导措施发生在能源消费行为之后，一般使用信息反馈、激励、惩罚、强化、社会影响等方法，来达到对家庭能源消费行为的影响作用。以往该领域的学术研究表明事后措施对于家庭能源消费行为的影响更为有效，其中反馈措施的效果尤为明显。

3.2.1 反馈

人们的大部分能源消费行为都是在无意识的情况下进行，更多的时候是一种习惯，因此人们很难将特定的行为和能源耗费联系在一起，尽管会有水电费账单和流量表等信息来提醒他们过去所消耗的能源，但是实际上人们对于千瓦数、水立方等数字的概念十分模糊。同时，能源对于大多数人来说是不可见的、存在距离感的一个概念。近十几年来，关于家庭能源消费行为的引导措施研究多集中于反馈策略，以促进更高效的能源使用行为，"反馈"也被视为使能源消费变得"可见"的一个重要策略。反馈措施能够使能源消费变得可被感知，这也正是反馈措施的重要性所在。达比（Darby，2006）在研究中发现提供反馈的情况下，可以使家庭节约 5% ~ 15% 的能源[1]。威尔特（Wilhite，1995）等在对"反馈如何转化为行动促进"的研究中提出了"信息不足"模型[2]，如图 3 - 1 所示。

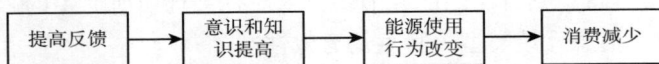

提高反馈 → 意识和知识提高 → 能源使用行为改变 → 消费减少

图 3 - 1 Information-deficit 模型

这一模型认为向家庭居民提供恰当的能源消费反馈能够提高居民在家庭生活中的节能意识，并促进节能知识的增加，从而影响其消费习惯，使居民

---

① Darby, S., The Effectiveness of Feedback on Energy Consumption: A Review for Defra of the Literature on Metering, Billing and Direct Displays [A]. Environmental Change Institute [C], University of Oxford. 2006.

② Wilhite, H., Ling, R., Measured Energy Savings from a More Informative Energy Bill. *Energy and Buildings*, Vol. 22, No. 2, 1995, pp. 145 – 155.

的能源消费决策更加理性，最终减少能源消耗。基于这个模型的实践应用策略就是弥补信息传递缺乏的现状，使用合适的数据，如智能电表、实时显示器等提供的信息，通过向居民展示他们积极或者消极的行为结果，来对能源消费行为产生影响。

3.2.1.1 通过反馈使能源消费变得可见

伯吉斯（Burgess，2008）等认为家庭能源消费表现出两个层面的不可见性[①]。首先，虽然电能被当作一种商品，但它通常是不可见的和抽象的，通过隐藏的电线导入家庭。其次，大部分能源消费行为是通过无意识的途径和习惯产生，人们很难将特定行为与能源消费联系起来。比如，使用家庭音响时不会联想到耗电问题。对于大多数能源消费者来说，对"千瓦时""二氧化碳排放量"这些概念都是无感的，给出的数据都仅仅是一个抽象的数字而已。尽管一些家庭努力去解读相关的信息，但由于缺乏容易理解的提示，能源消费对于大多数居民来说是不可见的，感知不到的[②]。

大量的实证研究试图通过提供各种各样的反馈使能源消费可见，如提供更为详细的家庭水、电账单，在电器上粘贴能源标签，或者通过宣传册、网站、面对面提供深入的能源消费建议，在室内安装耗能实时显示器和监视器等，这些方案都或多或少增加家庭消费者感知到自己的能源消费。

反馈信息还能给家庭能源使用者带来潜在的压力，尤其对于那些低收入家庭而言。这类家庭采取节能行为的主要动机是缓解经济压力，实时的显示器和监视器将能源消耗的数据转化为家庭需要支付的金钱数字，有人形象地描述"当我开启空调的时候发现电表转动很快，好像是自己的钱哗哗地流走了"。对于不存在经济压力的家庭来说，关于能源消费现状、能源问题的反馈，也可以使其意识到自己的能源消费行为对社会环境所产生的影响。

3.2.1.2 信息反馈类型、特点及有效性

对居民家庭能源消费信息的反馈可以采取多种形式，如通过明信片提示、月账单对比或者新技术的应用（如显示器、智能电表）等方式给予居民能源消费反馈信息。达比（Darby，2006）在其研究中将反馈分为四类[③]，如表3－1所示。

---

① Burgess，J.，Nye，M.，Re-materialising Energy Use through Transparent Monitoring Systems. *Energy Policy*，Vol. 36，No. 12，2008，pp. 4454－4459.

② Kempton，W.，Layne，L.，The Consumer's Energy Analysis Environment. *Energy Policy*，Vol. 22，No. 10，1994，pp. 857－866.

③ Darby，S.，The Effectiveness of Feedback on Energy Consumption：A Review for Defra of the Literature on Metering，Billing and Direct Displays ［A］. Environmental Change Institute ［C］，University of Oxford，2006.

表3-1 反馈类型分类

反馈类型	操作行为
直接反馈	通过自抄表、能源显示器等即时获得能源消费信息
间接反馈	频繁的账单，如对比账单、历史账单、分类反馈账单、年度报告等获得能源消费信息
无意识的反馈	社区项目
效用控制反馈	智能电表

反馈的效果受到反馈信息源、反馈持续性与及时性、反馈频率、反馈与目标的结合、反馈信息具体性等因素影响。研究发现，由计算机给出的反馈信息要比由人给出的反馈信息更容易被居民接受、使用和信任①。麦卡利（McCalley，1999）对英国巴斯120个家庭长达9个月的监测中发现，在所有的反馈组当中，安装了电脑进行能源消费信息反馈的家庭能源消费减少量最为显著。

威尔特（Wilhite，1995）等对挪威奥斯陆600个家庭的研究发现，通过更加频繁地向用户提供更多的能源消费账单，最终可以获得10%的节能效果②。这表明持续性的反馈效果也很显著，其原因在于持续反馈所涉及的是目前而非仅仅过去的行为。在20世纪70年代，已有学者通过实证研究证明，每天得到信息反馈的家庭能源使用得到明显下降。因此，每天、每周的反馈频率和每年、每季的反馈频率效果明显不同③。进一步，即时性反馈效果会更好。即时性的反馈是通过与用户系统的相互作用，反馈出每一次特定行为的能源耗费量，如一次机洗衣的耗能。当然这需要技术上的支持，在产品研发、设计时就予以考虑。

此外，正如在前文谈及的，目标和反馈是不可分割、错综复杂的。如果一个节约能源的目标并不存在，那么反馈应该就没有作用。进一步而言，反馈效果受个体对行为结果期待的影响，即个体事先相信其行为会带来多大程度上结

---

① McCalley, L. T., Cees J. H., Energy Conservation through Product-integrated Feedback: The Roles of Goal-setting and Social Orientation. *Journal of Economic Psychology*, Vol. 23, No. 5, 2002, pp. 589 – 603.

② Wilhite, H., Ling, R., Measured Energy Savings from a More Informative Energy Bill. *Energy and Buildings*, Vol. 22, No. 2, 1995, pp. 145 – 155.

③ Petersen, J. E., Shunturov, V., Janda, K., Platt, G. & Weinberger, K., Dormitory Residents Reduce Electricity Consumption When Exposed to Real-time Visual Feedback and Incentives. *International Journal of Sustainability*, Vol. 8, No. 1, 2007, pp. 16 – 33.

果的改变，也就是说与事先对行为结果的期待有关。当然，从另一方面看，无反馈的目标也是无用的，目标设定是一个非常有效回应反馈的保证手段①。

3.2.1.3 实时显示器和监视器

2009 年 12 月，英国能源和气候变化部宣称，到 2020 年为所有英国家庭配备智能电表实时显示信息，这一智能电表将会提供消费者的实时消费信息，以帮助他们控制电量。它的主要作用是改变消费者的能源消费行为，为规划出一个对用户以及能源公司都有利的能源需求形态提供信息。就电力使用来说，这一需求规划包括节约用电、降低高峰用电需求、用电需求重新配置和控制等。和目前普遍使用的只能显示电量消耗度数的家用电表不同，这一智能电表可以根据使用的千瓦时数，以图表或者图形的方式跟踪家庭能源使用情况，记录家庭每天的用电情况，并将这些数据存储起来方便对客户的用电习惯进行分析，同时它还提供所需要的诸多信息，如总耗能、价格、与某天同一时段的用电差异比较等。这些即时、具体的反馈信息更能促使人们作出某些特定行为上的改变。

能源使用智能显示器和用户之间的关系表现出互动的特点，也能起到对能源使用的控制作用。用户可以在智能电表上设定每月或者每天的用电预算，而智能电表也可以通过对用户每月头几天的用电情况进行分析，推测出用户的电量月消耗是否会超出预算，进而提醒用户节约用电。尽管智能电表提供了很好的节能反馈信息，但是有些细节问题使得效果打了折扣。哈格里夫（Hargreaves，2010）在对智能显示器的研究中发现了一些问题②：第一，一些家庭在最初一段时间的新鲜期过后，对智能显示器的使用失去了兴趣，他们不再时刻关注显示器上所提供的信息，尽管反馈对于个人节能行为的影响依然存在，但已经远不如最初使用时的效果。第二，显示器的外观、设计以及安放位置也会对节能行为的改变有影响。放置在一个角落里的智能电表一般难以吸引家庭成员的注意力。因此，智能显示器应该外形美观以利于放置，提供的信息应当清晰、透明和灵活，以使它很好地与家庭成员形成互动，并且使家庭成员都能感知其存在及意义。

---

① McCalley, L. T., Midden, C. J. H., Energy Conservation through Product-integrated Feedback: The Roles of Goal-setting and Social Orientation. *Journal of Economic Psychology*, Vol. 23, No. 5, 2002, pp. 589 – 603.

② Hargreaves, T., Nye, M., Burgess, J., Making Energy Visible: A Qualitative Field Study of How Householders Interact with Feedback from Smart Energy Monitors. *Energy Policy*, Vol. 38, No. 11, 2010, pp. 6111 – 6119.

在中国，能源智能显示器对大多数家庭来说仍然是陌生的，大多数家庭使用的是仅有记录流量功能的老式能源显示器。由于中国人口众多，将智能显示器安装到每家每户目前也存在一定的难度，但考虑到智能显示器的反馈信息对能源消费行为的影响，我们应该借鉴已有国家的成熟经验，在此基础上改进并逐步推广普及新型的智能电表。目前问题的关键是尚缺乏相关部门或者说根本没有一个机构愿意推动这项工作的展开，更无法谈及具体的实施细节。

3.2.1.4 比较反馈

比较反馈包含两种形式，一种是自我比较反馈，一种是与他人的比较反馈。自我比较反馈的原理是，将现有能源消费信息与过去某一时间的能源消费信息进行对比，过去的能源消费行为作为一个参照标准，以评价现在的能源消费行为并激发节能动力。在对家庭成员的反馈中，自我比较反馈对于那些具有高自我效能的个体来说，是一种有效的节能引导措施。班杜拉认为，人们总是试图超越自己，在过去成就的基础上，会给自己设置更富有挑战性的目标。一旦确定采取节能行为，过去的节能成就会成为未来努力超越的目标，自我比较反馈提供了这种可能，以检验是否取得进步。进行自我比较反馈，可以使节能活动不断取得进展，但不能保证个体取得自我满足。如果个体在过去某段时间达到的某个节能目标较低，那么现阶段他就会提高标准，设定更高的目标；如果以往达到的节能目标已经很高了，那么个体会将这一节能目标作为自己再次努力的方向，以期不落后于过去的自己。因此这也从另一个角度再次证明事后的反馈与事前的目标设置之间关系紧密，有效结合才能收到效果。

目标和反馈是不可分割的，好的目标设定会优化反馈带来的效果。如果没有预先设立一个节能目标，那么反馈就只是中立的信息，起不到多大的作用。目标提供了一个判别反馈结果好与坏的标准；反之，设定节能目标，而不对具体的节能状况进行反馈，也是没有多大用处[1]。一系列探索能源消费反馈有效性的研究实验发现，只有使用者设定一个特定节能目标的时候能源反馈才有效[2][3]，没设定目标的反馈不能有效激励节能行为，而只是提供了个

① Locke, E. A., Goal Theory vs. Control Theory: Contrasting Approaches to Understanding Work Motivation. *Motivation and Emotion*, Vol. 15, No. 1, 1991, pp. 9–44.

② McCalley, L. T., From Motivation and Cognition Theories to Everyday Applications and Back Again: The Case of Product-integrated Information and Feedback. *Energy Policy*, Vol. 34, No. 2, 2006, pp. 129–137.

③ McCalley, L. T., Midden, C. J. H., Energy Conservation through Product-integrated Feedback: The Roles of Goal-setting and Social Orientation. *Journal of Economic Psychology*, Vol. 23, No. 5, 2002, pp. 589–603.

体所需要的信息去评估和理想目标的距离。

在目标设置与反馈的过程中，要防止注意力被分散。根据反馈干预理论，个体的注意力是有限的，因此只有被个体意识到的反馈结果与目标之间的差异才会对个体行为产生影响。社会心理学认为目标是分层的[①]，例如，在洗衣服这一行为中，节约能源是最高级别的目标，那么使用洗衣机就属于低层次目标。使用者首先需要学会如何使用洗衣机，如果洗衣机的控制面板设置很复杂，就容易使人们将注意力放在较低层次的目标上，那么即使洗衣机上有即时反馈的能源消耗信息也不会被注意到，因为这一反馈与目前注意力所在的目标几乎没有关系。即时性反馈对行为干预成功的前提在于注意力应当集中在与反馈匹配的目标层上。从这个意义上讲，耗能产品设计的人性化及产品设计之初对节能的关注就在某种程度上决定了即时反馈策略是否容易实施，这当然需要制造企业的参与，有责任感的、关注环境和节能的前瞻性企业应该主动参与，但实际上这样的工作也更需要相关管理部门来推进。

对于与他人行为相关的比较反馈也在节约能源方面有所帮助。通过反馈与他人比较的信息，一种竞赛的感觉或者社会压力会被激发出来，作为比较对象的参照人群对个体很重要或者很有意义时尤为有效。人们经常采用的参照群体是邻居、同事、亲友或者同行。生态小组计划（Eco-Team Program，ETP）项目就包括了与他人的比较反馈，该项目由斯塔兹（Staats，1996）等成立用于研究信息提供、反馈和社会相互作用方式对家庭行为的影响，他们不仅仅关注能源问题，还关注交通、食品消费以及垃圾处理等相关行为，并试图建立成套的影响措施[②]。这个项目由许多个小组组成，就能源管理这一部分来说，小组成员固定的每月或者几周会聚在一起讨论节能方法，相互交换能源消费信息，在讨论的同时每个人都会得到他人的节能反馈，通过与他人的对比，对自己的节能行为进行反思。然而，和他人比较反馈也可能会产生消极的影响，如果对比对象的节能成就比较低，可能会使个体产生"我做的已经非常好了"的自我意识，导致在此后的家庭节能方面付出较少的努力。如果对比对象取得的节能成就很高，个体会对自己的节能行为作出差的评价，对那些高自尊的人来说，他们会在节能方面付出更多努力；而对于低

---

① Bandura, A., Social Cognitive Theory of Self-regulation. *Organizational Behavior and Human Decision Processes*, Vol. 50, No. 2, 1991, pp. 248 – 287.

② Staats, H. J., Wit, A. P., and Midden, C. Y. H., Communicating the Greenhouse Effect to the Public: Evaluation of a Mass Media Campaign from a Social Dilemma Perspective. *Journal of Environmental Management*, Vol. 46, No. 2, 1996, pp. 189 – 203.

自尊的人来说，反而可能会削弱他们采取能源节约行为的积极性。因此，如何借助参照群体更有效地发挥比较反馈的效果还有待于在实践中摸索。

3.2.2　激励

维克托·弗鲁姆的期望理论指出人们的行为受到期望的影响，当人们预期某种行为能给自己带来某种结果，并且这一结果对于个体来说又具有吸引力的时候，就有可能激励个体采取这种行为。维克托认为，人们根据自己行为可能产生的后果来作出行为决策，这一决策会使他们得到所希望的回报或者避免不希望的后果。因此，对个体的激励通常可从两方面入手，一是正向激励，二是负向激励。正向激励是在原来行为的基础上，对好的行为加以奖励和肯定，而负向激励则是对坏的行为进行惩罚或者否定。激励也是影响家庭节能行为的一种事后策略，想要人们自发地进行节能活动，仅仅依靠唤醒个体节能意识是远远不够的，加上能源使用行为多是习惯性的，某次节能行为产生的效果是不可见的、微小的且不易察觉的，甚至会使个体觉得自己的节能行为微不足道，从而在家庭节能方面有一定惰性。采用激励的措施，一方面，可以激发、鼓励人们采取节能行为，这一类的引导策略没有限制个人选择，而是让人们明白如果实施这些行为，就会增加一些有形或者无形的回报；另一方面，也可以用有形或无形的惩罚约束人们浪费能源的行为。

3.2.2.1　正激励

人的行为受到多种因素影响，根据"A—B—C"行为模型[①]，实施亲环境行为是一系列相互联系的外部因素和内部因素相互作用结果，其中外部因素包括社会结构、经济力量等，内部因素包括态度和信念等。根据这一理论，针对行为的激励引导措施，也可以按照内、外部影响因素来将其划分为外在激励和内在激励。

（1）外在激励。外在激励通常是激发个体的外在动机去诱使其采取行动，此时个体不是对某个行动本身感兴趣而产生动力，而是受行动以外的刺激诱发采取行动。针对节能行为的外在激励通常包括社会支持和物质奖励。以垃圾回收这一亲环境行为为例，居民在完成对垃圾的分类回收之后，由社

---

① Stern, P. C., Oskamp, S., Managing Scare Environmental Resources [A]. In D. Stokols & I. Altman (Eds.), Handbook of Environmental Psychology [C]. New York: Wiley, 1987, pp. 1043 - 1088.

区发放一些奖品或在社区板报上进行公开表扬以促使这一环保行为继续保持，就属于外在激励。

进行外在激励除了可以借助社区的力量外，还可以借助其他组织。节能行为的动机有时是建立一个对其有意义的组织带来的关系需要或社会认可需要，被社会和团体认可的需要能够成为行为的强有力动机。个体通过采取典型的态度、行为和信念以遵守群体内的准则，同时会拒绝与该群体相悖的行为准则。作为一个参照群体，社会团体既可以发挥信息影响，也可发挥规范性影响和价值表现影响。利用社会影响技术完成的外在激励，多依靠的是非官方的社会团体组织。社会团体的成员一般是自愿组成，他们通过举办一些活动或发起某项运动进行节能宣传和动员。2000 年，加拿大环境心理学家莫尔（Mohr，2000）提出了基于社区的社会营销理论（CBSM）①，倡导从社区出发，强调团队的力量，人与人之间的沟通与协作、信任与监督，通过自发与约束相结合，来达到促使人们行为改变的目标。该理论正是利用了社会影响技术，基于 CBSM 理论，西方国家在节能等低碳领域取得了效果。

使用外在激励对行为的影响具有两面性：一方面，采取外在激励措施大多能取得立竿见影的效果，能够很快使人们在家庭生活中采取节约能源的行为；另一方面，它可能使人们过多关注行为所带来的好处，较少关注行为本身的意义，可能只有当奖励显著时人们才会积极改变目标行为。盖勒（Geller，2002）的一项研究表明，外在奖励政策很有效，然而一旦奖励政策结束，积极的节能行为就会马上消失②。经济上的外在激励手段也常常受到学者们的批评，原因就在于仅仅使用外部奖励或惩罚的激励措施被认为长期效果不显著，因为它忽略了内部控制的力量。从这个角度来看，使用外在激励措施影响行为必须与内在的激励措施相结合才能更有效。

（2）内在激励。内在激励通常不是受外在物质条件的刺激，而是通过影响个体的态度和信念来改变行为。具体可通过激发人们对环境的热爱、对节能的责任感，或使其感受从节能行为中获取的个人价值和自我认同等来对人们进行激励。这种激发内在动机，使人们对节能活动产生兴趣的方式，更有助于产生持续性节能行为。受到内在激励的个人会选择更加困难且更具挑战性

---

① McKenzie-Mohr, D., Promoting Sustainable Behavior: An Introduction to Community-Based Social Marketing. *Journal of Social Issues*, Vol. 56, No. 3, 2000, pp. 543 – 554.

② Geller, E. S., The Challenge of Increasing Proenvironment Behavior [A]. In R. G. Bechtel, & A. Churchman (Eds.), Handbook of Environmental Psychology [C]. New York: Wiley, 2002, pp. 525 – 540.

的难题，使用更有效的方法，并且运用更多的自我调节策略①，这使得他们在面对节能过程中的困难时，能够有效地解决存在的问题，并更能持续坚持节能行为。促进居民节能行为的具体内在激励措施常常需要和反馈、承诺等措施结合。例如，反馈给居民节能带来的积极经济效益、社会效益或者环境效益能极大激起其自我效能感，使其产生"我对这个事是可控的"，并且"我的行为是有价值和意义的"等自我认同感知，从而有助于进一步固化已有的节能行为。

当然，正如前文所述有些情况下外在激励也会对内在激励造成影响，高度的外在动机会妨碍内在动机，对由内在动机引起的行为给予外在奖励，可能会削弱内在动机。例如，当家庭成员具有很强的节能意识，已经尽其所能实施节能行为并达到了某一目标，而再对其进行一定的物质奖励时，节能行为可能会因为附加的奖励反而变得没有吸引力。因此，运用正向激励措施也需要考虑目标群体的差异性。

3.2.2.2　负激励——强制激励

强制激励是一种典型的负激励措施，大多通过对身体或者精神上的影响来限制人们的行为，使人们在束缚之下很快改变行为。在促进居民节能行为时常用的强制激励方法可借助社会压力和利用恐惧两种方式进行。

借助社会压力促使人们不得不去改变自身的行为是一种强制负激励。举例而言，如果社会整体已建立起节能环保的氛围，在家庭生活中浪费能源的行为就会给个体造成道德上的压力感，使个人有负罪感，迫使自己承认（显性或隐性承认）现有的行为对于社会和环境是极其不负责任的，从而影响个体的家庭能源消费行为。

借助社会压力促进居民节能行为还可辅以检查监督手段。国外一些国家和地区通过设立法令或者依靠社会压力，来强制居民参与能源节约的活动。在当地设立"检查员"，这些"检查员"通常都被赋予了一定的权力，可以对不参与节能活动的居民进行处罚或者纠正其行为。

另一种负激励的手段是利用恐惧心理。人们对于不好的结果总是感到不安和恐惧，可以利用这种心理，通过视频、图片或者一些提示性的语言等各种沟通手段展示能源危机的严重后果，以影响人们的行为。比如，展示地球在夜晚处于一片黑暗之中的图片，可以使人们联想到如果地球能源枯竭会造成的严重后果。

---

① Lepper, M. R., Motivational Considerations in the Study of Instruction. Cognition and Instruction, Vol. 5, No. 4, 1988, pp. 289 - 309.

强制激励方法的主要缺点是可能对个人有不良影响①。心理学的研究表明，人们对强烈的强迫会表现出消极反应，对被迫作出行为的回应会减弱。值得说明的是强制激励并不是惩罚，盖勒（Geller，2002）认为，不通过直接的惩罚也可以达到强制激励，借助产生的经济上的不利因素、社会上的不利因素和对不节约行为设置其他障碍因素就能实施负激励②。如增加能源消费税、施加社会压力、禁止或者限制某些能源使用等。

3.2.3　事后引导节能行为的辅助措施

无论是反馈还是激励，都需要掌握居民的家庭耗能现状或特点，这常常要得到技术上或其他辅助措施的支持才能实施。

3.2.3.1　能源审计

能源审计是一些发达国家加强能源管理的重要手段，目前主要应用于企业、大型建筑物的能源利用状况分析，针对家庭的能源审计项目在中国还是空白。所谓能源审计，即科学规范地对用能单位能源利用状况进行分析，对用能效率、消耗水平进行审计、检测，以找到具有节能潜力的方向。通过能源审计，可以提出更具针对性的节能意见，避免了盲目的节能行为。目前许多发达国家都启动了家庭能源审计项目，如在社区设置审计员，定期到居民家里查访，同时根据每户家庭的现有生活水平，提供一系列节能措施选择，通常有高效利用能源或者减少能源使用两类建议。例如，能源审计员会建议居民使用隔热建筑材料，将空调温度设置在合理的水平上，等等。已有很多研究调查了家庭能源审计的效果，温特（Winet，1983）等早在 1982～1983 年的一个项目研究表明，实施了能源审计并接受了有关家庭供热与空调温度设置相关建议的家庭用电量比未接收能源审计的家庭减少了 21%③。此外还有学者发现接受了能源审计的家庭倾向于使用更多的节能电器④。

---

① Vargish，T.，Why the Person Sitting Next to You Hates Limits to Growth. *Technological Forecasting and Social Change*，Vol. 16，No. 3，1980，pp. 179 - 189.

② Geller，E. S.，The Challenge of Increasing Pro-environment Behavior［A］. In R. G. Bechtel，& A. Churchman（Eds.），Handbook of Environmental Psychology［C］. New York：Wiley，2002，pp. 525 - 540.

③ Winett，R. A.，Love，S. Q.，Kidd，C.，The Effectiveness of An Energy Specialist and Extension Agents in Promoting Summer Energy Conservation by Home Visits. *Journal of Environmental Systems*，Vol. 12，No. 1，1983，pp. 61 - 70.

④ Hayes，S. C.，Cone，J. D.，Reducing Residential Electrical Energy Use：Payments，Information，and Feedback. *Journal of Applied Behavior Analysis*，Vol. 10，No. 3，1977，pp. 425 - 435.

负责能源审计的人员都要经过专业的培训，熟悉掌握能源审计的内容、方法以及标准等，此外还要很精通节约能源的方法。一个合格的审计人员除了掌握必要的专业知识之外，还要有一定的沟通技能，能够说服家庭用户采纳自己所提出的能源节约建议。

由于家庭能源使用占据总能源消耗的比例日渐扩大，引导家庭采取节能措施意义重大。如果家庭接收到的都是无差异的节能信息或者建议，就不能针对不同家庭能源消费的特点很好地进行指导。采用能源审计这一办法，可以很好地搜集每个家庭的用能习惯和消费信息，在此基础上提出的建议也更具针对性。更重要的一点是，在面对面的交流中，能够感受到审计人员所提建议和意见的专业性，人们更容易去付诸实践改变不良行为。

3.2.3.2 提高社会技术水平

实际上，许多家庭节能的引导措施常常必须借助技术水平的提高才能达到。以智能电表和降低待机耗能为例：智能电表利用了智能卡、双向计量等技术，可以和直接显示装置、电视、电脑、环境显示装置等设备结合起来使用，为家庭用户提供当前和历史的能源消费数据。另外，智能电表为能源供应商收集自动化的仪表读数提供了便利条件，进而方便了将信息反馈给用户。智能电表使居民更多地了解他们的能源消费情况，并为每个家庭个性化的需求提供了持续的反馈，因此可以作为触发行为改变的潜在工具[①]，显然这样的电表融合了多项先进技术。

另外，有关调查显示，家庭电器处于待机模式所消耗的能源约占家庭电能消耗总量的10%。因此，许多文献研究和实践措施都关注了通过技术提升来制造低待机能耗的电器，降低居民的能源消费。实际上，如果从社会技术的角度来理解居民的家庭能源消费行为，用户的行为是技术能力和常规行为的一种结合。像电视机、电脑、音响等家用电器待机时消耗电能的这种现象，其实代表着居民消费行为的一种特殊模式。改变消费模式难度不小，但可以考虑从技术上直接降低这一行为的能耗水平。

3.3 影响家庭能源消费行为的结构性措施

伴随着城镇化进程的逐步加快，城镇成为各类经济要素的高度集中场所，

---

① Darby, S., Social Learning and Public Policy: Lessons from an Energy-Conscious Village. *Energy Policy*, Vol. 34, No. 17, 2006, pp. 2929–2940.

家庭也成为排放二氧化碳，产生能源消耗的重要主体之一。为了推动能源的有效利用，促进中国城镇居民的节能行为，仅仅依靠家庭和个人的力量是远远不够的，对家庭节能行为的引导需要社会各方的努力。政府和相关组织在推进居民家庭节能行为中扮演了重要角色，政府的作用主要表现为运用行政、经济、法律等政策工具，来规范和引导家庭主体能源消费行为。企业对于引导家庭节能的主要作用在于利用高科技研发出具有高能效的产品，并将其推广到居民的家庭生活中。

结构性措施主要由政府主导，能够为家庭节能行为事前和事后措施的有效实施提供支持和辅助，常用的结构性引导措施包括财税政策、价格政策、法律法规、技术支持等。

3.3.1 财税政策

郭琪（2007）在其研究中指出可以利用税收这一政策工具促进节能行为。具体而言：一方面，征税使得家庭或企业耗能成本上涨从而可以达到抑制消耗、节约能源的目的；另一方面，可以通过对高能效产品税收的降低引导消费行为[①]。我国在能源方面的税收引导政策主要是针对生产者，即对企业或者大型工厂等征收能源消费税，同时，间接影响到居民的能源消费行为选择。针对居民家庭的能源消费行为采取的直接财税政策措施，则是通过资金补贴来支持居民去购买或者使用能源利用效率高的产品。

3.3.1.1 完善税务制度，引导居民对节能产品的消费

税收是由政府调控的，主要通过设置不同的税率来改变能源消费者用能态度，激励节能行为的实施。目前征收能源税成为发达国家引导公众节能消费的重要工具，能源消费税主要是集中在天然气、电力、水资源、碳排放、垃圾回收等方面，征收能源税的目的在于提高能效、节能减排。对于家庭来说，通过减税、免税等方式，使居民意识到采取节能的成本要低于不采取节能行为的总成本，这样可以达到对家庭节能行为的激励效果。对于研发高能源利用率产品的企业来说，对其进行减税或者免税，可以将资金更多地用于新的节能产品研发中，通过技术来实现减少能源的消费。

在我国现行的税制体系中，增值税、消费税和车辆购置税等税种对企业生产和居民消费行为可以产生较为显著的影响，通过对上述税种的税收

---

① 郭琪：《公民节能行为的经济分析及政策引导研究》，山东大学博士学位论文，2007 年。

激励政策和约束政策设计，有助于达到引导家庭节能行为目的。就车辆购置税来说，通过完善该税种可以起到引导居民消费行为偏好的作用，而家庭交通耗能量不可小觑，并造成了大量环境污染。比如，对 1.6L 及以下的符合节能汽车燃料消耗量限制要求的节能汽车给予车辆购置税减税优惠，就可以引导居民的购车消费选择。目前在节能领域国家的财税政策主要针对企业，设立针对家庭和个人的税收制度比较少见。事实上，对于人们在家庭生活过程中消耗的水资源、天然气等自然资源、在生活中因为垃圾处理造成的污染以及在交通出行中的汽油消耗等，都可以通过税收政策进行引导。

此外，目前我国的税收体制中缺乏对高能耗、高污染行为或者产品征收针对性税种，这一制度的缺乏影响了对那些不利于节能行为的监督和惩罚。同时，各类与能源相关的税收制度，在解决能源利用问题方面没有系统结合在一起，使得在制度执行的时候效率偏低。税收政策设计尚不能有效达到促进能源节约的目的，不同税种间也尚未达到有效衔接。

3.3.1.2　增大财政预算投入，促进低碳节能生活

一般而言，财政政策通过直接作用于生产企业，引导企业生产清洁、环保、低碳的产品，从而从供给层面刺激居民采用节能的方式消费。财政预算投入可以通过直接性投入、补贴性投入、财政贴息以及财政担保的方式，加大对企业技术革新的扶植力度，有效地引导企业增加节能低碳产品的供给。比如，财政贴息政策，可以降低低碳企业的贷款成本，以支持企业从事节能产品的研发和生产。此外，财政预算可以通过对城市居民补贴来达到良好的引导作用，具体表现在对购买特定产品的补贴上。如当消费者购买政府所扶持的节能家电时，可以直接获得价格补贴，这一补贴通常是由政府无偿支付的。

能源补贴是由特定机构或政府部门对于促进节能技术发展及高效的能源使用给予资金支持或价格扶持的方式。政府还可以通过帮助家庭进行节能方面的投资，激励个人去参与社会节能的计划等来引导居民节能行为。我国在家电行业实行的"以旧换新"补贴活动就是很好的一个例子，新的高能效电器已经被研发出来，而居民家里原有的老电器通常都费电并且不环保，但是如果电器不坏，居民常常不会想到要去换新的家电，而"以旧换新"很好地解决了这一问题。针对中国重庆的一个调查发现，通过"以旧换新"的补贴政策，使老百姓将老电器换成节能环保的新电器，成功使节能电器从 5% 的市场占有率上升至 80%，这说明能源补贴这一政策是十

分有效的[①]。

3.3.2 价格政策

价格杠杆是国家进行宏观调控的重要经济手段，通过影响各市场行为主体价格选择和消费行为决策方式，可以有效地引导企业低碳生产和居民低碳消费。为促进企业生产低碳产品，可以采取最低价格保护制度，不仅可以保障企业一定的商业利润，激发企业的生产积极性，而且有助于增加低碳产品的竞争力，扩大居民低碳消费的选择范围。此外，为促进居民家庭节能，可实施阶梯价格政策，如实施阶梯电价、气价政策，由此调节居民能源使用行为，促使居民节约能源，养成低碳消费的生活习惯。下面就阶梯电价这一具体的价格政策进行分析。

阶梯电价是指对居民用电量划分区间，对每一用电区间征收不同价格电费的政策。其实施一般是设定一个可以满足居民基本生活需求的电量值，对于临界点两侧的耗电量征收不同的费用，一般低于临界点的电能消耗实行较低电价。不同国家和地区在具体的阶梯电价政策方面有所不同，但最终目的都是通过电价的差异化来调节居民用电行为。目前我国还有很多地区实行单一的电价策略，只有部分城市意识到单一电价政策没有很好地促进电能有效利用，从而进行了改革。

以上海为例，自 2012 年 7 月公布了阶梯电价的实施细则，将电价按照使用度数和使用时段进行了划分，其中以年为单位将电量划分为 0 ~ 3120 度、3121 ~ 4800 度、4800 度以上三档，对年度用电消耗不高于 3120 度的家庭按照第一档次的电价来收取电费，即最低电价。同时，针对每天用电时段的高峰和低谷期，上海市规定晚上 10 点到次日 6 点为用电低谷区，早上 6 点到晚上 10 点为用电高峰时段，并对两个时段的用电量采用不同的电价来收费。具体的措施为，对用电量属于第一档的家庭，用电高峰时段和用电低谷时段的电价分别为 0.617 元和 0.307 元；对于第二档的家庭，用电高峰时段和用电低谷时段的电价分别为 0.677 元和 0.337 元；对于第三档的家庭，用电高峰时段和用电低谷时段的电价分别为 0.977 元和 0.487 元。可以看出，不同用电档次之间的电价差是递增的，电价的差异化制定以"用电少的居民少负

---

① Ma, G., Andrews, S. P., Zhang, J. D., Chinese Consumer Attitudes Towards Energy Saving: the Case of Household Electrical Appliances in Chongqing. *Energy Policy*, Vol. 56, 2013, pp. 591 – 602.

担，用电多的居民多负担"为原则。同时，这一政策也充分考虑了居民的承受能力，这一阶梯电价反映了电力资源价值，在引导居民节约用电方面也取得一定成果，其政策实践也可为其他城市提供借鉴。

另外，我国其他省份的部分地区也已经开始实行分段定价政策，在实践的过程中，尚有一些问题需要解决。譬如，分段定价的实施需要以每户一个电表来保证，而目前我国部分地区居民电表存在一户多个电表或者多户共用一个电表这种情况，若实行阶梯电价要首先实现对电表的改革。其次，对用电较少的家庭以较低的价格征收电费，有可能会导致用电的反弹，即某些家庭的用电量会比实行阶梯电价之前要高。最后，不同城市或地区的用电消费水平不同，对用电区间的划分也不同，为了鼓励节约用电，限制过度用电，不同地区如何选择一个合适的分段区间及如何合理制定价格十分关键。

可以看出，能否制定合理的阶梯电价策略是对电力部门制定政策能力的考验，需要对基于大数据的占有和深入分析才能制定科学决策。从国外实践来看，其电价的制定已相当精细化，甚至已经精确到用电高峰期每隔一两个小时的耗电都有价格差异。因此，我国的阶梯电价策略还有很大的操作空间。当然，家庭用水、天然气等的使用都可以使用价格杠杆来进行干预。

3.4　如何促进城镇居民家庭节能行为的持续性

前文分别论述了促进居民家庭节能的事前措施、事后措施及结构性措施，但是这些措施常常不是孤立的，有效结合的引导措施组合才能发挥最好效果。同时，还需注意的一个问题是如何促进节能行为的维持，现有学术文献多是针对某一或某几个引导措施进行研究，而较少关注节能行为的持续性及引导措施效果的持久性。

杨德（De young，1993）对节能行为的研究中得出一个结论，他认为在对节能行为观察、引导比较少的情况下，坚持自愿的亲环境行为改变是比较少见的[①]。亲环境行为，即个体在日常生活中作出的对环境有利的友好行为，

---

① De Young, R. , Changing Behavior and Making it Stick. The Conceptualization and Management of Conservation Behavior. *Environment and Behavior*, Vol. 25, No. 3, 1993, pp. 185 – 205.

节约能源就是一种典型的亲环境行为。在家庭能源消费中，亲环境行为的表现方式多种多样，如果将"节约用电"设置为目标，那么"减少不必要的灯光""缩短电脑的待机时间""采用节能灯泡"等行为都是对同一目标的响应。因此，相对于只能改变某一特定行为的影响措施，针对行为持续改变的总体引导措施更有实际价值。

3.4.1　促进节能行为持续性的条件

尽管已有研究表明不同引导措施在促进居民节能行为方面取得了一定的成果，但亦有研究表明随着时间的推移，这些引导措施带来的影响效果会减弱。就反馈来说，在过去的多次实验中，研究者们发现使用的反馈措施在一个试验周期后，反馈所带来的有利影响会很快消失。比如，范（Van，1989）进行了为期一年的实验，在这一年中每周都会进行反馈。但即使经过了漫长的一年时间，实验结束后反馈所带来的有利影响还是很快就消失了，很难使节能行为维持下去[1]。

家庭领域内节能行为改变的持久性和维持是至关重要的。杨德（De Young，1996）认为持久的亲环境行为改变计划可以由设计详细的信息、反馈和一个支持性社会环境组成[2]。

有效信息的开发与传播是实现持续节能干预的重要部分。一方面，信息可以给出如何践行家庭节能的操作性建议；另一方面，信息能增强人们的节能意识和对现有能源、环境的了解，同时反过来影响行为。反馈也有助于改变行为达到节能，在上文中已作说明。但是仅仅有信息和反馈是不够的，促进节能行为持久性最关键的因素在于社会环境支持。盖勒（Geller，2002）提出促进亲环境行为的一个条件是有一个良好的社会环境，而良好社会环境的基础之一是实现有效社会互动[3]。

---

① Van Houwelingen, J. H., Van Raay, W. F., The Effect of Goal-setting and Daily Electronic Feedback on in-home Energy Use. *Journal of Consumer Research*, Vol. 16, No. 1, 1989, pp. 98 – 105.

② De Young, R., Some Psychological Aspects of Reduced Consumption Behavior: The Role of Intrinsic Motivation and Competence Motivation. *Environment and Behavior*, Vol. 28, No. 3, 1996, pp. 358 – 409.

③ Geller, E. S., The challenge of Increasing Pro-environment Behavior [A]. In R. B. Bechtel & A. Churchman (Eds.), Handbook of Environmental Psychology [C]. New York: John Wiley, 2002, pp. 525 – 540.

3.4.2 社会互动

社会互动是在个人或者群体之间进行的社会交往活动，基于社会互动的社交性特点，传播的信息更能对互动各方产生有力的影响。社会互动对行为产生干预效果的原因在于它能够影响群体标准或者社会规范，进而促使行为发生改变。有研究将讲座和讨论会两种形式对行为的影响做了比较。结果发现，听讲座的人们在一段时间后就恢复了原来的行为，而讨论会对行为的影响并没有随着时间推移而减少，相比于讲座这种被动接受信息的形式，讨论会更注重思想的交流和碰撞，这个过程就是社会互动的过程，这也说明了社会互动对行为有更加持久的影响①。在家庭节能实践中，要想获得持久的行为改变，个体同样需要与他人的互动。具体实践方法有"社区领导方法"、面对面交流、ETP 组织等，其效果都不错。

霍珀（Hopper，1991）等提出"社区领导方法"，具体做法是：先找到社区内一个较有影响力的领导（或者领袖），亲自通知社区其他成员某个节能计划，比如设置尽量减少开车次数的活动，并鼓励社区成员步行或者搭乘公共交通工具②。在这个过程中，减少开车次数就会成为社区规范，社区成员会受到社区规范的约束和影响。该方法是基于这样的认识——当信息提供者来自同一个社交网络时信息传达更加有效。"社区领导方法"对行为的影响，比广告宣传要有效得多。

面对面交流对包括家庭节能在内的亲环境行为有积极的影响。人们在作出某项决策时很容易受到身边熟人（如邻居）非正式建议的影响，因为熟人的意见通常会被认为是比较可靠的，在面对面交流的过程中互动双方会传播一些有价值的节能信息。比如，人们采取哪些措施来节约用能、哪种类型的电器比较节能等都会是面对面交流的话题，这些信息会影响人们的节能行为。

ETP 组织也是一种有效的方法。大致方案是：建立一个 6 ~ 10 人的生态小组，小组内成员一般互相认识，探讨水电、煤气、交通、垃圾等问题，定期聚会，每次讨论一个主题，分享相关的个人经验、观点和成就。同时通过

① Lewin, K., Group Decision and Social Change [A]. In T. M. Newcomb & E. L. Hartley (Eds.), Readings in Social Psychology [C]. New York: Holt, 1947, pp. 330 – 344.

② Hopper, J. R., Nielsen, J. M., Recycling as Altruistic Behavior: Normative and Behavioral Strategies to Expand Participation in a Community Recycling Program. *Environment and Behavior*, Vol. 23, No. 2, 1991, pp. 195 – 220.

检测成员家庭以往的能源消费使用记录，来分析家庭用能信息，明确具体的行为改进方向以及可能产生的后果，并给出详细的指导意见以帮助执行。同时，小组成员会定期反馈已经取得的节能成果，这些信息都会被记录下来，用来帮助小组成员明确自己在某个节能方面的进步，并最终培养出坚定的节能态度及成为一个固化的习惯。

第4章

我国城镇居民家庭节能动机与节能引导措施效果匹配关系的实证分析

当前，国内只有较少研究从微观视角对家庭节能行为进行分析，且这类研究多集中于家庭能源消费行为的影响因素与引导措施方面，对居民家庭节能行为动机的研究比较少，然而动机是影响行为最根本的决定因素。从概念上讲，动机是指促进人们产生特定活动或保持某项活动的持续性内在驱动力。基于此，本章采用实证调研方法对居民家庭节能行为的动机及其异质性进行研究，这一研究的意义体现在以下几个方面。

第一，已有国外文献已经展开对节能动机及可能的节能引导措施效果研究，但对两者间的匹配效应或关联效应的整合实证研究还比较缺乏，本章内容可丰富居民家庭节能行为动机研究的相关文献。在理论分析的基础上，针对目前我国能够采取的节能引导措施实践，对不同动机与不同引导措施效果间的关系建立研究假设，通过实证检验假设，以期得出结论并对我国家庭能源引导措施制定给予建议。

第二，总体上看，国内家庭能源供给及消费模式不同于国外，对于目前国内的家庭节能现状，包括节能行为类型、节能动机及不同节能引导措施效果还缺乏较大规模样本数据分析的支撑，本章内容可在实证调研基础上得出结果。

第三，与其他因素相比，人口统计学因素具有更易识别、更易测量及更易把握的特点，依据人口统计学特征的不同，实施节能行为引导的实践也更具可操作性和可实施性。已有研究已经表明相对于统一化、标准化的引导措施，实施针对性的干预效果要好得多[1]。因此，本章研究内容还可以揭示我

---

[1] Gardner, G. T., Stern, P. C., The Short List: The Most Effective Actions US Households Can Take to Curb Climate Change. *Environment: Science and Policy for Sustainable Development*, Vol. 50, No. 5, 2008, pp. 12 - 25.

国城镇家庭能源消费者的一个潜在分类，为相关部门识别不同类型的能源消费者及制定有差别的针对性家庭能源消费引导措施提供建议。

第四，为相关的家庭节能产品的开发及销售提供思路和帮助。不同类型的能源消费者对节能产品价格、偏好都不同，本章研究将揭示不同类型个体在购买节能产品上的差异性，为相关企业针对不同人群制定相应的营销策略提供思路。

4.1　居民亲环境行为动机研究综述

城镇居民在家庭范围内不可避免会产生能源耗费的行为，但节能行为则是一个选择行为，家庭节能行为选择也是在特定动机驱使下作出的。动机是影响人们行为的根本因素，其产生依赖于两个因素：一是内在的某种需要，即内部因素；二是外部力量的驱动，即外部因素。对节能动机的研究是分析居民节能行为选择的基础，根据目前国外学者作出的研究，人们亲环境行为（当然也包括节能行为）动机主要有：基于道德规范的考虑、对成本和收益的考量（如节约金钱、获得额外奖励）以及情感等。需要强调的是已有文献常常从环境行为视角对节能行为展开研究，我们对已有的亲环境行为动机研究文献进行简单梳理，以此作为本章对居民家庭节能行为动机实证研究的理论基础。

4.1.1　道德考量的动机

卡尼曼（Kahneman，1992）等发现人们可能因为道德上的责任而采取亲环境行为[1]；海因斯（Hines，1987）和斯特恩（Stern，2000）的研究都指出，道德责任意识是影响居民是否进行亲环境行为的重要变量[2][3]；苏格森（Thøgersen，1996）研究了一种具体特定的环境行为，结果发现与人们以往

---

[1]　Kahneman, D., Knetsch, J. L., Valuing Public Goods: the Purchase of Moral Satisfaction. *Journal of Environmental Economics and Management*, Vol. 22, No. 1, 1992, pp. 57 – 70.

[2]　Hines, J. M., Hungerford, H. R., Tomera, A. N., Analysis and Synthesis of Research on Responsible Environmental Behavior: A Meta-analysis. *The Journal of Environmental Education*, Vol. 18, No. 2, 1987, pp. 1 – 8.

[3]　Stern, P. C., Towards a Coherent Theory of Environmentally Significant Behavior. *Journal of Social Issues*, Vol. 56, No. 3, 2000, pp. 407 – 424.

认为由成本决定行为选择的结论不同，亲环境行为选择更多的是出于对道德责任的考量，价值观才是最为根本的决定因素①；行为研究理论规范—激励模型认为个人规范是被个体内化的社会准则，虽然该因素的效应受到了责任归属的调节，但却是实施特定环境行为的重要因素。当然，个体规范被激活的前提是个体能认识到需要对不实施特定行为的后果负起某种责任②。家庭范围内的能源节约行为是一种具体的、典型的亲环境行为。因此，我们设定部分城镇居民是出于道德责任动机的驱动实施家庭节能行为。

4.1.2 规范考量的动机

美国学者赖斯（Reiss，2005）等对居民家庭节能行为进行研究时，对比了社会规范和经济手段两种方式的影响效力。结果表明：尽管这两种因素都会促进居民的家庭节能行为，但社会规范的效果更大，其影响的时效也更长③；布莱克（Black，1985）等对英国家庭节能行为进行的研究也表明，来自社会规范的压力能有效促进居民的节能行为④。此后，斯科特（Scott，2001）和耶林（Garling，2003）的研究陆续都得出了同样的研究结论⑤⑥；埃格蒙德（Egmond，2005）等在研究中将家庭节能行为分成了动机形成、实施和持续三个阶段，并发现在维持行为的阶段，得到和自己处于相同身份地位的群体成员给予的认可发挥影响最大⑦，这同样是社会规范发挥作用的体现。研究者甚至指出，美国的能源管理政策常出现失败就是因为其能源政策的制定者忽略了国家研究委员会所称的"人的维度"，即忽略了"人类丰富的文

---

① Thøgersen, J., Recycling and Morality: A Critical Review of the Literature. *Environment and Behavior*, Vol. 28, No. 4, 1996, pp. 536 – 558.

② Schwartz, S. H., Howard, J. A., A Normative Decision-making Model of Altruism. *Altruism and Helping Behavior*, 1981, pp. 189 – 211.

③ Reiss, P. C., White, M. W., Household Electricity Demand, Revisited. *The Review of Economic Studies*, Vol. 72, No. 3, 2005, pp. 853 – 883.

④ Black, J. S., Stern, P. C., Elworth, J. T., Personal and Contextual Influences on Household Energy Adaptations. *Journal of Applied Psychology*, Vol. 70, No. 1, 1985, p. 3.

⑤ Scott, D., Parker, P., Rowlands, I. H., Determinants of Energy Efficiency Behaviours in the Home: A Case Study of Waterloo Region. *Environments*, Vol. 28, No. 3, 2001, pp. 75 – 100.

⑥ Gärling, T., Fujii, S., Gärling, A., Moderating Effects of Social Value Orientation on Determinants of Proenvironmental Behavior Intention. *Journal of Environmental Psychology*, Vol. 23, No. 1, 2003, pp. 1 – 9.

⑦ Egmond, C., Jonkers, R., Kok, G., A Strategy to Encourage Housing Associations to Invest in Energy Conservation. *Energy Policy*, Vol. 33, No. 18, 2005, pp. 2374 – 2384.

化混合物、社会交互关系、影响个人行为的人类情感、各种社会团体和机构等"因素，也就是人本身所具有的社会性；同时还指出，行为学家猜测人们之所以会为提高能源效率投资，并不是因为人们期望从投资提升能源效率行为中获得金钱节约，而是因为他们从信任的人那里获知这种投资会带来回报或他们已经有可信赖的朋友对投资结果感到满意。

4.1.3 经济利益考量的动机

斯特恩（Stern，2000）和班贝格（Bamberg，2003）等学者指出环境行为也可能受到非环保动机的驱使，他们认为只要人们感觉到采取亲环境行为能够获得足够多的好处，如节约金钱，就会倾向于采取亲环境行为[1][2]；因经济激励而采取亲环境行为的一个典型例证是在高汽油税国家，居民使用汽车的频率要明显低于那些低汽油税的国家，经济上的节约和可观察的能源利用方式对部分群体而言要比环境信念和态度对居民的激励作用更大。当然，经济因素对于包括节能在内的环境行为影响研究，不同学者的研究结论尚没达到一致，金钱利益对环境行为影响的一致性和持续性在不同样本上也表现出了差异性。但无论如何，从现实来看确实部分居民的节能行为是出于经济上节约的考虑。

4.1.4 情感考量的动机

除上述三方面的显性动机之外，对节能等亲环境行为的动机研究还有其他结论。早在 1986 年，杨德（De Young，1986）就在其研究中发现，除了经济刺激，节俭所带来的内在满足感对循环利用行为（一种特定的环境行为）也具有很强的正影响[3]，研究发现个人满足感对人们亲环境行为也具有重要的作用。杨德（De Young，2000）在其研究中进一步指出，人们认为值得加入一些亲环境行为，是因为这些行为能够给他们提供个人内心的满足

---

① Stern，P. C. ，Towards a Coherent Theory of Environmentally Significant Behavior. *Journal of Social Issues*，Vol. 56，No. 3，2000，pp. 407 – 424.

② Bamberg，S. ，Ajzen，I. ，Schmidt，P. ，Choice of Travel Mode in the Theory of Planned Behavior: The Roles of Past Behavior，Habit，and Reasoned Action. *Basic and Applied Social Psychology*，Vol. 25，No. 3，2003，pp. 175 – 187.

③ De Young，R. ，Some Psychological Aspects of Recycling: the Structure of Conservation-satisfactions. *Environment and Behavior*，Vol. 18，No. 4，1986，pp. 435 – 449.

感和愉悦感①。显然，包括节能在内的亲环境行为可能是受情感动机驱使引发，但这一动机在实践和学术研究中常常会被忽视。

4.2　关键变量的界定

根据上述研究目的，接下来将对本章实证研究涉及的主要变量进行界定。

4.2.1　居民家庭节能行为的界定

这里仍将居民的节能行为分为两类：第一类为购买行为（也有研究认为是效率提升行为或投资行为），是指基于节能技术的应用或通过专门购买节能的电器、材料等来减少家庭耗能的行为，如购买低耗能空调、冰箱等一次性的投资行为，此类行为在国内目前主要集中在对节能家电等耗能产品的购买上。本章研究在进行问卷测量时主要考查的是居民的购买行为，因此这里将这类节能行为界定为购买行为。第二类为削减行为，是指家庭在日常生活用能过程中，习惯性有意识或无意识地减少家庭用能，尤其是不必要耗能的行为，如出门关灯、减少开空调的时间等，这是一种在实际操作中重复努力的行为。

4.2.2　居民家庭节能动机变量界定

基于前文所述亲环境行为动机的结论，将我国城镇居民家庭节能行为动机划分为以下四类。

4.2.2.1　道德动机

公众出于道德动机去实施的家庭节能行为，是指其自身具备一定的道德素养和责任意识，受到这种自我约束而愿意采取适宜的行为。具备道德责任意识的居民有其自身对行为正确或错误的评判标准，他们也会依据这一标准去评判他人行为。对于这类群体，即使不能给家庭带来经济上的节约，他们仍然会选择节能，如主动关闭待机电源，因为来自自我道德的约束和驱动会

---

① De Young, R., New Ways to Promote Proenvironmental Behavior: Expanding and Evaluating Motives for Environmentally Responsible Behavior. *Journal of Social Issues*, Vol. 56, No. 3, 2000, pp. 509 – 526.

让其认识到节能是正确的行为。

4.2.2.2 规范动机

这里的规范是指社会规范，即整个社会或所在群体及组织（包括正式及非正式组织）所具备的行为准则、习俗惯例、制度规范等。规范动机指居民出于自身被社会或某一群体组织认可和接纳的需要，通过典型的态度、行为和信念以遵守社会或群体组织的准则，同时拒绝与群体组织规范相悖的行为准则，进而使自己融入特定群体并与该群体以外的成员明显区分开来。规范动机建立在个人对群体关系和社会关系有很强的依赖和嵌入基础上，即个体拥有自己的社会身份。如果个体违背了其所属群体的行为准则，则会受到来自群体的压力，这种压力包括精神上的惩处或其他。该动机与心理学上所说的"从众心理"有相似之处，索罗门·阿希认为"从众指个体为了获得相关组织的认可和接纳，尽可能采取和他人一致的行为模式"[1]，当然从众有时是心甘情愿的，有时则是表面的屈从。受这一动机的驱使，个体会重视群体关系的维护，留意群体成员的行为表现，关心他人对自己的评价，最终采取获得他人认可的行为方式。具体在节能上，人们会因为身边的人节能而采取节能行为就是例证。

4.2.2.3 获利动机

这一动机源于利己主义驱使，指人们采取节能行为的目的是保护或增加个人所拥有的资源，如降低生活成本、获得额外奖励等。受利益驱动的影响，人们会根据自身利益去决定是否采取节能行为。换言之，这一动机的前提就是采取节能行为的总成本至少不高于不采取节能行为的总成本。目前从对中国城镇居民节能行为动机的访谈中，笔者发现大量被访者尤其是特定群体（如老年人或低收入群体）谈到了采取节能行为的动机是为了节约金钱和降低生活成本。

4.2.2.4 快乐动机

这一动机基于情感理论而得出，个体是为了让现在比过去"感觉"更好才采取某种行为。具体对家庭节能而言，主要是指人们能够从节能行为及节能效果中获得一种情感上的愉悦感或满足感，进而产生一种对自己肯定和认可的正向积极情绪。究其深层次原因可能是通过节能行为的结果，产生了对自己信念、能力或行为后果的肯定，这种肯定给自己带来了快乐和满足，同

---

① Asch, S. E., Studies of Independence and Conformity：I. A Minority of one Against a Unanimous Majority. *Psychological Monographs：General and Applied*, Vol. 70, No. 9, 1956, P. 1.

时这种自我肯定又反过来进一步促使人们实施节能行为。

4.3 居民家庭节能引导措施效果

借鉴已有学者的研究结论，本书在第3章将节能行为引导措施归纳为事前措施（如信息研讨会、节能宣传、预先设定能源消费目标等）、事后措施（如信息反馈、激励机制等）和结构性措施（政策手段等）三个主要方面。基于前人研究，结合目前在我国实践上实施可行性较强的家庭节能引导手段，本部分拟选取节能的社会效益宣传、节能知识信息宣传、节能效果反馈、团体影响技术和经济激励手段五个方面，对不同节能引导措施影响我国城镇居民的节能行为效果进行研究，以期发现不同类型居民对不同引导手段偏好的差异性。

4.3.1 节能社会效益宣传措施的效果

节能的社会效益宣传，是指政府或相关组织进行的与节能有关的公益宣传、教育活动等，如对严峻的环境及能源问题的报道等。节能社会效益宣传的偏好就是指在各种节能干预措施中，居民节能行为更倾向于受节能社会效益宣传的影响。

4.3.2 节能知识信息宣传措施的效果

节能知识信息宣传，是指对具体实践中如何实施节能行为的技能和知识的宣传。很显然居民掌握的节能技能和如何节能的知识越多、越详细，越容易采取节能行为，且不同类型的节能技能也会导致不同的节能行为选择。或者可以说，当居民具有一定的节能行为知识，知道如何去做时，他才有可能去做。节能知识信息宣传偏好是指在各种节能引导措施中，居民更倾向于受节能知识信息宣传的影响。

4.3.3 节能反馈措施的效果

节能反馈，是指通过明信片提示、月账单对比或者新技术的应用（如即时显示器、智能电表）等方式向居民反馈家庭能源消费信息。本研究中的节能效果反馈主要是指通过月电费、煤气费对比账单以及智能技术向居民反馈其采取节能行为后家庭能源使用情况的对比结果。节能效果反馈偏好是指在各种节能引导措施中，居民更倾向于受节能效果反馈措施的影响。

4.3.4 团体影响技术措施的效果

团体影响技术，指在人际社交圈、社区、各种正式的或非正式的团体组织内通过示范、榜样、团体行为准则等促进居民实施节能行为的方式。团体影响技术偏好是指在各种节能引导措施中，居民更倾向于受到团体影响技术的影响。

4.3.5 经济激励措施的效果

经济激励手段，主要是指政府部门通过价格政策（如用电量超过额定值的部分收费单价提高）和补贴政策（如购买节能产品政府给予一定的补贴）来刺激居民节能的方式。经济激励手段偏好是指在各种节能引导措施中，居民更倾向于受经济激励手段的影响。

4.4 研究模型构建及假设

目前对居民节能动机与节能引导措施效果两者间的匹配效应或关联效应的整体实证研究还比较缺乏，因此本章研究内容将探讨两者间的关系，并期望进一步发现不同群体家庭能源消费行为的异质性，来为相关部门的家庭能源消费政策制定提供指导和建议。

4.4.1 道德动机与节能的社会效益宣传措施效果

部分城镇居民自身具有较高的道德责任意识，他们关注社会问题，关心社会发展，面对资源和能源的困境，能够急社会所急。这类人不是仅仅将经济利益作为行为选择的出发点，更多的是将社会福祉作为行为选择的重要考虑因素。即使其选择的行为需要付出经济上较高代价或者会给其带来一些麻烦，也改变不了他们的行为选择，即这类人是在道德动机驱使下进行评判和行为选择的。布鲁纳（Brunner，2011）等对居民节能行为的研究就发现了这类群体[①]，汉（Han，2013）等学者研究也证明了部分群体节能的目的就是环保[②]。这类人用俗语来评价是"觉悟较高"，他们也会主动寻找相关社会问题的信息，这些信息反过来又进一步强化了其对社会问题的关注。因此，受道德动机影响进行节能的居民和其他群体相比，更容易受到环境、能源等社会问题相关信息的影响。因此，提出研究假设：

H1：在各种节能引导措施中，受道德动机驱使的居民更容易受到节能社会效益宣传手段的影响。

4.4.2　规范动机与团体影响技术措施效果

霍珀（Hopper，1991）在他们的研究中发现，聘请居民向其邻居或向社区里其他成员宣传、鼓励都会有助于居民实施循环利用行为[③]。布莱克（Black，1985）等研究发现，部分居民实施了家庭领域内的节能，并将其视为一种责任，这种良好的行为也会影响周围人的行为选择，起到了较好的带动效应[④]。显然，社交圈的影响、社会规范产生的压力均能显著影响居民的能源使用行为。因此，根据本章前文所给出的规范动机界定以及班杜拉的社会学习理论和从众心理研究结论，我们不难发现：示范、榜样、团体成员相互影响等团体影响技术会对具有规范动机的居民产生较大影响。因此，提出假设：

H2：在各种节能引导措施中，受规范动机驱使的居民更容易受到团体影响技术手段的影响。

---

①　Sütterlin, B., Brunner, T. A., Siegrist, M., Who Puts the Most Energy into Energy Conservation? A Segmentation of Energy Consumers Based on Energy-related Behavioral Characteristics. *Energy Policy*, Vol. 39, No. 22, 2011, pp. 8137 – 8152.

②　Han, Q., Nieuwenhijsen, I., De Vries, B., Intervention Strategy to Stimulate Energy-saving Behavior of Local Residents. *Energy Policy*, Vol. 52, 2013, pp. 706 – 715.

③　Hopper, J. R., Nielsen, M. C., Recycling as Altruistic Behavior Normative and Behavioral Strategies to Expand Participation in a Community Recycling Program. *Environment & Behavior*, Vol. 23, No. 2, 1991, pp. 195 – 220.

④　Black, J. S., Stern, P. C., Elworth, J. T., Personal and Contextual Influences on Household Energy Adaptations. *Journal of Applied Psychology*, Vol. 70, No. 1, 1985, P. 3.

4.4.3 获利动机与节能知识信息宣传措施效果

贾比尔（Jaber，2005）等使用模糊逻辑方法研究显示，居民的节能知识不足会对节能意识产生影响[1]。海因斯（Hines，1997）等的研究指出，实施节能的行为策略知识对环境行为意向有显著的正相关关系[2]。这些研究结论与认知心理学的观点一致，即认为知识是决定人类行为的主要因素，只有以知识作为指挥，人们才会有能力去实施相关行为。节能知识信息宣传就是向居民宣传具体实施家庭节能行为的技巧和方法以期指导节能行为。通过这些节能技巧的使用会带来家庭用能量的减少，家庭用能减少的直接结果就是很快给居民带来经济效益。因此，我们可以推断当人们想要节省生活成本、节约金钱时，他们就会比较关注降低生活成本及获取经济利益的方法。进一步可以推断出受获利动机驱使而节能的居民会比较关注节能知识信息。因此，提出假设：

H3a：在各种节能引导措施中，受获利动机驱使的居民更容易受到节能知识信息宣传手段的影响。

4.4.4 获利动机与节能反馈措施效果

本章研究中谈及的节能反馈是通过月电费、燃气费等账单以及智能技术向居民反馈其采取节能行为后家庭能源使用情况的对比结果。根据心理学对反馈效应的解释，当人们对自己行为的结果了解以后，这种对结果的了解会对行为起到强化作用。如果反馈结果是正向的，会促进人们更加努力实施这种行为；如果反馈结果是负向的，就会很大程度上削弱这种行为。从心理机制上来说，每个人都有探求其行为结果的欲望。因此我们可以推断，出于获利动机而采取家庭节能行为的居民会想要了解其节能行为对节约金钱及降低家庭生活成本是否有效，进而判断是否继续这种行为。综上所述，提出假设：

H3b：在各种节能引导措施中，受获利动机驱使的居民更容易受到节能效果反馈手段的影响。

---

[1] Jaber, J. O., Mamlook, R., Awad, W., Evaluation of Energy Conservation Programs in Residential Sector Using Fuzzy Logic Methodology. *Energy Policy*, Vol. 33, No. 10, 2005, pp. 1329 – 1338.

[2] Hines, J. M., Hungerford, H. R., Tomera, A. N., Analysis and Synthesis of Research on Responsible Environmental Behavior: A Meta-Analysis. *Journal of Environmental Education*, Vol. 18, No. 2, 1987, pp. 1 – 8.

4.4.5 获利动机与经济激励措施效果

汉（Han，2013）的研究中约20%的能源消费者特别关注生活成本，且这类人实施家庭节能行为基本上就是为了降低生活成本，他们对鼓励节能的经济激励手段非常敏感[①]。前文已经谈及高汽油税国家的民众比低汽油税国家的民众在使用汽车时更加谨慎的一个原因，就是个人会因经济约束而采取恰当行为。这些都说明部分居民节能就是出于获利动机。因此，我们可以推断当居民出于获利动机而节能时，对经济刺激手段会十分敏感，进一步推断，出于获利动机而采取家庭节能行为的居民更容易受到经济激励手段影响。因此，提出假设：

H3c：在各种节能引导措施中，受获利动机驱使的居民更容易受到经济激励手段的影响。

4.4.6 快乐动机与节能反馈措施的效果

当居民获得自己用能行为的良好反馈后会增强其采取节能行为的意识，但如果居民发现他们的节能行为所产生的效果是微乎其微的，那么他们可能就不会采取这种亲环境行为。杨德（De Young，2000）在研究中指出，人们认为值得加入一些亲环境行为，是因为这些行为能够给他们提供个人内心的满足感和愉悦感[②]。这些研究结论均表明，部分居民节能的动机就是前文谈及的快乐动机。

美国著名心理学家班杜拉在动机理论中指出，个体的行为选择受行为结果因素和先行因素的影响。当个体认为自己有能力实施某一活动时，他就会产生高度的"自我效能感"，且能采取相应行动[③]。当居民关注某一问题且认为通过自身的行为可以对这一问题的结果产生影响时，就会积极实施这种行为。节能效果反馈正是向居民反馈其节能行为所带来的能源消费量的减少，

---

① Han，Q.，Nieuwenhijsen，I.，Vries，B. D.，et al.，Intervention Strategy to Stimulate Energy-saving Behavior of Local Residents. *Energy Policy*，Vol. 52，No. 52，2013，pp. 706 – 715.

② De Young，R.，New Ways to Promote Proenvironmental Behavior：Expanding and Evaluating Motives for Environmentally Responsible Behavior. *Journal of Social Issues*，Vol. 56，No. 3，2000，pp. 509 – 526.

③ Banciura，A.，Self-efficacy：Toward a Unifying Theory of Behavior Change. *Psychological Review*，Vol. 84，No. 2，1977，pp. 191 – 215.

这种积极的行为结果会促使居民自我效能感的产生，从反馈结果中达到对自我能力的肯定。因此，我们可以推断，出于快乐动机而采取家庭节能行为的居民更偏好节能效果反馈措施。所以，提出假设：

H4：在各种节能引导措施中，受快乐动机驱使的居民更容易受到节能效果反馈手段的影响。

综上所述，建立节能动机与节能引导措施效果间的匹配效应模型，如图 4 - 1 所示。

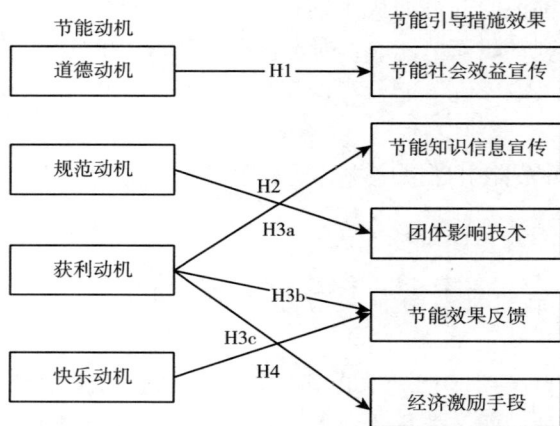

图 4 - 1 研究假设结构

4.5 量表设计与问卷发放

本章调研使用的量表开发主要遵循如下过程：首先对国内外节能行为相关研究文献资料进行整理总结，参考已有研究量表进行每个初始题项的设计，形成初始问卷；然后对初始问卷进行预测试，检测调查问卷的信度和效度，并根据预测试的结果以及被调查者对调查问卷长度、语句清晰度、提问形式的评价等对初始问卷进行相应的修改，形成最终调查问卷。

4.5.1 初始问卷的生成

初始问卷题项的形成主要基于国内外已有研究的成熟量表，并进行了部分自行开发。本章研究量表开发过程中主要的参考文献和量表工具构成如

表4-1所示。内容包括购买行为、削减行为、道德动机、规范动机、获利动机、快乐动机、节能的社会效益宣传、节能知识信息宣传、团体影响技术、节能效果反馈、经济激励手段和人口统计变量等 12 个分量表，初始问卷共包含节能行为调查、节能动机调查和节能干预措施效果调查、基本资料四个部分，共 44 个题项，各量表均采用李克特 5 点法（1 = 非常不同意；5 = 非常同意）进行评价。

表4-1 初始量表构成

研究变量	维度	参考量表	题目	
节能行为	购买行为 削减行为	陈利顺[1]，林登（Lindén）等[2]	1~4 5~10	第一部分
节能动机	道德动机 规范动机 获利动机 快乐动机	陈利顺，孙岩[3] 曲英[4]，陈利顺，坦纳尔（Tanner）[5]等 陈利顺，芈凌云[6]，自行开发 自行开发	1~3 4~6 7~9 10~13	第二部分
节能干预措施效果	节能社会效益宣传 节能知识信息宣传 团体影响技术 节能效果反馈 经济激励手段	陈利顺，自行开发 贾比尔（Jaber）等[7] 耶林（Gärling）等[8]，自行开发 汉（Han）等[9]，自行开发 汉（Han）等，自行开发	1~3 4~6 7~9 10~12 13~15	第三部分
基本资料	性别、年龄、职业、受教育程度、家庭月收入、家庭类型	陈利顺，芈凌云	1~6	第四部分

注：①陈利顺：《城市居民能源消费行为研究》，大连理工大学博士学位论文，2009 年。②Lindén, A. L., Klintman, M., The Formation of Green Identities-Consumers and Providers. Individual and Structural Determinants of Environmental Practice, 2003, pp. 66 - 90. ③孙岩：《居民环境行为及其影响因素研究》，大连理工大学博士学位论文，2006 年。④曲英：《城市居民生活垃圾源头分类行为研究》，大连理工大学博士学位论文，2007 年。⑤Tanner, C., Wölfing, K. S., Promoting Sustainable Consumption：Determinants of Green Purchases by Swiss Consumers. *Psychology & Marketing*, Vol. 20, No. 10, 2003, pp. 883 - 902. ⑥芈凌云：《城市居民低碳化能源消费行为及政策引导研究》，中国矿业大学博士学位论文，2011 年。⑦Jaber, J. O., Mamlook, R., Awad, W., Evaluation of Energy Conservation Programs in Residential Sector Using Fuzzy Logic Methodology. *Energy Policy*, Vol. 33, No. 10, 2005, pp. 1329 - 1338. ⑧Gärling, T., Fujii, S., Gärling, A., et al., Moderating Effects of Social Value Orientation on Determinants of Pro-environmental Behavior Intention. *Journal of Environmental Psychology*, Vol. 23, No. 1, 2003, pp. 1 - 9. ⑨Han, Q., Nieuwenhijsen, I., de Vries, B., et al., Intervention Strategy to Stimulate Energy-saving Behavior of Local Residents. *Energy Policy*, Vol. 52, 2013, pp. 706 - 715.

4.5.1.1 节能行为

这部分主要考察城镇居民购买和削减两种节能行为，包括 10 个题项。参考了林登（Linden，2003）等和陈利顺（2009）的量表，根据我国家庭节能现状在具体调查条目和测项提问上做了部分改变。

4.5.1.2 节能动机

本部分包括道德动机、规范动机、获利动机和快乐动机4个量表共13个测量题项。其中，道德动机量表参考了陈利顺（2009）、孙岩（2006）的研究量表中对责任感、道德感的测量题项，并做了适当修改。规范动机量表是根据曲英（2007）、坦纳尔（Tanner，2003）和陈利顺（2009）的研究量表并基于本研究的调查目的修改而成。例如，曲英的研究在其问卷中的题项为"如果邻居及小区其他居民实施源头分类，我觉得自己也该这么做"；陈利顺研究中的问卷题项为"周围的人如果都实施节能行为，会带动我也采取节能行为"。本研究根据需要改换成"我节能是因为受到了身边人节能行为的激励""我节能更能获得所在团体或身边人的认可和接纳"等。获利动机量表参考了陈利顺（2009）和芈凌云（2011）的研究量表，例如，题项"我节能是因为这样可以少交些电费或煤气费"就是根据陈利顺研究中的"我采取节能行为是因为这样可以省钱"测量问句而来。快乐动机量表是在相关文献的基础上根据研究目的自行开发。道德动机、规范动机、获利动机的每个量表均涉及3个题项，快乐动机量表包括4个题项。

4.5.1.3 节能引导措施效果

从查阅的文献来看，目前还没有专门针对节能引导措施效果展开的问卷调查。因此，本章研究借鉴了孙岩、曲英和陈利顺的相关研究中具体题项设计，同时参考了国外学者的相关研究以及对居民节能行为引导策略的归纳，最后根据研究目的进行了部分自行设计。该部分共有15个题项，每个分量表分别包含3个题项。

4.5.1.4 人口统计变量

问卷的最后一部分为基本资料，主要调查了居民的性别、年龄、职业、受教育程度、家庭月收入和家庭类型6个人口统计学变量。对职业、受教育程度、月收入、家庭类型的层次划分参考了陈利顺（2009）和芈凌云（2011）的研究量表。

4.5.2 问卷预调研和修正

本研究的预测试主要选择在武汉某大学附近的三个小区展开，共发放问卷200份，回收164份，有效问卷155份。预测试问卷信度分析结果如表4－2

所示。

表 4 - 2   预测试问卷信度分析结果（N = 155）

分量表	题数	Cronbach - α	每个题项的 CITC 系数	已删除的 Cronbach - α 值
购买行为	4	0.571	0.264 ~ 0.503	0.364 ~ 0.651
削减行为	6	0.606	0.210 ~ 0.508	0.485 ~ 0.608
道德动机	3	0.688	0.302 ~ 0.646	0.423 ~ 0.893
规范动机	3	0.805	0.553 ~ 0.779	0.602 ~ 0.832
获利动机	3	0.680	0.294 ~ 0.625	0.406 ~ 0.838
快乐动机	4	0.877	0.673 ~ 0.819	0.808 ~ 0.868
节能的社会效益宣传	3	0.894	0.689 ~ 0.856	0.834 ~ 0.922
节能知识信息宣传	3	0.794	0.624 ~ 0.670	0.684 ~ 0.747
团体影响技术	3	0.667	0.425 ~ 0.598	0.465 ~ 0.723
节能效果反馈	3	0.572	0.344 ~ 0.466	0.342 ~ 0.579
经济激励手段	3	0.514	0.196 ~ 0.453	0.313 ~ 0.558

一般而言，判断信度高低的标准为：Cronbach - α 系数 < 0.5，属于较低信度，需要重新修改问卷；0.5 < Cronbach - α 系数 < 0.70，信度为可接受；Cronbach - α 系数 > 0.70，属于较高信度；若将问卷中不达标的测项删除，项目的总体一致性会提高，总体信度也会相应提高。由表 4 - 2 可知，规范动机、快乐动机、节能的社会效益宣传、节能知识信息宣传的 Cronbach - α 系数均大于 0.7，表明这四个变量具有较好的信度；其余 7 个变量的 Cronbach - α 系数均在 0.5 ~ 0.7，表明这七个变量的信度水平处于可接受水平。总的来说，各变量测项内部一致性较好，具有较高的信度。

再通过 Cronbach - α 系数和项目—总体相关系数（Corrected Item-to-Total Correlation，CITC）来考察每个题项。通常题项的 CITC 系数应大于 0.3，且项已删除的 Cronbach - α 值要小于 Cronbach - α 系数，根据这一标准对不符合的题项应予以删除或修改。由表 4 - 2 中的结果可知，部分题项是需要修改或者删除的。同时，参考了预测试被调查者对问卷各题项的评价反馈结果，对预测试量表进行了修正，在修正过程中还征询了多位专家的意见。具体进行了如下修改：

其一，将被调查者的基本资料由问卷最后面改放在了问卷的最前面，并增加了住房使用面积这一内容。

其二，根据被调查者的反馈和相关专家的意见，对削减行为的测量进行改变，增加了题项"看完电视用遥控器关机后，还会关闭电源"；同时将"为了节能在家里尽量减少使用空调"修改成了"如果不是太热，尽量使用电风扇而不是空调"。

其三，多数被试认为道德动机量表中的题项"为了能在家节能环保，我宁愿为此牺牲某些个人利益"语言晦涩，不太容易理解，经修改后换成"环境是大家的，能源是有限的，因此我会有意识主动去节能"；将快乐动机量表中的题项"我节能，我快乐"删除了。因此，节能动机量表由原来的 13个题项减至 12 个题项。

其四，节能引导措施效果量表具体变动：（1）节能的社会效益宣传效果量表：将原来的 3 个题项更换为 2 个，分别是"关于生活中节能带来社会效益和环境效益的相关信息和宣传能有效促进我节能""有关能源的社会问题（如能源短缺、环境污染等）信息宣传能有效促进我节能"。（2）节能知识信息宣传效果量表：将原来的 3 个题项更换为 2 个，分别是"政府、相关组织及媒体给予的具体节能行为指导能有效促进我节能""具体节能知识（比如如何选购节能电器、如何在日常消费行为中节能环保、如何在驾车中节能等知识）的信息和宣传能有效促进我节能"。（3）团体影响技术效果量表：将原题项"如果我所在的团体内很少有人节能，会很大程度上影响我的节能积极性""如果可以的话，我愿意隶属于一个特定的节能低碳组织来有效地促进我的节能行为"分别替换成"周围朋友节能行为的示范效应会有效促进我去节能""榜样人物（我认可的身边人或公众人物）节能的现身说法会有效促进我节能"。（4）经济激励手段效果量表：对初始 3 个测量题项进行了修改，修改后的题项为"能源价格高低是影响我是否节能的一个重要因素""国家给予节能电器的价格补贴能有效促进我对这些产品的购买""电费、气费的价格调整政策会在很大程度上影响我的节能行为"。修改后的节能干预措施效果测量量表由原来的 15 个题项变成了 13 个题项。

修正后的正式调查问卷见附录 1 - A。

4.5.3　问卷发放和回收

本研究采取便利抽样的方法完成问卷调查，共发放问卷 980 份，回收

565 份，有效问卷 548 份，有效回收率 55.9% 。样本数据描述性分析结果如表 4-3 所示。在 548 位调查对象中，男性被调查者的数量为 259 位，占总体样本数量的 47.3% ，女性被调查者的数量为 289 位，占总体样本数量的 52.7% 。在年龄层上，被调查者中，18 岁以下占 0.7% ，18~30 岁占比为 29.7% ，31~45 岁占比为 51.5% ，46~55 岁占比为 10.6% ，55 岁以上占比 7.5% 。在学历上，高职、大专及以上学历的被调查者占到了 79.2% 。从统计结果来看，被调查者的性别、年龄、学历、职业等结构比较合理。

表 4-3　　　　　　　　　描述性统计结果（N = 548）

变量及类频数（%）							
性别	男	259	47.3		国家机关、社会团体	61	11.1
	女	289	52.7		农、林、牧、渔	15	2.7
年龄	18 岁以下	4	0.7	从事行业	建筑	3	0.5
	18~30 岁	163	29.7		制造	34	6.2
	31~45 岁	282	51.5		交通运输、仓储、邮政	114	20.8
	46~55 岁	58	10.6		科、教、文、卫、体	144	26.3
	55 岁以上	41	7.5		信息、金融	43	7.8
					食宿、销售	68	12.4
					其他	66	12.0
学历	初中及以下	41	7.5	家庭平均月收入	4000 元以下	58	10.6
	高中或中专	73	13.3		4000~8000 元	174	31.8
	高职及大专	135	24.6		8001~15000 元	119	21.7
	大学本科	158	28.8		15001~30000 元	109	19.9
	研究生及以上	141	25.7		30000 元以上	88	16.1
家庭类型	独居	52	9.5	住房使用面积	50 平方米及以下	43	7.8
	已婚，无子女或不与子女同住	163	29.7		50~80 平方米	121	22.1
	三口之家	183	33.4		80~120 平方米	143	26.1
	两代家庭（已婚夫妻与父母同住）	85	15.5		120~160 平方米	158	28.8
	三代或四代同堂	65	11.9		160 平方米以上	83	15.1

4.6 数 据 分 析

4.6.1 节能动机的框架模型分析

在进一步研究节能动机与节能引导措施效果间的匹配关系之前，需要对节能动机的模型进行验证，以确定对节能动机的划分是否具有可靠性和有效性。基于前人研究，建立起了相应的因子结构假设，因此不再做探索性因子分析。在对节能动机测量量表进行信度分析基础上，采用结构方程 LISREL 分析软件对节能动机的测量模型进行验证性因子分析。

节能动机测量量表中，四个维度中的每一个维度都是用 3 个指标进行测量，整体问卷的标准化信度系数是 0.729，节能动机量表具有很好的信度。这一比较理想的结果与对预测试问卷的题项进行了有效修改有关。

应用验证性因子分析所测量潜变量的维度，探讨观测变量（指标，测量题目）与潜变量（因子）之间的关系。对节能动机测量量表的验证性因子分析结果如下：

（1）指标与因子间的从属关系。12 个指标用 ML 估计法所估计的最后结果，反映在参数矩阵 LAMBAD-X 的输出结果部分，见附录 1－B 的 B1 部分。每个参数（自由估计的元素）对应于三个数值，第一个是（标准化的）参数估计值，第二个是标准误，第三个是 t 值。t 值检验估计参数是否达到显著水平，一般而言，若 t 值的绝对值大于 1.96，表明该估计参数已达 0.05 显著水平；若 t 值的绝对值大于 2.58，表明该估计参数已达 0.01 显著水平[1]。

由 LAMBAD-X 矩阵的 ML 估计值、标准误和 t 值，没有发现过大的标准误，且 t 值的绝对值均大于 2.58，表明本研究中 12 个参数均达到了 0.01 的显著性水平，说明模型的内在质量较高。

（2）12 个参数指标的测量误差。根据 LISREL 的输出结果，各参数指标的测量误差表现为 THETA-DELTA 的输出部分，见附录 1－B 的 B2 部分。结果表明：该矩阵中除 D5 的 t 值为 2.01 之外，其他各参数的 t 值介于 2.72～15.32 之间，均没有出现负的误差变异，估计的误差变异 D5 达到了 0.05 的显著水平，其余均达到了 0.01 的显著水平，这些都符合模型的基本适配

---

[1] 陈正昌：《多变量分析方法：统计软件应用》，中国税务出版社 2005 年版。

标准。

（3）12 个观测变量的个别项目信度。12 个观测变量的 R^2 值也被称为各个观察项目的个别项目信度，是检验模型结构拟合程度内在质量的重要指标之一，测项的输出结果具体见附件 1 – B 的 B3 部分。X 变量的个别项目信度介于 0.63 ~ 0.99 之间，全部都在 0.5 以上，符合模型内在结构拟合度的标准。

（4）节能动机测量模型的整体拟合度指标。在 LISREL 软件中衡量模型整体拟合度的指标主要包括以下几项：

χ^2/df：卡方与自由度之比。一般认为其值小于 3，表示拟合度较好。本研究的 χ^2 值为 800.70，自由度 df 为 280，χ^2/df 的值为 2.86，表明模型的整体拟合效果较好，这一结果也达到了 0.01 的显著性水平。

RMSEA：近似误差的均方根。数值越小表明理论模型与观察资料的适配度越好，该值最好小于 0.05，在 0.08 以内是可以接受的范围。本研究中 RMSEA 的值为 0.074，表明该模型与观察资料的适配度可以接受。

NFI、NNFI、PNFI、CFI、GFI、AGFI、PGFI：七项拟合指数。一般认为该七项拟合指数的取值范围都在 0 ~ 1 之间，越接近 1，表示整体的拟合度越好，且一般认为 NFI、NNFI、CFI、GFI、AGFI 的数值大于 0.9，PGFI、PNFI 大于 0.5 表示拟合的比较理想。本书中 NFI、NNFI、CFI、GFI、AGFI、PG-FI、PNFI 的数值基本符合标准。

综上所述，从各个指数来看，节能动机模型的拟合情况基本满足要求。

（5）节能动机测量模型。一般认为，负载系数不低于 0.4 是可以接受的。在节能动机的测量模型中，所有标识变量在潜在变量上的负载系数为 0.79 ~ 0.99，这一系数是比较高的，都符合标准。

通过对节能动机测量模型进行验证性因子分析，可知节能动机测量量表的结构和内容有效。从模型的各项拟合指数来看，基本上都可以接受，说明节能动机测量量表具有较好的结构效度。

4.6.2　节能引导措施效果测量模型分析

节能引导措施效果测量量表包括节能的社会效益宣传效果、节能知识信息宣传效果、节能反馈措施效果、团体影响技术效果和经济激励手段效果五个测量因子。节能的社会效益宣传效果和节能知识信息宣传效果分别采用两个观测指标，其余三个测量因子均采用三个观测指标。本研究在对节能引导措施效果测量量表进行信度分析的基础上，仍采用结构方程分析软件 LISREL 对其进行验证性因子分析。

该部分测量量表包括五个测量因子，整体问卷的标准化信度系数为 0.783。从相关结果可知问卷具有良好的信度，也表明可以进行下一步的验证性因子分析。

（1）指标与因子间的从属关系。13 个指标用 ML 估计法所估计的最后结果，反映在参数矩阵 LAMBAD-X 的输出结果部分，见附录 1 – C 的 C1 部分。在表中 ML 估计值、标准误和 t 值，没有发现过大的标准误，13 个参数的 t 值都大于 2.58，均已达到了 0.01 的显著性水平，表明该测量模型的内在质量较高。

（2）13 个观测变量的测量误差。根据 LISREL 的输出结果，各参数指标的测量误差表现为 THETA-DELTA 的输出部分，见附录 1 – C 的 C2 部分。其结果表明：该矩阵中 C1、C2 的 t 值大于 1.97，其余各参数的 t 值均大于 7.15，且均没有出现负的误差变异，表明估计的误差变异 C1、C2 达到了 0.05 的显著水平，其余均达到了 0.01 的显著水平，这些都符合模型的基本适配标准。

（3）13 个观测变量的个别项目信度。13 个观测变量的 R^2 值见附录 1 – C 的 C3 部分。通过表中输出结果可知 R^2 介于 0.63 ~ 1.08 之间，全部大于 0.5，符合模型内在结构拟合度的标准。

（4）节能引导措施效果测量模型的整体拟合度指标。χ^2 值为 433.65，自由度为 155，χ^2/df 的值为 2.79，小于 3，表明模型的整体拟合效果较好，且这一结果也达到了 0.01 的显著性水平。

本研究中的 RMSEA 值为 0.042，表明该模型与观察资料的适配度较好。另外，NFI、NNFI、CFI、GFI、AGFI、PGFI、PNFI 的数值也表明整体模型比较理想。

（5）节能引导措施效果测量模型。节能引导措施效果测量模型中各因子的负载系数为所有标识变量在潜在变量上的负载系数为 0.48 ~ 0.99，这一系数符合标准。

通过对节能引导措施效果测量模型验证性因子分析结果的各项拟合指数来看，该模型的拟合状况比较理想。

4.6.3　节能动机与引导措施效果匹配关系的结构模型分析

上文对节能动机测量模型和节能引导措施效果测量模型进行验证性因

分析结果，表明两个测量模型可以接受，接下来就能够对节能动机与节能引导措施效果之间匹配关系的结构模型进行分析。

4.6.3.1　结构模型分析结果

通过 LISREL 软件对节能动机的四个维度与节能引导措施效果的五个因子间的关系进行拟合分析，各项指标的输出结果见附录 1 - D。节能动机与节能引导措施效果之间匹配关系的结构模型输出结果如图 4 - 2 所示，潜变量之间关系的 GAMMA 矩阵如表 4 - 4 所示。

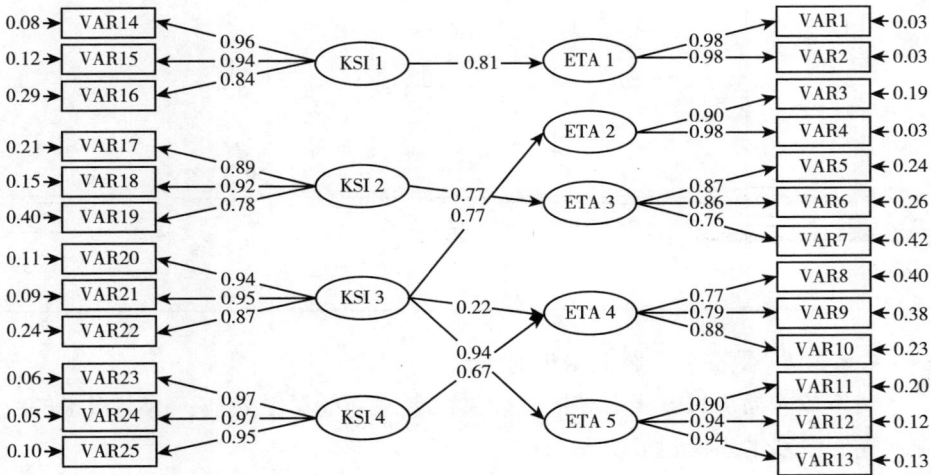

Chi-Square = 759. 61，df = 263，P-value = 0. 00000，RMSEA = 0. 059

KSI1 ~ KSI4 分别为"道德动机""规范动机""获利动机""快乐动机"；ETA1 ~ ETA5 分别为"节能的社会效益宣传""节能知识信息宣传""团体影响技术""节能效果反馈""经济激励手段"；VAR1 ~ VAR25 为各测量语句。

图 4 - 2　节能动机与节能引导措施效果关系的结构模型

最终结构模型整体拟合指标中，P 值为 0，χ^2 值为 759. 61，自由度为 263，卡方与自由度之比（χ^2/df）为 2. 88，表明模型的整体拟合效果较好，达到了 0. 01 的显著性水平。REMSA 指标为 0. 059，处于可接受的范围内。表 4 - 4 的 GAMMA 矩阵中，各参数的 t 值均达到了 0. 01 的显著性水平。附录 1 - D 中其他输出结果的参数矩阵、输出结果 t 值也同样达到了 0. 01 统计的显著性水平，这些全都符合模型的基本适配标准。NFI、NNFI、CFI、GFI、AGFI、PNFI、PGFI 数值表明整体模型拟合比较理想。

表 4 - 4 　　　　　　　　　　　GAMMA 矩阵

	KSI1	KSI2	KSI3	KSI4
ETA1	0.81 (0.03) 27.82	—	—	—
ETA2	—	—	0.77 (0.04) 20.86	—
ETA3	—	0.77 (0.04) 18.87	—	—
ETA4	—	—	0.22 (0.03) 5.50	0.67 (0.04) 14.55
ETA5	—	—	0.94 (0.03) 31.99	—

4.6.3.2　数据分析相关结论的讨论

关于节能动机与节能引导措施效果两者之间的关系效应，本书提出的六个研究假设基本均得到了验证。

（1）"道德动机"与"节能的社会效益宣传效果"相匹配，相关系数为 0.81，研究假设 H1 得到了验证。

（2）"规范动机"与"团体影响技术效果"相匹配，相关系数为 0.77，研究假设 H2 得到了验证。

（3）"获利动机"与"节能知识信息宣传效果""节能效果反馈效果""经济激励手段效果"相关系数分别为 0.77、0.22、0.94，研究假设 H3a、H3b、H3c 得到了验证，其中经济激励手段与获利动机的相关性最高。

（4）"快乐动机"与"节能效果反馈效果"相匹配，相关系数为 0.67，研究假设 H4 得到了验证。

4.6.4　节能行为、节能动机在人口统计变量上的差异性

与其他变量相比，人口统计学因素具有更易识别、更易测量及更易把握的特点，依据人口统计学特征差异实施家庭节能行为的引导策略将会更具可

操作性和可实施性，因此，在探讨了节能动机与节能引导措施效果之间的匹配效应之后，接下来我们将进一步具体探讨节能行为、节能动机在人口统计学上是否呈现显著差异。探讨节能动机在人口统计学上的差异性时，主要选取收入、学历、性别和年龄四个方面，并根据收入对数据进行拆分，然后利用单因素方差进行分析。

4.6.4.1 节能行为的样本特征描述性分析结果

居民购买节能行为结果如表4-5所示，表中B1~B4分别表示各个测量语句。由表4-5居民购买行为程度分布可知，所有测项的均值均超过了3（"约半做到"），测项B1、B2、B4的"约半做到""较多做到""很多做到"百分比之和都达到了70%以上；B3测项的"约半做到""较多做到""很多做到"的百分比之和也达到了约62%。这表明目前绝大多数城镇居民在日常生活中购买电器、材料、汽车等考虑到了节能这一因素。但所有数值均介于3（"约半做到"）与4（"较多做到"）之间，表明居民购买行为中的节能倾向并不是非常好，仍有很大的改进空间。

表4-5 居民购买节能行为

指标	B1	B2	B3	B4	整体
均值	3.38	3.34	3.00	3.73	3.36
标准差	1.26	1.15	1.18	1.38	1.08
很少做到（%）	7.7	6.6	10.9	9.7	
较少做到（%）	21.7	20.1	27.4	14.1	
约半做到（%）	18.2	21.7	21.4	11.5	
较多做到（%）	29.0	36.3	31.2	23.2	
很多做到（%）	23.4	15.3	9.1	41.6	
合计（%）	100.0	100.0	100.0	100.0	

居民削减节能行为程度的分布结果如表4-6所示，表中C1~C7分别表示各个测量语句。由表4-6居民削减行为的分布来看，除C3外，所有测项的均值都超过了3（"约半做到"），且C1和C6都超过了4（"较多做到"）；测项C5、C6的"约半做到""较多做到""很多做到"百分比之和都达到了90%以上；测项C1、C2、C7的"约半做到""较多做到""很多做到"百分比之和都达到了约80%以上；测项C3、C4的"约半做到""较多做到""很多做到"百分比之和都达到了50%以上。这表明目前绝大多数城镇居民在日常生活习惯中均有意识或者无意识地注意到了节能。对居民削减型节能行为

数据结果进一步分析可以看出，由于家庭节能的日常习惯性行为涉及方方面面的细节，对于不同类型的缩减型节能行为，居民的表现差异很大。有些日常性的节能行为，如离开房间时随手关灯、夏季使用空调时温度设定合理，居民总体上做得相对较好；而对另一些需要日常性注意节能的行为则做得相对较差。例如，看完电视后除了用遥控器关机外，还要关闭待机电源等，总体上做得不够好。

表 4 − 6　　　　　　　　　　　居民削减节能行为

指标	C1	C2	C3	C4	C5	C6	C7	整体
均值	4.27	3.29	2.58	3.11	3.95	4.23	3.37	3.55
标准差	1.45	0.98	1.18	1.27	0.90	0.80	0.99	0.73
很少做到（%）	0.2	2.6	22.4	14.2	0.2	0.0	4.4	
较少做到（%）	15.0	20.3	27.0	16.4	4.4	2.6	14.4	
约半做到（%）	47.6	32.8	23.9	28.6	28.5	15.3	31.6	
较多做到（%）	37.0	34.1	22.4	25.0	33.6	38.7	39.4	
很多做到（%）	0.2	10.2	4.2	15.7	33.4	43.4	10.2	
合计（%）	100.0	100.0	100.0	100.0	100.0	100.0	100.0	

收入通常会对家庭耗能行为产生一定的影响，因此本研究分析了在不同月收入水平下，城镇居民在节能行为上的差异性，具体结果如表 4 − 7 所示。

表 4 − 7　　　　　　　不同家庭月收入下节能行为的分布

指标		4000 元及以下	4001 ~ 8000 元	8001 ~ 15000 元	15001 ~ 30000 元	30000 元以上
购买行为	均值	4.11	4.14	3.51	2.75	1.89
	标准差	0.79	0.60	0.71	0.72	0.78
削减行为	均值	4.21	3.95	3.51	3.18	2.81
	标准差	0.42	0.49	0.69	0.51	0.64

由表 4 − 7 可以发现，居民购买节能行为和削减节能行为的总体均值随着收入的增加大致呈现递减趋势。这表明家庭平均月收入越高，居民节能行为（包括购买行为和削减行为）都越差。这可能是因为收入越高，人们对生活成本的考虑就越小，同时会越在乎生活的舒适度，从而忽略了节能行为。

4.6.4.2　节能动机在收入、学历上的样本特征统计结果

节能动机在收入、学历上的样本特征统计结果见附录 1 − E，研究生及以

上学历的居民家庭月收入均高于 4000 元，因此当家庭月收入为 4000 元及以下时，仅有 4 个学历组的统计结果。在下文的阐述中，学历组 1 表示"初中及以下学历"、学历组 2 表示"高中及中专学历"、学历组 3 表示"高职及大专学历"、学历组 4 表示"大学本科学历"、学历组 5 表示"研究生及以上学历"，其中学历组 1 和学历组 2 为低学历组，学历组 3 为中等学历组，学历组 4 和学历组 5 为高学历组；各个收入组也由低到高依次分别表示为收入组 1 至收入组 5。

（1）道德动机。道德动机在收入、学历上的样本特征统计结果见附录 1－E 的 E1 部分，可以明显发现，在收入组 5 中，学历组 1 的均值达到了 4.33，但其样本数在该收入组中仅占 2.3%，因此这一均值特征可以忽略不考虑。所以在收入组 1 至收入组 5 中，样本均值基本都会随着学历的增长而变大，且在低学历组中样本均值都偏小（基本小于 3），而在高学历组中，样本均值都比较大（大于 3.5）。

上述统计结果表明具备家庭节能道德动机的群体主要集中表现在高学历人群当中，且不会因收入的不同有较大差异。出现这一结果可能是因为受教育程度越高的人群，可能会更加关注社会及环境的长远发展，具有更高的环境责任感，其环保及节能意识更强。

（2）规范动机。规范动机在收入、学历上的样本特征统计结果见附录 1－E 的 E2 部分，可以明显发现，在收入组 1 至收入组 4 中，样本均值基本都会随着学历的增长而变小，且在低学历组中样本均值都稍大，基本大于 3，而在其余学历组中样本均值都小于 3；在收入组 5 中，所有学历组下的样本均值都小于 2。

上述统计结果表明家庭节能规范动机主要集中表现在低学历人群当中，且所有高收入人群都显示受规范动机的驱使很小，我们可以认为高收入组所在的群体、组织及其身边人对家庭节能的规范影响很小，或者可以说家庭节能可能不是该群体中的热点话题。而低收入群体及低学历群体对于家庭节能行为的规范动机相对较强。

（3）获利动机。获利动机在收入、学历上的样本特征统计结果见附录 1－E 的 E3 部分，可以明显发现，在收入组 1 和收入组 2 中，不同学历组下的样本均值基本都大于 4（比较同意）；在收入组 3 中，学历组 1、学历组 2 和学历组 3 的样本均值都大于 4，其他两个学历组均值都小于 3.75；在收入组 4 中，学历组 1、学历组 2 和学历组 3 的样本均值都大于 3，其他两个学历组均值都小于 2.6；在收入组 5 中，学历组 1 的样本均值为 4.33，但其样本数在该收入组中仅占 2.3%，因此这一均值特征可以忽略不考虑，而其他学历组的样本均值均小于 2。

上述统计结果表明家庭节能获利动机主要集中表现在低收入群体或者学历相对较低的中等收入人群当中。这一结果比较容易理解，中低收入群体的家庭节能行为更多是出于经济利益的考虑，更容易受到经济激励措施的影响。

（4）快乐动机。快乐动机在收入、学历上的样本特征统计结果见附录 1－E 的 E4 部分，可以明显发现，在各收入组中，快乐动机的样本均值都小于 3.0（不确定）；而在各收入组中，只有学历组 5 下的样本均值都大于 3.2，其余学历组下的样本均值都小于 3.0。虽然在收入组 1 中，学历组 4 下的样本均值为 3.52，但是该学历组下的样本数在该收入组中仅占 12%，而收入组 1 在总体样本中也仅占 10.6%，因此收入组 1 中学历组 4 下的样本均值特征可忽略。

上述统计结果表明总体上我国城镇居民出于快乐动机进行家庭节能的占比不大，且快乐动机主要集中表现在学历为研究生及以上的人群当中。分析其中的原因可能是由于高教育水平群体更关注内心的满足感和成就感，他们更能通过自己的家庭节能行为获得自我认可。

4.6.4.3　节能动机在收入、性别上的样本特征统计结果

节能动机在收入、性别上的样本特征统计结果见附录 1－F，在下文的阐述中各个收入组依次分别表示为收入组 1（平均月收入在 4000 元以下）至收入组 5（平均月收入在 30000 元以上）。

（1）道德动机。由附录 1－F 中的结果可以发现，在各收入组中，男性的样本均值都大于女性的样本均值。这一结果说明在收入相同的情况下，男性的家庭节能道德动机要强于女性。出现这一结果可能是与女性相比，男性相对会更多关注社会环境问题，家庭节能行为也许会因此受到影响。

（2）规范动机。由附录 1－F 中的结果可以发现，在相同的收入组中，对于规范动机女性的样本均值都大于男性的样本均值，且从收入组 1 至收入组 5，男性和女性样本均值之差基本依次递减；男性和女性的样本均值都会随着收入的增加而减小，仅在低收入组中的均值大于 3.0，其余收入组中的均值都小于 3.0。

这一结果说明在收入相同的情况下，女性的家庭节能行为规范动机要强于男性，且随着收入的增加，男性和女性间的这种差异会越来越小，逐渐趋同；收入越高，男性和女性的规范动机越弱。出现这一结果可能与女性自身的特质有关，因为与男性相比，女性会更多地关注人际关系，希望被身边人

及所在的组织或群体接纳及获得认可；而中低收入的女性也大多会更多地参与家庭生活并可能会谈及家庭节能等日常话题，从而受到规范动机影响。

（3）获利动机。由附录 1 – F 中的结果可以发现，不同收入组中，男性和女性的样本均值不存在显著性差异，基本接近。这一结果说明在收入相同情况下，男性和女性在家庭节能行为的获利动机表现基本一致。

（4）快乐动机。由附录 1 – F 中的结果可以发现，在收入组 2、收入组 3、收入组 4 和收入组 5 中，女性的样本均值都大于男性的样本均值。这一结果说明，在中高等收入组中，女性家庭节能的快乐动机要强于男性的快乐动机。分析这一结果，我们认为高收入及高学历女性更有可能关注内心的感觉，她们如果认为事情是值得做的，会更多关注这个行为带来的内在自我满足感，并从自己的行为中获得自我肯定，当然也包括家庭节能行为。

4.6.4.4　节能动机在收入、年龄上的样本特征统计结果

节能动机在收入、年龄上的样本特征统计结果见附录 1 – G。年龄在 18 岁以下的样本数仅占总样本数的 0.7%，因此在下面的分析中 18 岁以下的年龄组可忽略。在下文的阐述中，将"18 ~ 30 岁""31 ~ 45 岁""46 ~ 55 岁""55 岁以上"分别表示为年龄组 1 至年龄组 4，年龄组 1 为低年龄组，年龄组 2 和年龄组 3 为中等年龄组，年龄组 4 为高年龄组。收入组的划分和前文分析相同。

（1）道德动机。道德动机在收入、年龄上的样本特征统计结果见附录 1 – G 的 G1 部分，可以明显发现，在收入组 1 中，样本均值随着年龄的增长而减小，各年龄组的均值都小于 3.13；在收入组 2 和收入组 5 中，各年龄组的均值基本都介于 3.3 ~ 3.5 之间；在收入组 3 和收入组 4 中，仅年龄组 4 的均值小于 3.0，其余年龄组的均值都大于 3.5。

这一结果说明具有家庭节能行为道德动机的群体主要集中表现在中等收入且年龄在 56 岁以下的群体中。

（2）规范动机。规范动机在收入、年龄上的样本特征统计结果见附录 1 – G 的 G2 部分，可以明显发现，收入组 1 中，年龄组 3 和年龄组 4 的均值都大于 3.5，其余年龄组均值都小于 3.0；收入组 2、收入组 3、收入组 4 中，年龄组 3 和年龄组 4 的均值基本都大于 3.2，其余年龄组均值都小于 2.7；收入组 5 中，各年龄组的均值都小于 2.1。

这一结果说明，具有家庭节能行为规范动机的群体主要集中表现在年龄为 45 岁以上的居民中，且所有高收入（平均月收入在 3 万元以上）的居民其规范动机都相对较弱。

（3）获利动机。获利动机在收入、年龄上的样本特征统计结果见附录1－G 的 G3 部分，可以明显发现，在收入组 1 和收入组 2 中，各年龄组的均值基本都大于 4.3；在收入组 3 中，年龄组 3 和年龄组 4 的均值都大于 4，而其他年龄组的均值都小于 3.7；在收入组 4 中，年龄组 3 和年龄组 4 的均值为 3.4 和 4.3，而其他年龄组的均值都小于 2.5，可见年龄组 3、年龄组 4 的均值要显著大于年龄组 1、年龄组 2；收入组 5 中，样本数比重较大的年龄组的均值都小于 2。

这一结果说明，获利动机主要集中体现在低收入居民、中等收入且年龄在 45 岁以上的居民中。

（4）快乐动机。快乐动机在收入、年龄上的样本特征统计结果见附录1－G 的 G4 部分，可以明显发现，在收入组 1 和收入组 2 中，各年龄组的均值基本都小于 2.6，且基本上年龄组 1、年龄组 2 的均值略大于年龄组 3、年龄组 4 的均值；在收入组 3 和收入组 4 中，年龄组 1、年龄组 2 的均值基本都在 3.0 以上，其他年龄组的均值都小于 2.8；在收入组 5 中，年龄组 1 和年龄组 2 的均值约为 2.8，显著大于年龄组 3 的均值。

这一结果说明，快乐动机主要集中在中等收入且年龄在 45 岁及以下的居民中。整体来看，年龄在 45 岁及以下的居民的快乐动机要比 45 岁以上居民的快乐动机强，但快乐动机群体的人数总体偏少，且相比于其他动机，这一动机的强度较低。

4.7　研究结论及管理借鉴

4.7.1　主要研究结论

4.7.1.1　城镇居民节能动机与引导措施效果匹配关系的结果

本章研究所提出的关于城镇家庭节能动机与节能引导措施效果之间匹配效应的六个假设基本均得到验证，二者间的匹配关系结果如下：

（1）在各种节能引导措施中，受道德动机驱使的城镇居民更容易受到节能社会效益宣传手段影响。

（2）在各种节能引导措施中，受规范动机驱使的城镇居民更容易受到团体影响技术手段影响。

（3）在各种节能引导措施中，受获利动机驱使的城镇居民更容易受到节能知识信息宣传手段、节能效果反馈手段和经济激励手段影响。三种措施中，经济激励的效果最好，节能效果反馈的效果相对最差。

（4）在各种节能引导措施中，受快乐动机驱使的城镇居民更容易受到节能效果反馈手段影响。

4.7.1.2 城镇居民节能行为的研究结果

家庭节能的购买行为表现为目前绝大多数城镇居民在购买电器、材料、汽车等产品时考虑到了节能，但是这种购买行为并没有做得很好，还存在很大的改进空间。

家庭节能的削减行为表现为，绝大多数城镇居民在日常生活中有意识或者无意识地减少了家庭用能，注意到了节能。但是也仍存在一定的改进空间，尤其是特定的日常行为方面还做得较差，如在关闭家用电器待机电源方面需要改进。

4.7.1.3 城镇居民节能动机的异质性结果

城镇居民家庭节能动机在人口统计变量上的分析结果如表4-8所示，这里家庭月收入中的"低收入"指8000元及以下，"中等收入"指8001～30000元，"高收入"指30000元以上；"低学历"指高中、中专及以下，"中等学历"指高职及大专，"高学历"指大学本科及以上。表4-8中用"√"标识出在不同动机下集中表现出的人口统计特征。

表4-8　　　　　　　　　　　　　　　统计结果

指标	性别		收入			学历			年龄		
	男	女	低收入	中等收入	高收入	低学历	中等学历	高学历	45岁及以下	45岁以上	56岁以下
道德动机	√			√				√			√
规范动机		√	√			√				√	
获利动机				√		√	√			√	
快乐动机	√			√	√			√			

（1）家庭节能受道德动机驱使的群体，在人口统计特征上集中表现为男性、中等收入、高学历、年龄在56岁以下的居民。

（2）家庭节能受规范动机驱使的群体，在人口统计特征上集中表现为女性、低收入、低学历、年龄在45岁以上的居民，同时所有高收入居民的规范动机都相对很弱。

（3）家庭节能受获利动机驱使的群体，在人口统计特征上集中表现为中、低收入及中、低学历、年龄在 45 岁以上的居民。

（4）家庭节能受快乐动机驱使的群体，在人口统计特征上集中表现为女性、中高等收入、高学历、年龄在 45 岁以下的居民。

4.7.2　管理借鉴

基于上述结论，根据节能动机的不同将我国城镇居民能源节约者分成以下四大类：

第一类，环保的能源节约者。这类能源节约者的节能动机主要表现为道德动机，在人口统计特征上集中表现为男性、高学历、中等收入、年龄在 56 岁以下的居民。这类居民节能行为的出发点是基于责任义务的"纯粹的"环保，针对这类节能者最有效的引导措施为节能的社会效益宣传策略。具体可通过以下方式实施：

（1）通过传统大众传媒宣传渠道向这类节能者宣传节能所带来的各种社会效益。通过报纸、期刊、宣传小册子、海报、电视、广播等方式向其介绍目前能源问题的严重性、家庭节能的重要性及具体的家庭节能方式，向其宣传"节能是每个公民的责任和义务"。"资源与环境问题""个人责任义务"这些信息能够强化该群体的节能动机。

（2）这类群体的受教育程度较高，对新兴媒体的使用频繁，因此更需要关注新媒体的应用。新兴媒体宣传渠道主要是指通过电子产品及利用互联网渠道进行宣传。新兴媒体也是一种可以更好实施交互式沟通的宣传方式，且更容易呈现动态信息。同时，互联网技术的发展可以获得大数据从而选择出高道德责任意识的群体，并能使用针对性的定制信息，进一步对用户的行为改变产生巨大影响。

第二类，有意识的能源节约者。这类能源节约者的家庭节能动机主要表现为规范动机，在人口统计特征上集中表现为女性、低学历、低收入、年龄在 45 岁以上的居民。针对这类节能者最有效的引导措施为团体影响技术。具体可通过以下方式实施：

（1）在各城市社区如住宅小区、居委会内通过张贴海报、散发节能手册、举办讲座等方式大力宣传节能，鼓励住宅小区居民集体实施节能行为。在城市社区内开展每月节能明星家庭的评选活动，并公布每月的评选结果，通过类似的这种活动带来的压力刺激及示范效应影响这类节能者。

（2）政府可出台相关规定，在各政府机构、企事业单位成立特定部门社区，实施办公室节能，同时通过减免税收等方式鼓励各类企业实施节能。目的就是通过部门社区来影响员工在工作岗位上的节能行为，进而带动及促进其家庭节能行为。进一步地，各类机构的示范效应能有效促进节能风气和氛围的形成，有助于崇尚节能的社会规范建立，从而影响受规范动机驱动的群体。

第三类，关注成本的能源节约者。这类能源节约者的家庭节能动机主要表现为获利动机，在人口统计特征上集中表现为中低收入、中低学历、年龄在 45 岁以上的居民。这类节能者十分关注生活成本，针对这类节能者最有效的引导措施依次为经济激励手段、节能知识信息宣传、节能信息反馈。具体可通过以下方式实施：

（1）政府可以通过实施财政方面的补贴，如购买节能产品减税、低利息贷款等来鼓励其使用高效能的家庭设备。总之，要从补贴、降价、奖励等多方面对其进行经济上的诱导激励。同时，也可以为其提供免费试用节能产品，这样能够增加其节能知识、强化其节能动机。

（2）通过反馈的方式向这类节能者反映其节能行为带来的成本上的变化，如家庭电费、燃气费对比账单等。相关生产企业也应该配合政府节能倡导，研发更多可以反馈用能量的电器。

（3）通过各类渠道向这类节能者宣传在家庭中具体实施节能行为的方法和技巧，宣传内容应该尽可能详尽具体，实用性强及操作方便的方法会更受欢迎。另外，还可以在各类社区开展节能技巧推广及创意活动。

第四类，自我实现的能源节约者。这类能源节约者的家庭节能动机主要表现为快乐动机，在人口统计特征上集中表现为女性、中高等收入、高学历、年龄在 45 岁以下的居民。针对这类节能者最有效的引导措施为节能信息反馈。具体可通过以下方式实施：

介绍目前社会面临的能源问题，以及其家庭实施节能行为会带来的节能效果。可以通过开展一些节能研讨会、网络推文等来进行宣传，详细地说明如何采取节能行为，还应特别强调这些节能活动不需要或者仅需很少的努力就能实现。这个过程不仅能增加他们的能源知识，更能让其感受到自我效能的增强。另外，通过账单向其反馈实施节能行为前后家庭能源消耗变化量或即时技术反馈每次行为耗能结果，也是促进该类节能者增强自我效能的有效方式。

第 5 章

基于计划行为理论的城镇居民
家庭节能行为分析

国人在享受经济高速发展带来的利益时，也不得不同时面对温室效应、空气污染等严重的环境问题。环境问题甚至影响到了人们对基本安全和健康的需求，成为影响公众幸福感的重要因素。与此同时，我国经济的可持续发展面临着资源短缺的"瓶颈"，石油等重要能源的对外依存度很高。实际上能源消耗和环境污染间的关联很大，诸多大城市冬春季节的雾霾天气就是和汽车尾气排放、燃煤取暖等密切相关的，尤其是对于中国这样一个城市人口密集度高的国家，能源耗费带来的环境问题更为严峻、解决的难度更大。

尽管能源短缺和环境污染问题引起了政府和诸多部门的重视，并采取了系列手段进行治理，但仍然存在诸多难题。在学术研究方面，国内对居民家庭领域节能行为的研究大多从技术改进、政策引导等宏观层面展开，从公众个体消费行为选择视角进行的探讨还比较缺乏。目前的现实是公众大都已经对资源和环境问题有了一定的认识，并且已经感受到这些看似遥远的大问题和自身的切实利益密切相关，因此也有了通过努力改变现状的愿望，如何做好有效的引导工作以促进公众在家庭范围内的节能行为已经是一个重要课题。除了已有的政策外，目前尤其重要的是应该对公众微观层面的消费心理给予更多的重视才能达到更好的效果。

计划行为理论是个体消费行为决策领域的代表性理论之一，对于包括家庭节能在内的环境行为研究均可利用该理论进行有效的解释，而且该理论在其他消费行为研究领域进行了大量的实证应用。通过对国内家庭节能相关文献的检索，可以看出该领域对计划行为理论的应用还比较缺乏，实证研究更是鲜见。已有相关研究包括：张毅祥将企业组织作为研究对象，运用计划行为理论探究了员工在组织内部的节能意愿及节能行为[①];刘宇伟基于计划行为理论提出了居民家庭节能行为的综合模型[②],但尚需进一步进行深入实证验证。

国内学者从微观行为视角对居民节能行为开展的研究尚处于起步阶段,国外学者在该领域的研究相对更加丰富。但不同国家和地区居民节能行为是有很大差异的,因为能源消费是与当地的经济条件和社会文化背景相匹配的。也正是由于这个原因,我们尚不能将国外的研究成果直接拿来,因为国情差异巨大。举例而言,美国家庭多是独立房屋,取暖由各个家庭单独完成,而中国的家庭房屋多为城市商品房,取暖多为集体供应。因此,我国在制定家庭能源消费的引导策略时需要考虑的因素和国外自然有很大差异,这也要求应基于本国的国情进行实证研究。

本章研究内容是基于计划行为理论探究居民节能行为意愿,以及节能行为的影响因素和作用机理,以期推进我国城镇居民家庭节能行为,这些内容也能够拓展和丰富我国城镇居民家庭节能行为的研究视角和研究内容。计划行为理论不仅是消费行为学领域中最有代表性的理论之一,也是环境行为研究中最有效的基础概念框架和理论模型之一。本章将结合我国城镇居民家庭节能行为特征,在计划行为理论中加入"用能习惯"因素,扩展该理论模型展开探索。

5.1 已有相关研究概述

5.1.1 国外居民能源消费行为及节能行为研究

自20世纪70年代爆发国际能源危机以来,居民生活能源消费便引起了国外诸多学者的关注。国外环境行为领域的研究者纷纷开展对居民家庭生活能源消费行为的研究。随着研究的不断深入,整合居民家庭能源消费行为的影响因素,结合不同影响因素的特点从能源需求管理角度挖掘有效引导政策的研究也逐渐成为一个重要研究内容。这类研究大多采用了从环境行为视角

---

① 张毅祥、王兆华:《基于计划行为理论的节能意愿影响因素——以知识型员工为例》,载于《北京理工大学学报》(社会科学版),2012年第14卷第6期,第7-13页。

② 刘宇伟:《消费者家庭节能行为的综合模型》,载于《社会科学战线》,2009年第12期,第56-62页。

切入，例如，基尔斯特德（Keirstead，2006）在研究中总结提出了一个包含内部心理、人口统计特征和外部多种情境因素在内的综合研究框架①；埃格蒙德（Egmond，2005）提出了包括诱发因素、促成因素和强化因素等在内的家庭能源消费行为的综合模型②。总之，国外学者对居民能源消费行为的研究是在环境行为研究的基础理论和框架上展开。

　　早期的研究大多将能源消费行为和节能行为看作统一概念，但随着对能源消费行为研究的不断深入，学者们逐渐把居民节能行为从居民能源消费行为中分离出来，并针对能源消费行为和节能行为提出不同的研究视角和研究方法。例如，埃格蒙德把家庭节能消费行为划分为行为动机、行为实施和行为保持三个阶段，其中动机阶段和实施阶段被认为是能源节约消费行为习惯的产生阶段③。因此，对被看作改变原有能源消费行为习惯的居民节能行为的研究更多地集中在前两个阶段展开。从影响因素上看，已有研究发现能源消费行为更多地受人口统计类变量及家庭结构类变量的影响，而节能行为则更多地受到社会心理类变量的影响。例如，亚伯拉罕斯（Abrahamse，2009）等对荷兰的189户家庭居民进行了跟踪监控，通过获取的调查数据分析结果，探究了人口统计类因素与家庭能源使用行为以及家庭节能行为的关系④，该研究为区分能源消费行为和节能行为的相关研究提供了参考。

5.1.2　国内居民能源消费行为及节能行为研究

　　国内关于居民能源消费行为与居民节能行为的相关研究起步相对较晚，梳理我国能源消费行为的研究文献发现，我国早期关注的能源问题主要聚焦在宏观产业层面，重点关注我国的整体能源以及不同产业能源使用效率等问题，而对于居民生活能源消费问题却很少关注。近十几年来，随着我国居民生活水平的提高，居民生活领域的能源问题逐渐受到了重视，居民生活能源消费行为的研究也逐步展开。

① Keirstead, J., Evaluating the Applicability of Integrated Domestic Energy Consumption Frameworks in the UK. *Energy Policy*, Vol. 34, No. 17, 2006, pp. 3065 – 3077.

②③ Egmond, C., Jonkers, R., Kok, G., A Strategy to Encourage Housing Associations to Invest in Energy Conservation. *Energy Policy*, Vol. 33, No. 18, 2005, pp. 2374 – 2384.

④ Abrahamse, W., Steg, L., How Do Socio-demographic and Psychological Factors Relate to Households' Direct and Indirect Energy Use and Savings. *Journal of Economic Psychology*, Vol. 30, No. 5, 2009, pp. 711 – 720.

　　我国关于居民能源消费的研究主要分为以下几类，第一类是通过社会调查方法来考察居民的家庭能源消费状况，其调研对象也包括我国农村居民，探究了居民能源消费的实际状况和存在的问题；第二类是对居民的家庭能源需求量进行分析和预测的研究，此类研究主要参考了相应的经济模型；第三类是关于居民家庭能源消费的微观研究，即从微观消费行为视角进行切入。例如，陈利顺以大连市居民为研究对象，构建了我国居民能源消费行为影响因素的综合模型，并通过实证研究方法，探讨了大连市居民能源消费行为状况及影响能源消费的因素①。总体上这些研究集中于对居民当前能源消费现状的调查和分析，研究结论主要是在对调查统计数据进行描述性分析，采用实证研究方法从微观消费行为视角展开家庭能源消费的相关研究还比较缺乏。

　　国内针对居民行为微观层面的家庭节能研究主要分为两类：第一类是通过社会调查方法分析所调查居民的节能意识和节能行为实际状况。这类研究基于其简单、易于操作的方法，得到了相对较多的应用。如樊丽明等对济南市居民家庭节能行为进行了调查，在此基础上对居民节能方式展开研究②；冯怡琳以国家统计局对我国 14 个大城市在 2007 年 7 ~ 9 月的能源消费量统计结果为依据，探究了我国城市居民的节能意识和节能行为的地区性差异③。第二类是对居民节能行为影响因素以及节能行为引导政策的研究。这类研究大多采用实证方法获取研究结论，为引导我国居民家庭节能行为干预策略的实施提供了理论依据。例如，郭琪提出了居民节能行为的影响因素和引导政策综合模型④。

　　与对居民能源消费行为的研究相比，居民节能行为的研究越来越多地受到研究者关注。但关于居民节能行为的研究中，从消费行为的微观层面探究居民节能行为影响因素作用机理的研究还相对缺乏。本章将对此展开研究。

---

　　①　陈利顺：《城市居民能源消费行为研究》，大连理工大学博士学位论文，2009 年。

　　②　樊丽明、郭琪：《公众节约能源行为及政策引导研究》，载于《中国科技产业》2007 年第 10 期，第 72 - 73 页。

　　③　冯怡琳：《城镇居民的节能意识和节能状况》，载于《中国统计》2008 年第 8 期，第 15 - 16 页。

　　④　郭琪：《公众节能行为的经济分析及政策引导研究》，山东大学博士学位论文，2007 年。

5.2　相关的基础理论

在国外相关研究中大多将居民能源消费行为及节能行为看作一种特殊的环境行为，并提出了多个对环境行为进行研究的理论框架。本章根据研究目的，重点回顾两大理论——计划行为理论、人际行为理论。

5.2.1　计划行为理论

5.2.1.1　理性行为理论

计划行为理论是在理性行为理论基础上发展而来的，理性行为理论是美国学者菲什宾（Fishbein）和阿耶兹（Ajzen）于1975年提出的，该理论主要用于分析个体基于认知的态度是如何影响其行为的。理性行为理论假设人是理性的，个体的行为可以完全由行为意志来控制，即个体在行为之前会综合各方面的信息来判断行为的结果和意义，经过深思熟虑之后最终作出行为决策[1]。该理论认为，行为主体的行为可以由行为意愿来预测，主体对行为持有的态度和主观规范能够预测其行为意愿。理性行为理论模型如图5-1所示。

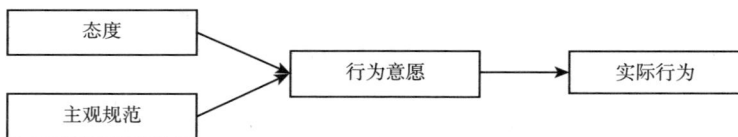

图5-1　理性行为理论模型

5.2.1.2　计划行为理论

理性行为理论假设行为主体能够完全控制自己的行为，行为完全出于自愿。随着研究的不断深入，阿耶兹（Ajzen，2002）发现行为主体的行为并不总在个人意志的控制之下，行为主体所处的情境也会对主体的行为产生影响[2]，如行为主体所拥有的资源、掌握的条件、把握的机会等。在此基础上

---

① 张锦、郑全全：《计划行为理论的发展、完善与应用》，载于《人类工效学》2012年第18卷第1期，第77-81页。

② Ajzen, I., Perceived Behavioral Control, Self-efficacy, Locus of Control, and the Theory of Planned Behavior. *Journal of Applied Social Psychology*, Vol. 32, No. 4, 2002, pp. 665-683.

阿耶兹在理性行为理论中加入了知觉行为控制这一变量，用来反应行为主体感知到的实施某一特定行为的难易程度。个体对实施行为所需要的机会、资源和条件依赖程度越高，行为由行为意志控制的程度会越低。在计划行为理论的模型中，知觉行为控制变量可以和态度及主观规范共同作用于行为意愿，知觉行为控制变量也可以直接作用于行为主体的行为。与理性行为理论相比，加入了知觉行为控制变量的计划行为理论，扩大了理论的边界条件，提高了对主体行为预测的准确性。计划行为理论模型如图5－2所示。

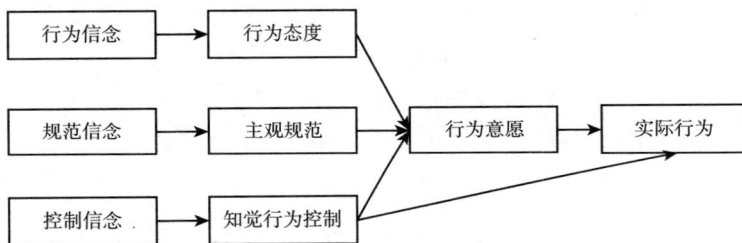

图5－2　计划行为理论模型

根据阿耶兹（Ajzen，2002）对计划行为理论的论述，对该理论可以作出如下几个方面的概括：

（1）计划行为理论共包含了五个因素：行为态度、主观规范、知觉行为控制、行为意愿及实际行为。态度是指行为主体对某一特定行为持续喜欢或者是不喜欢的评价；主观规范是指行为主体在实施某一特定的行为时，感受到的来自与自己相关群体的压力；知觉行为控制是指行为主体实施某一特定行为时所感受到的限制；行为意愿指行为主体在多大程度上想要实施某一特定的行为；实际行为指行为主体实际采取的行动。

（2）计划行为理论中五个要素之间的相互作用关系为，当主体的行为能够由行为意志控制时，行为意愿作为行为的直接决定因素可以预测行为，主体的行为态度、主观规范和知觉行为控制决定其行为意愿；当主体的行为不能完全由行为意志控制时，实际行为除了由行为意愿来预测之外，还受到个体所处的情境因素影响，只有行为主体对于实施行为的情境因素（如行为所需的机会、资源等）能够控制时，主体行为才会由行为意愿直接预测。主体感知到的控制条件能够反映行为的实际控制情境，因此也直接影响实际行为。

（3）对某一要实施的行为，行为主体对特定行为会有很多的行为信念，但是基于特定的情境，发挥作用的行为信念只有很少一部分。在一定的时间和条件下，发挥主要作用的信念被称为突显信念，突显信念也是影响行为主体特定行为与目的的主要因素。阿耶兹（Ajzen，2002）总结提出了计划行为理论中的三个突显信念：行为信念、规范信念、控制信念①。这三个突显信念是行为主体的态度、主观规范和知觉行为控制的认知基础。

5.2.1.3　扩展的计划行为理论

计划行为理论能够帮助我们解释和预测行为主体复杂的行为决策过程，帮助我们理解行为主体是如何改变自己的行为模式。基于该理论对主体行为决策进行的研究，学者们总结除了行为态度、主观规范和知觉行为控制等变量，与行为紧密相连的其他因素也同样应该被予以考虑。因此，实际研究中多数学者基于特定情形对该理论进行扩展来探究行为主体的特定行为，如张毅祥、王兆华基于计划行为理论研究员工在公共办公室内部节能行为时，结合实际在理论中加入了"办公室氛围"这一影响因素，探究了"氛围"对员工节能行为的影响②；刘宇伟基于计划行为理论提出的居民家庭节能行为综合模型中，加入了"习惯"因素，探究了习惯对居民节能行为的影响③。

5.2.2　人际行为理论

人际行为理论是探究人类行为的另一基础理论，该理论提出个体行为受到行为意愿、外部情境等促进条件以及习惯因素的影响，即行为受内部因素、外部因素和习惯因素的影响。实际上，习惯因素是行为影响因素中最复杂的部分。人际行为理论指出，习惯与行为意向交互影响行为，某一特定行为的习惯强度越高，则与行为意愿相比，习惯对行为的预测力越强。相反，行为习惯强度越低，与行为意愿相比，习惯对行为的预测力越弱。在对低碳消费等特定环境行为的研究中，人际行为理论也是一个被应用较多的基础理论。

本章对城镇居民家庭节能行为的研究主要基于计划行为理论，结合城镇居民家庭节能行为的实际，借鉴人际行为理论以及前人对"习惯"因素的研

---

① Ajzen, I., Perceived Behavioral Control, Self-efficacy, Locus of Control, and the Theory of Planned Behavior. *Journal of Applied Social Psychology*, Vol. 32, No. 4, 2002, pp. 665 – 683.

② 张毅祥、王兆华：《基于计划行为理论的节能意愿影响因素——以知识型员工为例》，载于《北京理工大学学报》（社会科学版），2012 年第 14 卷第 6 期，第 7 – 13 页。

③ 刘宇伟：《消费者家庭节能行为的综合模型》，载于《社会科学战线》2009 年第 12 期，第 56 – 62 页。

究，将"习惯"这一变量纳入计划行为理论，即应用扩展的计划行为理论对我国城镇居民家庭节能行为展开研究。

5.3 研究模型构建及假设

5.3.1 研究变量的选择与界定

梳理以往包括节能在内的环境行为研究发现，前人在实证研究中对相关变量的选取以及界定并不统一，而概念的清晰界定至关重要。因此，本章研究内容重新梳理归纳相关变量，并结合实际对研究中涉及的变量进行明确和清晰的界定。借鉴国内外学者在家庭节能行为领域的研究成果并结合我国城镇居民的家庭能源消费行为特征，将居民家庭节能行为分为削减型节能行为和投资型节能行为两类。在第4章的研究中我们使用的是购买型节能行为，因为第4章在问卷测量时主要从购买角度着眼。实际上投资型节能行为涵盖的范畴比购买型节能行为更广，它还包括了其他的投资以提升能效的行为。

本章研究涉及的变量包括节能行为态度、节能主观规范、知觉行为控制、节能行为意愿、削减型节能行为、投资型节能行为、用能习惯。

5.3.1.1 节能行为态度

态度是人们喜欢或不喜欢某个对象的程度，是主体对客体的反应倾向，由情感、意向、认知三种成分构成。计划行为理论将行为态度定义为，行为主体对特定对象反映出的一种持续性预设立场，是个人对实施某一特定行为的正向或负向评价。该理论认为态度的形成受个人对某特定行为结果的重要信念和对行为结果的评价两个方面的影响。

陈利顺在对城市居民能源消费行为的研究中指出，环境态度也被称为环境意识、信念、情感、关注等①。借鉴已有环境态度特别是节能行为态度的相关概念，在这里将节能行为态度界定为我国城镇居民对家庭节能这一特定环境行为的关注程度以及价值评价，它反映了居民对节能行为的关注及认可程度。同时，对节能行为态度进行测量时主要参考了节能关注度和环境价值观的测量量表。

已有很多文献在探讨社会心理类因素对环境行为的影响时考察了"关注

---

① 陈利顺：《城市居民能源消费行为研究》，大连理工大学博士学位论文，2009年。

度"的作用，这一概念反映了居民对环境问题的积极程度，而居民对节能行为的关注度则反映了居民实施家庭节能这一特定环境行为的积极程度，这种积极程度会直接影响居民的节能行为意愿，即节能关注度在一定程度上反映节能行为态度。因此，本研究选取"节能关注度"作为测量节能行为态度的一个子维度，并将其界定为我国城镇居民对能源及环境问题的关注程度。

价值观是个人的价值评判准则，个体能够通过持有的价值观作为标准来评价与自己相关的事物或行为。环境价值观是指主体对环境及相关问题的价值意义判断，反映了主体对环境保护的赞成或支持程度。环境价值观指导着个人的环境行为，其形成过程及产生的影响都有长期性特点。巴尔（Barr，1995）将环境价值观定义为个体对环境和环境问题的根本看法[1]，能够反映主体的环境态度强弱。由于我们是从环境行为视角研究家庭节能问题，因此选取环境价值观作为测量节能行为态度的子维度。借鉴学者关于环境价值观的界定，将环境价值观定义为城镇居民对家庭节能这一特定环境行为有用性和重要性的认识和评价。环境价值观反映了行为主体对环境和能源问题的根本性是非判断。

5.3.1.2 节能主观规范

我们可以将计划行为理论中的"主观规范"解释为行为主体在采取某一特定行为时的社会压力认知，是行为主体对其认为重要的个人或者群体对自己采取某一行为的赞成或者否定程度的心理感知。研究发现主观规范受到行为主体的规范信念的影响，主体对自我角色的压力感知越高，依从相关群体的动机越强，主观规范就会越强。

在环境行为的研究领域，很多学者证实了主观规范对于个体环境行为的作用。在家庭节能行为的研究中，主观规范也被视为影响居民节能行为的重要社会心理类因素，对居民能源消费行为尤其是节能行为会产生积极正面影响。如斯科特（Scott，2001）指出，虽然不同类型的居民能源消费行为的影响因素显著不同，但是居民个人社交圈是影响其能源消费行为的一个重要因素[2]。

借鉴计划行为理论及已有对主观规范研究的界定，这里将节能主观规范界定为城镇居民在作出家庭节能行为决策时所感知到的来自相关个人或群体的压力。其中"相关个人或群体"是指与行为主体直接相关的个人或团体

---

① Barr, S., Household Waste Management: Social Psychological Paradigm in Social-psychological Context. *Environment and Behavior*, Vol. 27, No. 6, 1995, pp. 723 – 743.

② Scott, D., Parker, P., Rowlands, I. H., Determinants of Energy Efficiency Behaviours in the Home: A Case Study of Waterloo Region. *Environments*, Vol. 28, No. 3, 2001, pp. 75 – 100.

（如家庭其他成员、朋友、邻居或同事等），或者与行为主体间接相关的个人或群体（如加入的组织、崇拜的明星等）。

5.3.1.3 知觉行为控制

阿耶兹（Ajzen，2002）在计划行为理论模型中将知觉行为控制定义为行为主体对即将采取的某种行为感知到的难易程度[①]，它主要受控制信念影响。知觉行为控制反映了居民对行为可控程度的评判。

关于居民节能行为的已有研究将控制信念分为了内部与外部两个方面：内部控制信念也被称为自我效能感，是指居民在实施某一具体节能行为时对自身成功实施这一行为的自信程度；外部控制信念是指居民对实施节能行为所需的机会、资源、便利性条件等把握程度的感知。芈凌云指出，居民判断实施行为的障碍越低、阻碍越小，同时在行为实施的情境下掌控的资源越多，行为意向越积极[②]。居民作出节能行为决策时会有意识或无意识地考虑到是否拥有实施节能行为的控制信念，如果感到实施行为的障碍太多或者难以掌控，那么其意愿就会减弱。行为主体对外部控制信念的感知主要和情境因素相关，它同样与行为意向直接关联，同时也能够直接作用于行为。

这里将知觉行为控制界定为我国城镇居民对实施家庭节能行为的自我能力以及外部情境因素感知，它反映出居民对实施家庭节能行为难易程度的评判。

5.3.1.4 节能行为意愿

计划行为理论将行为意愿界定为对某一特定行为的行动倾向，即行为主体在采取实际的行动之前，对是否要采取某一特定行为的意愿程度表达。根据这一理论，行为意愿是任何实际行为发生前必经的过程，是预测行为的最好方法。

关于行为意愿与实际行为关系的研究结论表明：行为意愿越强，践行该行为的可能性越大，行为意愿与实际行为之间存在着高度的正相关性。在环境行为的研究领域，已有研究也大多是把环境行为意愿看作环境行为的直接影响因素。例如在负责任的环境行为模型中将行为意愿视为负责任的环境行为的直接前因变量，其他对亲环境行为有影响的社会心理类变量、情境类变量等均通过行为意愿间接对负责任的环境行为起作用。相关的实证研究还有：

[①] Ajzen, I., Perceived Behavioral Control, Self-efficacy, Locus of Control, and the Theory of Planned Behavior. *Journal of Applied Social Psychology*, Vol. 32, No. 4, 2002, pp. 665 – 683.

[②] 芈凌云：《城市居民低碳化能源消费行为及政策引导研究》，中国矿业大学博士学位论文，2011年。

陈（Chan，1998）在调查居民废物再利用行为（特定环境行为）的研究中发现，居民环境行为意愿与废物再利用这一环境行为之间存在显著的正相关关系[①]。我国学者曲英、孙岩和武春友等对于环境行为的研究中也都通过实证研究方法证明了行为意愿与实际行为具有显著的直接正向关系[②③]。具体到家庭节能领域，芈凌云研究指出居民的节能行为意愿是节能行为重要的直接前因变量[④]。

这里将节能行为意愿界定为居民实施家庭节能行动之前的心理倾向和行为动机趋向，反映了居民愿意为行为付出代价的程度。本章对于节能行为意愿的测量，从削减型和投资型两种节能行为意愿展开。

5.3.1.5 节能行为

郭琪在研究中指出，节能行为是一种更加有效地利用资源的行为，该行为是在一定的技术、经济和社会等背景下产生的[⑤]。节能行为是指采取一切合理的措施来降低能源浪费、达到节约能源目的的行为。借鉴已有研究，这里将节能行为界定为，我国城镇居民在现有的能源消费行为基础上，在家庭内部选择高效率的耗能产品或者通过有意识地改变能源消费习惯以实现能源节约目的的行为。

以往相关研究对节能行为的类型进行了区别。例如，林登（Linden，2006）等在研究中把居民家庭消费能源范围划分为取暖和照明、清洁、餐饮和娱乐四类[⑥]；也有学者把家庭能源使用行为划分为住宅能源使用和交通能源使用两大类；巴尔（Barr，2005）等则把居民节能行为划分为与习惯相关的节能行为和与购买相关的节能行为两大类[⑦]，其中与习惯相关的节能行为是指居民在日常生活中，通过改变能源消费习惯减少能源耗费量来实现节约

---

① Chan, K., Mass Communication and Pro-environmental Behaviour: Waste Recycling in Hong Kong. *Journal of Environmental Management*, Vol. 52, No. 4, 1998, pp. 317–325.

② 曲英：《城市居民生活垃圾源头分类行为研究》，大连理工大学博士学位论文，2007年。

③ 孙岩、武春友：《环境行为理论研究评述》，载于《科研管理》2007年第28卷第3期，第108–113页。

④ 芈凌云：《城市居民低碳化能源消费行为及政策引导研究》，中国矿业大学博士学位论文，2011年。

⑤ 郭琪：《公众节能行为的经济分析及政策引导研究》，山东大学博士学位论文，2007年。

⑥ Lindén, A. L., Carlsson-Kanyama, A., Eriksson, B., Efficient and Inefficient Aspects of Residential Energy Behaviour: What are the Policy Instruments for Change. *Energy Policy*, Vol. 34, No. 14, 2006, pp. 1918–1927.

⑦ Barr, S., Gilg, A. W., Ford, N., The Household Energy Gap: Examining the Divide Between Habitual-and Purchase-related Conservation Behaviours. *Energy Policy*, Vol. 33, No. 11, 2005, pp. 1425–1444.

能源目的的行为。本章借鉴了巴尔的研究，将通过改变习惯减少能源耗费量的行为界定为削减型节能行为，如离开房间随手关灯及关闭待机电源等日常行为，这些行为与日常习惯以及个体的生活方式息息相关，在这里将此类行为界定为削减型节能行为；另一类是与投资或购买相关的行为，一般与能效改进相关，是指居民通过资金的投入获取能效高的产品或者设施的改良来达到节能目的，最终达到用能量以及用能方式的改变。这里将该行为界定为投资型节能行为，如购买家电产品时选择能效高的产品等。本章涉及的家庭能源消费行为指居民住宅内的耗能行为，包括了炊事耗能、电器耗能、取暖耗能等行为，以及通过投资改变能效的行为，但没将交通工具用能涵盖在内（后面两章将针对家庭交通出行用能行为及新能源汽车消费问题进行研究）。

5.3.1.6　用能习惯

居民节能行为（特别是家庭节能行为）往往是基于原有的能源消费行为习惯产生的。过去能源消费习惯会对居民节能行为实施产生影响，习惯在居民的环境行为中扮演着至关重要的角色，因此这里引入"习惯"因素，探讨其对家庭节能行为的影响。通过文献检索发现环境行为研究领域中对于习惯影响的实证研究相对缺乏。实际上，能源消费行为在很大程度上是习惯影响的，在日常生活中，城镇居民会在反复购买耗能产品以及消耗能源过程中逐渐形成自己的行为习惯。

借鉴前人在环境行为领域对习惯因素影响效果的相关研究成果，结合人际行为理论，将"习惯"纳入我国城镇居民家庭节能行为的研究中来，将影响居民家庭节能行为的习惯因素界定为"用能习惯"，由于习惯有好坏之分，因此需要选择其一并作出清晰界定。在这里将其界定为我国城镇居民在相对稳定的家庭能源消费环境下，经过长时间养成的、具备较大改进空间的能源消费行为习惯。因此，本章所指的习惯是指居民具有的不良能源使用习惯，对于"用能习惯"的测量主要从居民维持现有生活方式和习惯的意愿强度以及对便利性和舒适度的维持等方面展开。

5.3.2　研究模型及研究假设

5.3.2.1　研究模型

借鉴前人关于环境行为特别是节能行为的研究成果，结合我国城镇居民家庭节能行为的实际，在计划行为理论中加入"用能习惯"变量，即基于扩展的计划行为理论框架构建本研究模型，如图 5 - 3 所示。

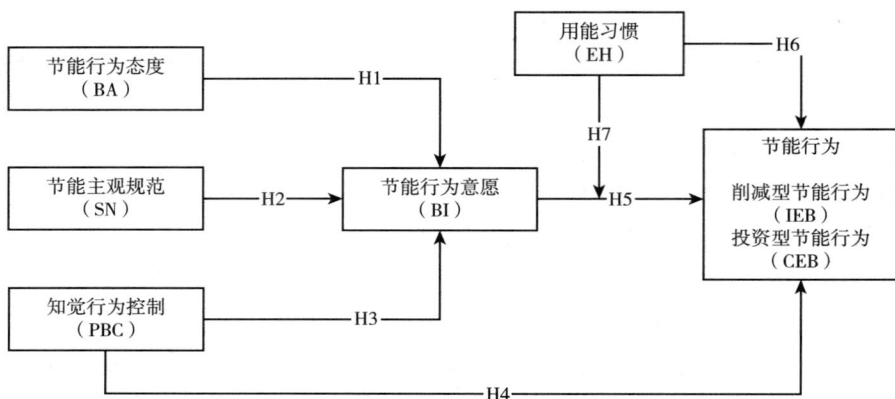

图 5 – 3　研究模型

5.3.2.2　研究假设

计划行为理论指出，行为主体的行为态度越积极，其行为意愿越强；行为主体的主观规范越强，其行为意愿也越强。基于计划行为理论以上阐释，提出如下假设：

H1：城镇居民家庭节能行为态度对居民家庭节能行为意愿有显著正向影响。

H2：城镇居民家庭节能主观规范对居民家庭节能行为意愿有显著正向影响。

关于知觉行为控制对行为意愿的影响，前人研究指出，行为主体的知觉行为控制越强或者说主体感知到的行为控制力越高，则行为意愿越强。另外，真实的行为控制感知还可以直接作用于行为。基于此提出如下假设：

H3：城镇居民家庭节能知觉行为控制对居民家庭节能行为意愿有显著正向影响。

H4：城镇居民家庭节能知觉行为控制对居民家庭节能行为有显著正向影响。

H4a：城镇居民家庭节能知觉行为控制对居民家庭削减型节能行为有显著正向影响。

H4b：城镇居民家庭节能知觉行为控制对居民家庭投资型节能行为有显著正向影响。

在心理学领域，行为意愿影响行为实施的路径获得公认，这一路径也同样体现在计划行为理论中行为意愿和实际行为间存在着高度的相关性。因此提出如下假设：

H5：城镇居民家庭节能行为意愿对居民家庭节能行为有显著正向影响。

H5a：城镇居民家庭节能行为意愿对居民家庭削减型节能行为有显著正向影响。

H5b：城镇居民家庭节能行为意愿对居民家庭投资型节能行为有显著正向影响。

刘宇伟在关于家庭节能行为的研究中提出，习惯与理性意图对居民节能行为的影响有互补关系[①]。节能习惯越强，则习惯因素对住户节能行为的作用越强；反之，理性意图对行为的影响越强。人际行为理论也指出，习惯因素与行为意愿交互预测主体的行为。具体而言，当某一特定行为的习惯强度越高时，行为意愿对行为的预测力将越低。基于前人对习惯因素的相关研究结论，结合实际提出如下假设：

H6：城镇居民家庭用能习惯对居民家庭节能行为有显著反向影响。

H6a：城镇居民家庭用能习惯对居民家庭削减型节能行为有显著反向影响。

H6b：城镇居民家庭用能习惯对居民家庭投资型节能行为有显著反向影响。

H7：城镇居民家庭节能行为意愿与居民家庭节能行为的关系受到用能习惯的反向调节作用。

H7a：城镇居民家庭节能行为意愿与居民家庭削减型节能行为的关系受用能习惯的反向调节作用。

H7b：城镇居民家庭节能行为意愿与居民家庭投资型节能行为的关系受用能习惯的反向调节作用。

5.4 量表设计与问卷发放

5.4.1 研究量表的开发

通过对国内外节能行为相关文献资料的整理和总结，结合对专家以及城镇居民的初步访谈，设计了本研究的测量量表。本研究量表开发中主要的参

---

① 刘宇伟：《消费者家庭节能行为的综合模型》，载于《社会科学战线》，2009 年第 12 期，第 56 - 62 页。

考文献如表 5 – 1 所示。

表 5 – 1 量表开发

研究变量	参考量表
节能行为态度	施瓦茨（Schwartz，1977）；斯特恩（Stern，1999）等
节能主观规范	斯特恩（Stern，1999）；诺德隆德（Nordlund，2003）等；卡斯特罗诺瓦（Castronova，2004）
知觉行为控制	佩鲁吉尼（Perugini，2001）等；阿耶兹（Ajzen，2002）
用能习惯	芈凌云（2011）
节能行为意愿	陈（Chan，2001）
节能行为	林登（Lindén，2003）；陈利顺（2009）

虽然本研究涉及的变量在国外研究文献中多有相对成熟的测量量表，但是由于不同国家居民的居住条件、生活方式不同，造成用能行为及其中的影响因素差异巨大，因此本研究设计测量量表时考虑到了这种差异，尽量使得研究量表贴近中国现实。

5.4.2 预测试

针对量表的开发及问卷的设计，研究者对相关领域的专家进行了咨询并选择部分城镇居民做了访谈调查，在听取专家及被调查者的意见后，修正了测量问题中的用词不当和编排不当的地方，以确保量表的合理性。在编制完成调查问卷之后，对量表进行预测试。预测试问卷采用滚雪球的方法收集有效样本数据。此次预调查全部发放纸质问卷，共发放纸质问卷 150 份，回收 129 份，经过检查剔除缺失严重的问卷 9 份，共收集 120 份有效问卷。

对预测试收集的数据进行信度分析结果表明，各个变量的 Cronbach – α 系数均高于 0.6，均在可以接受范围之内。当然，仍然根据专家和一些被试者的反馈，对预测试问卷中部分测量语句及表达进行了修正。

5.4.3 正式问卷调查

通过对量表的预测试发现，各量表信度较好，在此基础上形成最终正式问卷。正式的问卷调查采用便利抽样和滚雪球的方法。便利抽样的方法就是选定城镇居民区，在居民区附近找到样本群体。滚雪球的方法就是通过朋友、熟人不断进行转推荐符合条件的样本进行数据收集。基于网络沟通的方便性，本次正式调查除了发放纸质问卷外也采用了网络方式收集问卷，纸质问卷和网络问卷共发放 350 份，回收 345 份。其中，网络问卷回收 200 份，无效问卷 4 份；纸质问卷回收 150 份，无效问卷 1 份。最终有效问卷共 345 份。

在 345 位被调查对象中，男性被调查者为 158 位，占样本数量的 45.8%，女性被调查者为 187 位，占样本数量的 54.2%。在年龄上，被调查者年龄在 17 岁以下的仅占 0.6%，年龄在 60 岁以上的仅占 1.2%，年龄在 18～59 岁的被调查者占大多数，比例为 98.2%。在学历上，被调查者大多为高中及以上学历，所占比例为 91.6%。

5.5　数　据　分　析

5.5.1　正式量表的信度和效度分析

在进行正式调查之前，通过预测试对量表进行了修正并最终形成正式问卷。在正式调查收集问卷之后，对实测数据进行信度分析。采用 SPSS 软件进行数据的信度分析，结果表明削减型节能行为、投资型节能行为、节能行为意愿、节能行为态度、节能主观规范、知觉行为控制、用能习惯的 Cronbach－α 系数分别是 0.824、0.863、0.906、0.875、0.758、0.895、0.886 均高于 0.7，说明各分量表的信度较高，各分量表测项内部一致性较好。

本章研究中效度分析采用的是因子分析法。一般而言，因子分析是对原始变量进行综合评价，并分析变量之间的关系从中提炼主因子的一种方法。实际操作中首先通过测量 KMO（Kaiser-Meeyer-Olkin 检验）来判断数据是否适合做因子分析，同时在做因子分析时也综合分析了各因子载荷和解释程度百分比。因子分析结果表明总体 KMO 值为 0.922，并且 Bartlett 球形检验结果也拒绝了原假设。各因子的 KMO 值及解释程度结果分别是：削减型节能行为的 KMO 值为 0.788，解释程度 65.503%；投资型节能行为的 KMO 值为 0.733，解释程度 78.943%；节能行为意愿的 KMO 值为 0.881，解释程度 68.177%；节能行为态度的 KMO 值为 0.895，解释程度 57.171%；节能主观规范的 KMO 值为 0.766，解释程度 58.050%；知觉行为控制的 KMO 值为 0.890，解释程度 65.795%；用能习惯的 KMO 值为 0.744，解释程度

81.400%。以上结果表明，KMO 值均在 0.70 以上，解释程度在 50% 以上，所以内部效度较好。

5.5.2　相关分析

相关分析反映控制一个变量取值后，另外一个变量的变异程度，它所描述的是变量之间关系的紧密程度。相关分析可以对两变量之间的假设关系进行初步检验。一般而言，研究中存在假设关系的两变量之间应有较高的相关性，且相关系数是通过检验的。通过 SPSS 软件对正式量表收集的数据进行相关分析，结果如表 5 - 2 所示。

表 5 - 2　　　　　　　　　　　相关分析

变量	YY	TD	GF	KZ	XG	XJ	TZ
YY	1						
TD	0.463 **	1					
GF	0.338 **	0.333 **	1				
KZ	0.437 **	0.372 **	0.303 **	1			
XG	- 0.584 **	- 0.343 **	- 0.276 **	- 0.388 **	1		
XJ	0.620 **	0.366 **	0.289 **	0.388 **	- 0.816 **	1	
TZ	0.486 **	0.288 **	0.285 **	0.539 **	- 0.434 **	0.532 **	1

注：** 表示在 0.01 水平（双侧）上显著相关。YY 表示节能行为意愿，TD 表示节能行为态度，GF 表示节能主观规范，KZ 表示知觉行为控制，XG 表示用能习惯，XJ 表示削减型节能行为，TZ 表示投资型节能行为。

从表 5 - 2 相关分析结果可以看出，节能行为态度、节能主观规范、知觉行为控制与居民节能行为意愿之间均存在正相关关系，且在显著性水平 0.01 下显著；节能行为意愿、知觉行为控制与削减型节能行为以及投资型节能行为均存在正相关关系；用能习惯与削减型节能行为以及投资型节能行为之间均存在负相关关系，且显著性水平在 0.01 下显著。

5.5.3　回归分析

为了进一步探究变量之间的关系，对收集的数据进行回归分析：第一部分以节能行为意愿为因变量，以节能行为态度、节能主观规范、知觉行为控制为自变量进行多元线性回归分析。第二部分分别以削减型节能行为和投资型节能行为为因变量,以知觉行为控制、节能行为意愿、用能习惯为自变量,进行多元线性回归分析。采用逐步回归的方法,先计算各自变量对因变量的贡献,贡献最大的最先进入回归方程,之后重算自变量对因变量的贡献。同时观察方程中变量是否显著,如果方程不显著则将变量剔除,重新计算新变量的贡献度,直至没有变量剔除为止。

第一部分,分析节能行为态度、节能主观规范、知觉行为控制与节能行为意愿的关系。结果表明:自变量容忍度的值接近1,自变量间不存在共线性。以节能行为意愿为因变量的回归模型中,回归模型 F 的检验值 52. 379,回归模型 R^2 为 0. 715,P 值为 0. 000 < 0. 05,整个模型是显著的。节能行为态度、知觉行为控制、节能主观规范都进入回归模型中,t 检验的结果显著性分别为 0. 000、0. 002、0. 000,表明回归系数是具有统计意义的。分析标准化系数水平发现,节能行为态度、知觉行为控制、节能主观规范的标准化系数分别为 0. 343、0. 254、0. 189。根据回归分析结果的数学意义,变量间关系可以表示为:节能行为意愿 = 0. 343 × 节能行为态度 + 0. 254 × 知觉行为控制 + 0. 189 × 节能主观规范 + 1. 243。分析结果表明,当城镇居民的节能行为态度越积极、知觉行为控制程度越高、节能主观规范越强时,居民的家庭节能行为意愿越强。综上所述,本章研究假设 H1,H2,H3 得到验证。

第二部分,分析节能行为意愿、用能习惯、知觉行为控制三个变量分别对削减型节能行为和投资型节能行为的影响。仍采用逐步回归的方法,结果表明:自变量容忍度的值接近1,自变量间不存在严重共线性问题。以削减型节能行为为因变量的回归模型中,回归模型 F 的检验值为 685. 420,回归调整后的 R^2 为 0. 698,P 值为 0. 000 < 0. 05,整个模型是显著的。知觉行为控制、节能行为意愿、用能习惯三个变量中用能习惯和节能行为意愿两个变量进入回归模型中,知觉行为控制变量未进入回归模型。t 检验的结果显著性均为 0. 000,表明回归系数是具有统计意义的。从标准化系数可以发现,用能习惯、节能行为意愿的标准化系数分别是 -0. 493 和 0. 224。其中用能习惯系数为负值,说明不良用能习惯与削减型节能行为存在负相关关系;节能行为意愿系数为正值,说明节能行为意愿与削减型节能行为存在正相关关系。用能习惯对削减型节能行为的影响程度大于节能行为意愿对削减型节能行为的影响程度。根据回归分析结果的数学意义,可以表示为:削减型节能行为 = -0. 493 × 用能习惯 + 0. 244 × 节能行为意愿 + 4. 175。结果表明,当居民节能行为意愿越强、已有的不良用能习惯水平越低时,居民会在更大的程度上实施削减型节能行为,且习惯的影响系数很大。综上所述,本章研究假设

H4a 未得到验证，假设 H5a、H6a 得到验证。

采用同样的方法对投资型节能行为进行回归分析，结果表明自变量间不存在严重共线性。以投资型节能行为为因变量的回归模型中，回归模型 F 的检验值 70.592，回归模型 R^2 为 0.783，P 值为 0.000 < 0.05，整个模型是显著的。知觉行为控制、节能行为意愿、用能习惯三个变量全部进入回归模型中，t 检验的结果显著性分别为 0.000、0.000、0.005，表明回归系数是具有统计意义的。知觉行为控制、节能行为意愿、用能习惯的标准化系数分别是 0.447、0.296、−0.124，其中用能习惯系数为负值，说明不良用能习惯与投资型节能行为也同样存在负相关关系。三个变量对投资型节能行为的影响程度大小依次为知觉行为控制、节能行为意愿、用能习惯。根据回归分析结果的数学意义，可以表示为：投资型节能行为 = 0.447 × 知觉行为控制 + 0.296 × 节能行为意愿 − 0.124 × 用能习惯 + 1.371。结果表明，当居民具备的知觉行为控制水平越高、节能行为意愿越强、不良用能习惯水平越低时，居民会在更大程度上实施投资型节能行为。综上所述，本章研究假设 H4b、H5b、H6b 得到验证。

5.5.4　中介效应分析

如果一个变量 X 对另外一个变量 Y 有一定的影响，假设这种影响是通过第三个变量 M 来产生的，则称第三个变量 M 为中介变量。中介变量可以分为两类：一类是完全中介，另一类是部分中介。本研究模型中的中介变量为节能行为意愿，分别对节能行为态度、节能主观规范、知觉行为控制与节能行为之间的中介效应进行检验。结果表明，无论是削减型节能行为还是投资型节能行为，节能行为意愿均起到了部分中介的作用。

5.5.5　调节效应分析

如果一个变量对另一个变量有影响，且两个变量的关系受到第三个变量的影响，第三变量就是调节变量，这第三个变量能起到增强或减弱第一个和第二个变量关系的调节作用。本研究假设提出节能行为意愿对节能行为的影响受到用能习惯的调节作用，交互作用变量为节能行为意愿与用能习惯的乘积，如果交互项的统计结果显著，则表明用能习惯会对节能行为意愿和节能行为关系产生调节作用。采用分层回归进行调节效应分析结果表明，城镇居民家庭节能行为意愿对削减型节能行为的影响受到居民习惯的反向调节作用。模型中 F 的值为 262. 248，P = 0. 000 < 0. 05，具有统计意义，模型中节能行为意愿和用能习惯交互项的显著性水平为 0. 002，在 0. 05 显著性水平下显著。节能行为意愿与用能习惯交互项的回归系数为 − 0. 262，为负数，说明居民不良用能习惯对节能行为意愿与削减型节能行为之间的关系具有反向调节作用，即城镇居民持有的不良用能习惯越强，在一定程度上会减弱节能行为意愿对削减型节能行为的正向影响作用。而用能习惯对节能行为意愿与投资型节能行为关系的调节效应则不显著。模型中交互项的显著性水平为 P = 0. 736，在 0. 05 显著性水平下不显著。

5.6　主要研究结论及管理借鉴

5.6.1　主要研究结论

本章研究假设结果如表 5 − 3 所示。

表 5 − 3　　　　　　　　　假设验证结果汇总

研究假设	研究内容	研究结果
H1	城镇居民家庭节能行为态度对居民家庭节能行为意愿有显著正向影响	证实
H2	城镇居民家庭节能主观规范对居民家庭节能行为意愿有显著正向影响	证实
H3	城镇居民家庭节能知觉行为控制对居民家庭节能行为意愿有显著正向影响	证实
H4	H4a：城镇居民家庭节能知觉行为控制对居民家庭削减型节能行为有显著正向影响	未证实
	H4b：城镇居民家庭节能知觉行为控制对居民家庭投资型节能行为有显著正向影响	证实
H5	H5a：城镇居民家庭节能行为意愿对居民家庭削减型节能行为有显著正向影响	证实
	H5b：城镇居民家庭节能行为意愿对居民家庭投资型节能行为有显著正向影响	证实
H6	H6a：城镇居民家庭用能习惯对居民家庭削减型节能行为有显著反向影响	证实
	H6b：城镇居民家庭用能习惯对居民家庭投资型节能行为有显著反向影响	证实
H7	H7a：城镇居民家庭节能行为意愿与居民家庭削减型节能行为的影响关系受到用能习惯的反向调节作用	证实
	H7b：城镇居民家庭节能行为意愿与居民家庭投资型节能行为的影响关系受到用能习惯的反向调节作用	未证实

由表 5 - 3 可知假设 H4a、假设 H7b 未得到验证，结合实际进一步分析，可能的解释如下：

假设 H4a 提出城镇居民节能知觉行为控制对居民削减型节能行为具有显著正向影响。削减型节能行为是指日常生活中居民在家庭中重复发生的使用耗能产品、消费能源时有意识地控制自己的行为从而达到节约能源目的的行为；知觉行为控制指居民对实施家庭节能行为的自我能力以及外部控制的感知。

H4a 没有得到解释的原因可能是由于削减型节能行为本身具有比较烦琐、重复性较强且一般实施相对比较简单等特性，从而使得个体削减型节能行为一般不会受到其感知到的自我能力以及外部条件控制的影响，而更多是由其是否具有实施的意愿来决定。从现实来看，居民是否做到随手关灯、随手关闭待机电源等类似的节约行为不会对实施者的能力及外部条件提出很大要求，即知觉行为控制的影响相对不大。

假设 H7b 提出，城镇居民家庭节能行为意愿与投资型节能行为的关系受到习惯的反向调节作用。居民用能习惯是指我国城镇居民在相对稳定的家庭能源消费环境下，经过长时间养成的、具备很大改进空间的不良能源消费行为习惯。本章研究对用能习惯测量时主要考察了与节能相比而言，居民对家庭舒适度和方便性的追求程度以及居民对原有生活方式和购买方式的忠诚度。结合实际来看，随着互联网时代的到来，信息传播速度加快，居民对原来投资购买习惯的忠诚度水平逐渐降低。可以推知，如果城镇居民具备较强的节能行为意愿，愿意进行家庭能源效率提升的投资或购买时，他们能相对容易地改变原有的行为习惯，因此原有的不良习惯不能够有效削弱节能意愿与节能行为间的关系。这样可以在一定程度上解释 H7b 未被得到验证的原因，即不良习惯对城镇居民节能行为意愿与投资型节能行为的关系的调节效应不显著。

5.6.2　管理借鉴

西方国家对居民家庭节能行为进行干预的社会实践开展得比较早，相关实践也证明了政府及相关部门或组织可以通过开展社会营销来引导居民树立家庭节能理念，同时也能在培养居民良好家庭节能行为习惯等方面起着积极的促进作用。基于此，我国政府及相关部门应把居民家庭节能行为作为促进国家节能减排的重要组成部分，重视和加强对居民家庭节能行为的引导和干预。具体措施如下：

5.6.2.1 加强城镇居民家庭节能行为宣传和教育

本章研究发现，城镇居民家庭节能行为意愿对削减型节能行为以及投资型节能行为均有正向影响，城镇居民家庭节能行为意愿在节能行为态度、知觉行为控制、节能主观规范与节能行为之间起中介作用。因此，推动城镇居民家庭节能行为实施的一条可行思路是发挥居民节能行为意愿的中介和桥梁作用，通过提高城镇居民的节能行为态度、知觉行为控制和节能主观规范来提高节能行为意愿。这样能达到将居民家庭节能行为推广由政府推动转变为政府倡导、城镇居民拉动的良性体系。

本章通过借鉴前人相关研究结论以及通过初步访谈将"节能关注度"和"环境价值观"作为测量城镇居民节能行为态度的两个主要方面。基于此，为了提升居民家庭节能态度，政府及相关部门应该加强对能源短缺、环境污染等社会问题的曝光度，同时加大能源及环境重要性宣传力度。具体做法包括：利用各种渠道宣传目前能源及环境问题的严重性以及能源和环境的重要性，向城镇居民宣传家庭节能行为对能源和环境带来的经济效益和社会效益，凸显出家庭节能行为发挥的实际价值，使得家庭节能理念能够深入人心。

节能主观规范是指城镇居民作出家庭节能行为决策时所感知到的与自己相关的个体或群体的压力。本章研究发现，虽然与节能行为态度相比，节能主观规范对节能行为意愿的影响程度较小，但节能主观规范对节能行为意愿有不容忽略的正向影响作用。结合节能主观规范的内在含义，提升节能主观规范具体的措施主要是发挥社会影响作用，借助参照群体来促进居民节能行为。参照群体的范围包括居住小区、工作单位、虚拟社区、相关的社团及政府机构等。

5.6.2.2 加强居民家庭节能行为知识讲解和培训

知觉行为控制是居民对实施家庭节能行为的自我能力以及外部控制的感知，反映出居民对实施家庭节能行为控制感的评判。本章研究发现，居民知觉行为控制不仅影响家庭节能行为意愿，还直接影响节能行为。与居民节能行为意愿以及节能习惯两个因素相比，居民投资型节能行为受知觉行为控制的影响程度最大，基于此我们也应该从提升居民知觉行为控制水平的思路促进家庭节能行为实施。为了提升知觉行为控制，一方面应该提升居民实施节能行为的能力感知，另一方面应该针对居民实施家庭节能行为存在的实际障碍提供应对措施。具体而言，在提升居民实施家庭节能行为的能力感知方面，相关部门应该加强家庭节能行为实施方法和技巧的讲解，如通过开展一些节能研讨会、新闻节目等来进行宣传，而这些宣传信息必须容易理解且能够有效指导家庭节能行为的实施，促使参与人建立起家庭节能能够实施、有效可行的信念。

对企业而言，为了提升居民投资型节能行为的知觉行为控制水平，耗能产品的生产厂家应该重视高能效产品的研发和生产，同时产品的能效标识设计应该简单易懂，产品生产厂家以及销售商应该加强对产品能效细节说明和有效节能的使用方法培训。在具体操作中，生产厂家还可以提供给居民免费试用节能型产品的机会，使居民在实际体验过程中增加其节能知识、强化其节能动机。本章研究发现，居民投资型节能行为受到知觉行为控制影响程度很大，因此降低居民实施家庭节能行为的障碍非常重要。

5.6.2.3　有效改变城镇居民已有的不良家庭能源消费习惯

本章研究中将用能习惯界定为：我国城镇居民在相对稳定的家庭能源消费环境下，经过相对长时间养成的、具备改进空间的不良能源消费行为习惯。研究结果发现，居民家庭用能习惯对削减型节能行为和投资型节能行为均具有反向影响作用，其中用能习惯对削减型节能行为的影响程度最大，甚至在一定程度上高于节能行为意愿对居民削减型节能行为的影响，这意味着居民家庭内通过降低能源耗费量实现节能目的的行为在很大程度上受到自身原有能源使用习惯的影响。同时，研究也证实了用能习惯对居民节能行为意愿与削减型节能行为的关系具有反向调节作用，这说明居民具有的不利于家庭节能行为实施的用能习惯，会在一定程度上减弱节能行为意愿对削减型节能行为的影响作用。

用能习惯反映了居民在相对较长时间以来形成的有待提升的能源消费行为惯性，前人研究发现新习惯的养成需要较长时间有意识地行为培养及改变过程，个体需要将目前的行为与原有的行为习惯割断从而将注意力聚集在当下行为，进而形成新的行为习惯。西方国家家庭节能行为引导实践也证明，要促进居民家庭节能行为实施，仅靠宣传与培训是远远不够的，宣传和培训往往在短期内提高居民家庭节能行为水平有效，然而在长期内保持这种节能行为，往往更需要对居民原有不良用能行为习惯的改变。

而习惯的改变并非易事，习惯改变是一个看上去轻松实际上困难的难题，当然这并不是说习惯完全无法改变。提供城镇居民家庭节能行为实施情况及节能现状的反馈信息，可以加强居民能源节约行为习惯的培养。需要再次强调在反馈内容上，除了为居民提供家庭能源消费实时数据外，还应提供当前家庭耗能情况与节能目标比较结果；在反馈形式上，应该以量化的金钱节约和量化的环境效益表现出来才能达到更好的效果。同时，在当前时代背景下，应该充分利用新兴技术对家庭能源消费进行跟踪监测与反馈，从而不断固化家庭用能的良好行为，直至形成新的习惯。

第 6 章

基于环境行为视角的私家车
驾驶者节能驾驶行为分析

　　家庭耗能包括的范畴除了住宅内用能外，交通出行也是耗能的一个重要方面。鉴于此，本章对私家车车主节能驾驶行为进行了研究。改革开放以来，我国汽车产业政策和对外贸易发生了重大的变革和发展。在汽车产业政策方面，为尽快把我国汽车工业建成国民经济的支柱产业，我国于 1994 年出台了《汽车工业产业政策》，实施多项措施大力发展汽车业，支持个人购买私家车。随着中国经济快速发展，居民收入增加，中国城镇家庭拥有私家车的数量增长迅速。

　　近些年我国民用汽车生产量呈现逐年上升的趋势。私家车给人们的生活带来了极大便利，但也产生了能源短缺、环境污染、交通堵塞等诸多社会问题。自 2014 年起中国已经有多个城市实施汽车限购，以缓解上述问题，限购政策是为了治理汽车使用带来的不良后果不得已而为之的政策。我国石油资源并不丰富，快速发展的城市家庭汽车使用带来的能源压力不容忽视。根据中国石油集团经济技术研究院发布《2018 年国内外油气行业发展报告》称，2018 年我国石油表观消费首破 6 亿吨，达到 6.25 亿吨，同比增长 0.41 亿吨，增速为 7%。国内汽车原油的消费趋势与我国汽车生产量增长趋势大体是一致的，汽车将可能消耗一半以上的原油。

　　同时，中国城市布局不同于美国等发达国家，由于我国人口众多，随着城镇化的加快，城市人口居住聚集度极高，污染物很不容易扩散，汽车尾气排放的污染物是造成一些城市空气质量恶劣的重要因素。近些年我国多个大城市和部分地区，如北京、上海、武汉、南京出现大范围的空气污染问题，部分地区甚至出现了一年长达 200 多天的雾霾及灰霾天气，空气污染已经成为中国人心中的痛。根据国家环境保护部（现生态环境部）公布的《2017 年中国机动车污染防治年报》① 显示，我国已连续八年成为世界机动车产销第一大国，机动车尾气污染已成为我国空气污染的重要来源，是造成细颗粒物、光化学烟雾污染的重要原因，污染防治的紧迫性凸显。

能源是人类社会发展的重要基础，良好的环境是人类赖以生存的必要条件，能源的合理使用和环境质量关系到国家经济发展和人民生活质量水平。节约能源、合理使用能源、保护环境是我国可持续发展的必由之路。我国私家车以惊人速度增长，许多不熟练的驾驶者急加速、频换挡、猛踩油门等不节能驾驶现象比比皆是。汽车驾驶者在驾驶操作中注意细节，尽量保持均速、缓加速、慢减速是能够减少燃料消耗的。国外多年的节能驾驶计划研究表明，驾驶者如果采取平稳的驾驶风格，驾驶过程中注重节能，能提高汽车能源利用效率，可以平均减少 10% ~ 15% 的能源消耗②。同时，节能驾驶能减少碳排放，减轻对空气的污染，降低个人驾驶成本，产生有形的安全利益，减少交通事故的发生。所以，提高私家车驾驶者的节能驾驶意识促进节能驾驶行为，对我国发展资源节能型和环境友好型社会有着重要意义。私家车驾驶者的节能驾驶行为主要受什么因素的影响，相关部门又如何更好地运用这些影响因素来促进驾驶者的节约驾驶行为。本章拟对这些问题进行探讨，以推动私家车驾驶者的节能驾驶行为。

节能驾驶行为是指在安全、正常平稳的行驶路况上，驾驶者在驾驶过程中采取能源有效的驾驶风格和实践。比如，在正常路况上平稳驾驶，较温和地控制速度，不急加速、急减速，较长时间堵车时汽车熄火，等等。从上述具体的节能驾驶行为中我们可知，节能驾驶实质上是一种节约能源、保护环境的亲环境行为。以往国内相关研究文献较少从环境行为角度去探讨节能驾驶行为，本章则是从环境行为视角来探究私家车驾驶者节能驾驶行为的主要影响因素及作用机制。

已有关于汽车节能环保驾驶的相关研究，内容多集中于如何提高汽车制造技术，如何促进消费者购买新能源汽车，如何减少居民的汽车使用量等方面，却忽视了对私家车驾驶者——"人"的节能驾驶行为进行研究。相比于通过提高汽车制造技术节能，驾驶者在使用中调整操作方法进行节能的成本更低。在驾驶操作上注重小细节，也能够在短时间内就能起到节能的效果。积少成多，聚沙成塔，如果每一位驾驶者都能在使用汽车时采用绿色驾驶行为，必然有利于我国节约能源及保护环境。本章研究可以帮助政府和环保相

---

① 中国环保督查专栏：《2017 年中国机动车污染防治年报》，2017 年 6 月 6 日。

② Andoa, R., Nishihori, Y., A Study on Factors Affecting the Effective Eco-driving. *Procedia-Social and Behavioral Sciences*, Vol. 54, 2012, pp. 27 – 36.

关部门更好地理解及推动节能驾驶行为；同时为相关部门提高驾驶者节能意识，促进节能驾驶行为提供实践指导。

本章研究也具有一定的理论意义，主要体现在可以丰富环境行为相关研究及拓宽节能驾驶行为的研究视角。国外学者对节能驾驶行为的已有研究多集中于具体干预措施层面，如开展节能驾驶计划、节能驾驶线上与线下教育、安装节能驾驶系统反馈设备、建立节能驾驶虚拟社区等，但对于节能驾驶行为的影响因素及机制探讨不够；国内相关研究则聚焦于节能驾驶具体操作方面的探讨。节能驾驶也是一种节约能源、减少污染排放的能源消费行为和环境保护行为。因此，本章借鉴前人相关研究成果，运用实证研究方法探究私家车驾驶者节能驾驶行为的主要影响因素及作用机制，丰富了国内对节能驾驶行为和环境行为的研究。

6.1 节能驾驶行为与环境行为的相关研究

节能驾驶又称为"绿色驾驶""生态驾驶"或"环境友好驾驶"。节能驾驶行为是驾驶者在安全良好路况上，采用能源有效、减少能源消耗的驾驶风格和实践①。例如，温和地控制速度、缓慢提速、提前减速、不猛踩刹车、减少不必要的汽车空调使用、定期保养汽车，如检查发动机、保持轮胎标准气压、减少后备车厢物品堆积等均属于节能驾驶行为。

6.1.1 节能驾驶行为的相关研究

节能驾驶在国外并不是一个新概念，这种驾驶模式起源于芬兰。自20世纪80年代以来，欧洲国家已经开始关心驾驶风格对耗燃的影响，并开始实行节能驾驶计划。例如，1999年德国把节能驾驶作为驾驶员驾照考试的一部分，随后出台一系列详细的方针指导教练员如何将节能整合运用到驾驶培训和考试中。类似地，2008年1月荷兰将"新环保驾驶风格"引入B类驾照驾驶员培训和考试制度中。美国则根据不同类型的驾驶者，有针对性地对职业驾驶员、私家车驾驶员、教练员分别设计节能驾驶计划。

---

① Stillwater, T., Kurani, K.S., Goal Setting, Framing, and Anchoring Responses to Ecodriving Feedback. 2012.

　　国外学者对于节能驾驶行为的已有研究多集中于节能驾驶行为具体干预操作方面。例如，穆斯塔法（Mustafa，2012）对马来西亚燃料有效性运动效果进行研究，发现开展运动后驾驶者的节能驾驶知识和实践水平都有所提高①。除了关于具体开展的节能驾驶运动如何操作外，马丁（Martin，2012）研究发现利用互联网信息进行节能驾驶教育，如在网站上提供节能驾驶描述和视频资料对具体的节能驾驶实践有显著改善作用②。澳大利亚的 RACQ 项目对 5 种针对私家车驾驶的节能培训中发现，讨论会和线上学习培训效果最好，线上学习的成本最低③。另外，促使节能驾驶需要相关设备的辅助，节能驾驶项目的核心是提供多种节能驾驶辅助设备和建议。同时，已经开发了可实时提供驾驶信息的管理系统，实现对私家车驾驶者节能情况的考量④。斯蒂尔沃特（Stillwater，2012）则从节能驾驶者与反馈设备交互影响进行研究，结果表明提供一个目标设定或情境化的反馈信息可以更好地激励节能驾驶行为⑤。

　　也有部分学者针对节能驾驶行为的影响因素展开研究。哈维（Harvey，2013）对英国人的汽车燃料节约行为进行研究，发现受访者对出行方式便利性与舒适性的考虑先于对环境问题的考虑，对于驾驶者来说节约时间比节约金钱更为重要；该研究同时也发现驾驶的反馈系统可以激励驾驶者节能驾驶⑥。克里斯蒂亚（Cristea，2012）在法国人遵循节能驾驶实践中关于速度限制和保持均匀速率的意愿研究中发现，驾驶者更愿意遵循速度限制，他的研究同时也发现驾驶者节能驾驶的最大动机是注重道路交通安全，其次是燃料节约和减少排放⑦。卡尼曼（Kaufmann，2012）等基于自愿行为改变理论模型解释

　　① Mustafa, H., Strategic Communication Campaign on Fuel Efficiency: An Assessment of Knowledge and Behaviors among Malaysian Drivers. *Procedia-Social and Behavioral Sciences*, Vol. 49, 2012, pp. 183 – 192.

　　② Martin, E., Chan, N., Shaheen, S., Understanding how Ecodriving Public Education Can Result in Reduced Fuel Use and Greenhouse Gas Emissions ［C］//91st Annual Meeting of the Transportation Research Board, Washington, DC, January. 2012.

　　③ Graves, G., Jeffreys, I., Roth, M., RACQ EcoDrive Research Study: Final Report. Brisbane, Qld., Australia, 2012.

　　④ Ando, R., Nishihori, Y., A Study on Factors Affecting the Effective Eco-driving. *Procedia-Social and Behavioral Sciences*, Vol. 54, 2012, pp. 27 – 36.

　　⑤ Stillwater, T., Kurani, K S., Goal Setting, Framing, and Anchoring Responses to Ecodriving Feedback. 2012.

　　⑥ Harvey, J., Thorpe, N., Fairchild R. Attitudes Towards and Perceptions of Eco-driving and the Role of Feedback Systems. *Ergonomics*, Vol. 56, No. 3, 2013, pp. 507 – 521.

　　⑦ Cristea, M., Paran, F., Delhomme, P., The Role of Motivations for Eco-driving and Social Norms on Behavioural Intentions Regarding Speed Limits and Time Headway. *World Academy of Science*, *Engineering and Technology*, Vol. 6, No. 6, 2012, pp. 1486 – 1491.

了个人节能驾驶意愿的心理影响因素，他们将减少大气污染的节能驾驶行为分为五个阶段来预测意愿的改变，分别是目标选择、行为选择、计划、完成、评价阶段[①]。

从国外已有相关研究文献可知，国外关于节能驾驶行为的研究开展较早，研究内容多集中在对驾驶员节能驾驶的具体干预手段上，如提供节能驾驶的建议，提高节能驾驶技术，开展节能驾驶公众教育运动、培训、支持系统、反馈系统等。关于私家车驾驶者节能驾驶行为影响因素的研究相对较少，尚缺乏从环境行为视角对节能驾驶行为的影响因素（如态度、环境意识等）进行探讨。

由于我国汽车产业起步晚于发达国家，从心理和行为视角对节能驾驶进行的研究相对缺乏，研究内容的侧重点与国外也有所差异，国内部分研究者关注了汽车节能驾驶的具体操作行为。例如，师建海认为驾驶员本身的操作，如选择发动机预热、汽车起动速度、行驶中车速、汽车挡位选择会对汽车油耗产生影响[②]。庄仲达等认为汽车的技术如发动机、汽车质量、汽车传动效率、车本身的情况会影响节能驾驶[③]。针对驾驶操作和汽车保养在具体的策略方面提出了一些建议：师建海认为，要尽量保持经济时速、缓慢减速、提前加速、忌猛加油猛刹车、正确换挡、减少不必要的怠速等；庄仲达认为，要减少空调使用、定期保养发动机、及时整理后备车厢、轻化车重等。

6.1.2 基于环境行为视角的节能驾驶行为影响因素

鉴于中国城镇庞大的私家车拥有量，节能驾驶行为可产生的环境效益及资源节约效益不容小视。从这个意义上看，节能驾驶行为既是一种节约资源的驾驶行为，也是一种保护环境的亲环境行为。本章将从环境行为视角展开对私家车驾驶者节能驾驶行为的研究。从这个视角来分析，影响节能驾驶行为的因素有以下几个方面。

---

① Kaufmann, R., Lauper, E., Fischer, M., et al., What Makes Car Users Adopt an Environmentally Friendly Driving Style? //InterNoise. Institute of Noise Control Engineering, Vol. 12, 2012, pp. 8517 – 8524.

② 师建海：《浅谈汽车驾驶技术与汽车油耗的影响》，载于《中国电子商务》，2011 年第 5 期，第 113 页。

③ 庄仲达、白二朋：《影响汽车油耗的因素及降低油耗的对策》，载于《科协论坛》，2012 年第 3 期，第 61 – 62 页。

6.1.2.1 环境态度

行为学上的研究早已证实态度是预测行为意愿及行为的重要因素，在关于环境行为的研究中，大部分研究者把环境态度视为环境行为最重要的影响因素，多数研究结果也证实积极的环境态度对亲环境行为具有显著正向影响。

海因斯（Hines，1987）等把环境态度分为"一般环境态度"和"具体特定环境态度"。一般环境态度是个体对抽象环境及环境问题的态度；特定环境态度是对特定环境行为的态度，如对垃圾分类、绿色购买、节约用水、低碳出行的态度等。海因斯进一步研究发现，一般环境态度和具体特定环境态度都与环境行为相关，且特定环境态度对特定环境行为的预测能力更强[1]。坦纳尔（Tanner，2003）、盖特·斯莱本（Gatersleben，2002）的研究结论也都支持了"特定环境态度能够有效地预测特定环境行为"这一观点[2][3]。本章将具体研究节能驾驶态度对节能驾驶行为的影响。

6.1.2.2 环境知识

在本书前面的章节也多次提到了环境知识的概念，关于环境知识对个体环境态度和行为的影响研究，海因斯（Hines，1986）提出的负责任环境行为模型最具代表性，他运用元分析方法对128篇文献进行分析，得出居民的环境行为受环境知识的影响、环境知识与环境行为正相关的结论。国内学者的相关研究也同样佐证了海因斯的观点。孙岩研究发现环境知识对四类环境行为（消费行为、生态管理、公民行为、说服行为）都具有显著正向影响[4]。王建明在对循环行为的研究中也发现，环境知识对居民循环行为（一种特定的环境行为）具有显著正向影响[5]。在居民能源消费行为（一种特定的环境行为）研究中，陈利顺实证研究表明，居民的能源知识可以预测居民的能源消费行为[6]。

---

① Hines, J. M., Hungerford, H. R., Tomera, A. N., Analysis and Synthesis of Research on Responsible Environmental Behavior: A Meta-Analysis. *Journal of Environmental Education*, Vol. 18, No. 2, 1987, pp. 1 − 8.

② Tanner, C., Wölfing, K. S., Promoting Sustainable Consumption: Determinants of Green Purchases by Swiss Consumers. *Psychology & Marketing*, Vol. 20, No. 10, 2003, pp. 883 − 902.

③ Gatersleben, B., Steg, L., Vlek, C., Measurement and Determinants of Environmentally Significant Consumer Behavior. *Environment and Behavior*, Vol. 34, No. 3, 2002, pp. 335 − 362.

④ 孙岩：《居民环境行为及其影响因素研究》，大连理工大学博士学位论文，2006年。

⑤ 王建明：《消费者为什么选择循环行为——城市消费者循环行为影响因素的实证研究》，载于《中国工业经济》，2007年第10期，第95 − 102页。

⑥ 陈利顺：《城市居民能源消费行为研究》，大连理工大学博士学位论文，2009年。

大部分文献的研究结论支持环境知识对环境行为有显著影响，部分研究认为环境知识对环境行为具有直接影响。还有部分研究认为环境态度在环境知识和环境行为关系中起到中介作用。环境知识可以通过环境态度间接影响环境行为。陈（Chan，2001）对广州、北京两地共 500 多名被试者进行绿色购买行为研究，结果发现环境知识会通过绿色购买态度来显著正向影响消费者的绿色购买行为①。

从以上研究结论可以发现，环境知识对环境行为的影响较为复杂，对于私家车驾驶者节能驾驶行为的研究，有必要对不同环境知识进行分类，并结合特定的实际情况来研究"知识"这一要素对节能驾驶态度和节能驾驶行为的影响。

6.1.2.3 感知经济利益

在环境行为研究中已经发现对成本和收益的考虑影响着环境行为的实施。埃克（Ek，2008）对瑞典居民采用绿色电力行为（一种具体的环境行为）进行研究发现，是否获得更多经济利益决定着家庭是否愿意转向绿色电力②。达比（Darby，1999）研究发现英国居民节约能源的消费行为受成本节约和环境关注的动机驱使③。斯特恩（Stern，2000）研究认为，环境行为的报酬越高、感知行为的经济利益越多时，行为意愿越容易转化成环境行为④。陈利顺对居民能源消费行为的研究发现节约的资金越多，持低碳能源消费意愿的居民越可能实施低碳消费行为⑤。

结合以上相关研究，包括节能在内的诸多亲环境行为是受到了金钱节约动机的驱使。因此，我们同样认为私家车驾驶者的节能驾驶行为也会受到感知经济利益节约的影响。

6.1.2.4 行为习惯

人们有时实施环境行为常常是出于习惯驱动，在进行相关行为时并未进行认真思考。巴克曼（Barkmann，1999）等认为，某些日常的亲环境行为如

---

① Chan, R. Y. K., Determinants of Chinese Consumers' Green Purchase Behavior. *Psychology & Marketing*, Vol. 18, No. 4, 2001, pp. 389 – 413.

② Ek, K., Söderholm, P., Norms and Economic Motivation in the Swedish Green Electricity Market. *Ecological Economics*, Vol. 68, No. 1, 2008, pp. 169 – 182.

③ Darby, S., Energy Advice-What is it Worth. Proceedings, European Council for an Energy-Efficient Economy Summer Study, paper III, Vol. 5, 1999, pp. 3 – 05.

④ Stern, P. C., Towards a Coherent Theory of Environmentally Significant Behavior. *Journal of Social Issues*, Vol. 56, No. 3, 2000, pp. 407 – 424.

⑤ 陈利顺：《城市居民能源消费行为研究》，大连理工大学博士学位论文，2009 年。

减少废物并不需要环境知识和认真思考，它是长期习惯形成的结果①。习惯在居民环境行为中起着至关重要的作用，它能够用来解释许多行为模型中无法说明的部分，可以让我们理解可持续消费行为的形成过程。在已有研究中已经发现习惯强度会影响消费者的亲环境行为，如减少汽车使用②。前文已经谈及，人际行为理论认为某一特定行为的习惯强度越强，行为则更少由意识指导，而是更多受习惯力量的影响。班贝格（Bamberg，1999）等对不同国家交通模式的选择进行研究，结果表明用人际行为理论比效用理论和道德理论更能解释习惯性出行方式或旅行模式③。针对习惯强度的不同层次和不同情境，寻求对包括节能在内的亲环境行为习惯化、日常化方法，也引起了该领域研究者和政策制定者的浓厚兴趣④⑤。

汽车驾驶中，常涉及个人行为操作习惯，然而现有节能驾驶行为研究较少考虑习惯的影响。所以，本章在研究私家车驾驶者节能驾驶行为时，将节能驾驶习惯的强度考虑在内。

6.2　相关的基础理论

从环境行为视角探讨我国城镇私家车驾驶者节能驾驶行为的影响因素及机制，主要借鉴了环境行为研究领域的新生态范式理论和负责任的环境行为模型理论，也参考了人际行为理论中对于习惯因素的阐释。

6.2.1　新生态范式理论

斯特恩（Stern，1994）等认为新生态范式在内涵上与生态价值观类似，

---

① Barkmann, J, . Bögeholz, S. , Ecosystem Assessment of Three Peat Land Sites in Northern Germany as an Environmental Education Project//5th auDes Conference On Environmental Education, Zurich, Switzerland. 1999.

② Thogersen, J. , Moller, B. , Breaking Car Use Habits: The Effectiveness of a Free One-month Travelcard. *Transportation*, Vol. 35, No. 3, 2008, pp. 329 – 345.

③ Bamberg, S. , How does Environmental Concern Influence Specific Environmentally Related Behaviors? A New Answer to an Old Question. *Journal of Environmental Psychology*, Vol. 23, No. 1, 2003, pp. 21 – 32.

④ Dahlstrand, U. , Biel, A. , Pro-environmental Habits: Propensity Levels in Behavioral Change. *Journal of Applied Social Psychology*, Vol. 27, No. 7, 1997, pp. 588 – 601.

⑤ Eriksson, L. , Garvill, J. , Nordlund, A. M. , Interrupting Habitual Car Use: The Importance of Car Habit Strength and Moral Motivation for Personal Car Use Reduction. Transportation Research Part F: Traffic Psychology and Behaviour, Vol. 11, No. 1, 2008, pp. 10 – 23.

它是一种内在的认知结构和生态世界观①。新生态范式使人们关注整个自然环境的内在价值，强调人类是自然的有机组成部分。新生态范式理论认为，人类的环境保护行为源于对自然环境关系的信念或环境意识。拥有生态价值观信念或环境意识较高的个人，在作出行为之前往往会考虑对环境的影响，关注整个生态环境的内在价值，因此常常表现出保护环境的行为。反之，当个人环境意识不高，即缺乏生态价值信念时，就往往不太关注自身行为对环境的影响及环境的变化。

新生态范式理论所指的生态价值信念具体包括：地球拥有有限的空间和资源；人类社会并不能无限制增长；自然生态系统的平衡非常脆弱、很容易被破坏；动植物和人类有着同样的生存权；如果人们一直按照目前的样子破坏环境，会遭受严重的环境灾难；人类作为自然界的一部分，需要与自然环境和谐共处，维持生态系统的平衡等。研究过程中，通过对这些问题的测量可以检测个体生态价值信念或环境意识的高低。

6.2.2　负责任的环境行为模型

海因斯（Hines，1987）等学者应用元分析方法，分析整合了100多篇有关环境行为及其影响因素的文献，提出了负责任的环境行为模型②。该模型认为负责任的环境行为不仅受到个人因素（个人态度、控制观、个人责任感）的影响，还受到能力因素（环境问题知识、行动技能、行动战略知识）的影响。负责任的环境行为模型指出，个体在作出负责任的环境行为之前，必须认识到问题的存在，具备把知识转化为行动的能力及运用知识的技能。个人因素、行动技能、行动战略知识、问题知识四个变量通过环境行为意愿间接影响环境行为。行为意愿对负责任的环境行为影响受到外部情境因素（社会压力、个人经济条件等）的调节。根据负责任的环境行为模型，采取措施提高公众环境行为的问题知识、行动技能、行动战略知识，或者改变个人因素中责任感、态度、控制观均可以激励负责任的环境行为，且这种综合视角比单一地依靠鼓励和宣传促进人们保护环境的效果更为突出。

---

① Stern, P. C., Dietz, T., The Value Basis of Environmental Concern. *Journal of Social Issues*, Vol. 50, No. 3, 1994, pp. 65 – 84.

② Hines, J. M., Hungerford, H. R., Tomera, A. N., Analysis and Synthesis of Research on Responsible Environmental Behavior: A Meta-Analysis. *Journal of Environmental Education*, Vol. 18, No. 2, 1987, pp. 1 – 8.

6.2.3　人际行为理论

本书第 5 章已对特里安迪斯（Triandis，1977）的人际行为理论进行了概述。该理论认为，行为受到行为意愿、习惯、外部情境的影响，行为意愿受到态度、情感、社会因素的影响①。人际行为理论认为习惯在影响行为时发挥两个作用：一是在稳定的情境下，行为发生的频率预测着习惯；二是习惯与行为意向交互影响行为，当某一特定行为的习惯强度越高，这种行为较少由意向来决定。相反，当行为习惯强度较低时，行为意向能强有力地预测行为。由于私家车主的日常驾驶是一种高频行为，往往是基于驾驶者的行为习惯与规律而形成驾驶风格。因此，仍考虑将人际行为理论用于本章的研究。

新生态范式理论、负责任的环境行为模型、人际行为理论三大理论所关注的侧重点不同。新生态范式理论在环境行为的研究中侧重强调环境意识的重要性，认为是否采取亲环境行为受到个体的环境信念或意识影响；负责任的环境行为模型侧重于强调除个人影响因素以外的能力和知识因素（环境问题知识、行动知识与技能）对环境行为的影响；而人际行为理论与前两个理论不同之处在于突出习惯因素对环境行为的影响。鉴于中国的现实——庞大的私家车拥有量及高密度的城市人口聚集，城镇居民的节能驾驶行为显然可以视为一种具体特定的亲环境行为。首先，节能驾驶行为和其他特定的环境行为一样会受到个人因素（如意识、态度等）影响。其次，节能驾驶也是一种操作性较强的行为，也受到个人能力因素（如知识与技能）影响。最后，对于私家车驾驶者来说，开车是日常频繁的行为，在驾驶中是否注重节能也会受到习惯的影响。本章借鉴了以上谈及的基础理论框架，从环境行为视角对私家车驾驶者节能驾驶行为的影响因素和影响机制进行实证研究。

6.3　研究模型构建及假设

6.3.1　研究变量的选择与界定

在已有相关研究文献基础上，本章实证研究选取的变量有节能驾驶行为、

---

① Triandis，H. C.，Interpersonal Behavior. Brooks/Cole Pub. Co.，1977.

节能驾驶态度、环境意识、环境问题知识、行动知识与技能、感知经济利益及节能驾驶习惯。

我们将节能驾驶行为界定为在安全和平稳正常路况上，私家车驾驶者采用能源有效、减少能源消耗的驾驶风格和实践①。具体行为表现包括：开车时周密计划行程、有预见性驾驶、尽可能保持汽车经济时速、不急加速急减速、较长时间停车或堵车熄火、保持轮胎标准气压、合理使用汽车空调，等等。

海因斯（Hines，1987）等把环境态度划分为一般环境态度和特定环境态度②。特定的环境态度与阿耶兹（Ajzen，1980）③在计划行为理论中提出的"行为态度"在内涵上是一致的④。因此，节能驾驶态度属于特定的环境态度。本章实证研究涉及两个心理类变量："环境意识"和"节能驾驶态度"。邓拉普（Dunlap，2000）等把环境意识定义为人们对环境问题的关注程度，以及人们对解决环境问题所持有的支持程度或个人愿意为解决环境问题的努力程度。⑤根据邓拉普等的定义，我们把环境意识界定为个体对人与自然关系的基本看法及对环境问题的关心程度，这里的环境意识也是针对一般的环境态度而言的。本研究中节能驾驶态度也是一种特定环境行为态度，借鉴阿耶兹（Ajzen，1991）行为态度是"个人对某项行为持有的正面或负面评价程度"的界定⑥，这里将节能驾驶态度界定为个人对节能驾驶行为的心理倾向，即是赞成还是反对——反映个体对节能驾驶行为正向或负向的评价程度。

鉴于前人对环境知识相关概念的界定及本研究的重心，这里在分析环境知识变量时略去了自然环境知识（个体对自然环境系统的认知）这一概念范畴。本章研究的环境问题知识是指私家车驾驶者对汽车使用所引起环境问题及不良后果的了解与认知；行动知识与技能是指私家车驾驶者对节能驾驶的认知情况及操作技巧的掌握情况。这些概念都是在已有研究文献基础上，结

---

① Stillwater, T. , Kurani, K. S. , Goal Setting, Framing, and Anchoring Responses to Ecodriving Feedback. 2012.

② Hines, J. M. , Hungerford, H. R. , Tomera, A. N. , Analysis and Synthesis of Research on Responsible Environmental Behavior: A Meta-Analysis. *Journal of Environmental Education*, Vol. 18, No. 2, 1987, pp. 1 – 8.

③ Ajzen, I. , Fishbein, M. , Understanding Attitudes and Predicting Social Behaviour. 1980.

④ 孙岩：《居民环境行为及其影响因素研究》，大连理工大学博士学位论文，2006 年。

⑤ Dunlap, R. E. , Van Liere, K. D. , Mertig, A. G. , New Trends in Measuring Environmental Attitudes: Measuring Endorsement of the New Ecological Paradigm: a Revised NEP Scale. *Journal of Social Issues*, Vol. 56, No. 3, 2000, pp. 425 – 442.

⑥ Ajzen, I. , The Theory of Planned Behavior. Organizational Behavior and Human Decision Processes, Vol. 50, No. 2, 1991, pp. 179 – 211.

合"节能驾驶行为"这一具体内容进行的界定。

在经济学上，人常常被认为是理性人，在作出行为决策前会对行为结果进行评估，权衡其利益得失。在环境行为的相关研究中也发现了对经济因素的考量是一个重要内容。斯特恩（Stern，2000）认为，环境行为的报酬越高，行为意愿越容易转化成行为[①]。结合当前全球能源短缺的现状，能源价格呈现上涨的总体趋势，笔者在研究中也与十几名私家车驾驶者进行过访谈，发现这些驾驶者存在节约成本的动机。鉴于此，本研究提出"感知经济利益"这一变量，它是指驾驶者对节能驾驶所带来的金钱和成本节约等经济利益的感知。

习惯是一种行为模式，它依赖于情境，通过行为不断重复而习得。在环境行为的研究中，巴克曼（Barkmann，1999）等认为，某些日常的亲环境行为，实际上并不需要环境知识，它是长期形成习惯的结果[②]。习惯是常规的行为表现，是行为重复、自动化、无意识的而非有意识的结果[③④]。因此一旦行为模式建立且形成习惯，行为更多的是由习惯因素来决定。本章将节能驾驶习惯界定为在相对稳定的交通环境下，驾驶者在驾驶中重复、自动、无意识表现出节约能源驾驶风格的行为模式。

6.3.2　研究模型

本章研究模型如图6-1所示。

（1）根据一般环境意识影响特定行为环境态度的已有研究结论及"态度影响行为"这一心理学领域的基本观点，本章以"意识—态度—行为"为链条，提出"环境意识—节能驾驶态度—节能驾驶行为"这条路径。

（2）借鉴感知经济利益对环境行为态度的正向影响，本章把私家车驾驶者感知节能驾驶的经济利益作为节能驾驶态度的前置变量。

（3）借鉴海因斯（Hines，1986）的负责任环境行为模型中环境问题知

---

① Stern，P. C.，Towards a Coherent Theory of Environmentally Significant Behavior. *Journal of Social Issues*，Vol. 56，No. 3，2000，pp. 407 – 424.

② Barkmann，J.，Bögeholz，S.，Ecosystem Assessment of Three Peat Land Sites in Northern Germany as an Environmental Education Project//5th AuDes Conference on Environmental Education，Zurich，Switzerland. 1999.

③ Ouellette，J. A.，Wood，W.，Habit and Intention in Everyday Life：The Multiple Processes by Which Past Behavior Predicts Future Behavior. *Psychological Bulletin*，Vol. 124，No. 1，1998，pp. 54 – 74.

④ Bargh，J. A.，Chartrand，T. L.，The Unbearable Automaticity of Being. *American Psychologist*，Vol. 54，No. 7，1999，P. 462.

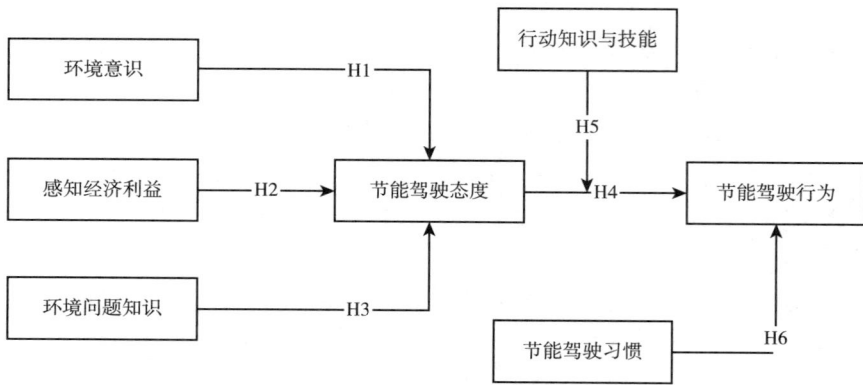

图 6 - 1　研究模型

识、行动知识与技能对负责任环境行为有显著影响的研究结论及相关研究中环境问题知识影响具体行为态度的结论，本章以心理学中"认知—态度—行为"的基础架构为链条，将环境问题知识作为节能驾驶态度的前置变量，并研究节能驾驶行动知识与技能对节能驾驶态度和节能驾驶行为关系的调节作用。

（4）借鉴人际行为理论，行为受到习惯的影响，某一特定行为意愿与这种行为间的关系受到习惯影响，当私家车驾驶者越表现出重复、自觉的节能驾驶习惯时，他的节能驾驶行为水平就会越高。反之，节能驾驶行为水平越低。

6.3.3　研究假设的提出

环境意识是居民对人与自然关系的信念及对环境问题的关心程度，节能驾驶态度是指驾驶者对节能驾驶行为的心理评判倾向，是特定具体的环境行为态度。另外，抽象的环境意识也会影响到具体环境行为态度。一般而言，当个人持有的环境信念越强，越是关心环境问题时，就越会支持具体的环境行为。因此，环境意识越高的私家车驾驶者，对节能驾驶行为越会持积极的态度。

综上所述，提出假设：

H1：环境意识对节能驾驶态度有显著正向影响。

消费者是否采取亲环境行为，常常对环境行为结果进行评估，并基于对行为结果的感知形成态度①，评估的一项重要内容是经济利益。因此，当私家车驾驶者对节能驾驶的结果进行评价，越是能够感知到节能驾驶带来的金钱节约及成本降低等经济利益时，越能够对节能驾驶行为产生积极的态度。因此，提出假设：

H2：感知经济利益对节能驾驶态度有显著正向影响。

在环境行为的研究文献中，蒂斯波托（Dispoto，1977）、斯诺迪诺斯（Synodinos，1989）、马尔格拉特（Marguerat，2004）等都认为环境问题知识正向影响环境态度②③④，孙岩的研究也得出了居民的环境知识影响亲环境行为态度的结论⑤。行为态度对人们是否采取行为具有重要影响，负责任环境行为研究认为特定具体的环境态度更能影响特定环境行为。节能驾驶态度是特定的环境态度，节能驾驶行为也是一种具体的环境行为。同时，基于心理学中"认知—态度—行为"的链条关系，提出假设：

H3：环境问题知识对节能驾驶态度有显著正向影响。

H4：节能驾驶态度对节能驾驶行为有显著正向影响。

海因斯负责任的环境行为模型指出，环境行动知识和技能与环境行为相关。西蒙斯（Simmons，1990）在环境行为研究中指出，缺乏环境知识是阻碍具有积极环境态度消费者采取环保回收利用行为的主要障碍性因素⑥。考虑到节能驾驶行为也是一种操作性技巧较强的行为，拥有节能驾驶行动与技能知识越多的驾驶者，越容易把积极的节能驾驶态度转化成节能驾驶行动。反之，缺乏或仅有有限的节能驾驶行动与技能知识会影响节能驾驶态度转化为节能驾驶行为。因此，提出假设：

H5：节能驾驶态度对节能驾驶行为的影响受到节能驾驶行动知识与技能的正向调节。

---

① Ajzen, I., Fishbein, M., Belief, Attitude, Intention and Behavior: An Introduction to Theory and Research. 1975.

② Dispoto, R. G., Interrelationships Among Measures of Environmental Activity, Emotionality, and Knowledge. *Educational and Psychological Measurement*, Vol. 37, No. 2, 1977, pp. 451 –459.

③ Synodinos, N. E., Environmental Attitudes and knowledge: A Comparison of Marketing and Business Students with other Groups. *Journal of Business Research*, Vol. 20, No. 2, 1989, pp. 161 –170.

④ Marguerat, D., Cestre, G., Determining Ecology-related Purchase and Post-purchase Behaviours Using Structural Equations. Institut Universitaire de Management International (IUMI), Ecole des HEC, Université de Lausanne, 2004.

⑤ 孙岩：《居民环境行为及其影响因素研究》，大连理工大学博士学位论文，2006 年。

⑥ Simmons, D., Widmar, R., Motivations and Barriers to Recycling: Toward a Strategy for Public Education. *The Journal of Environmental Education*, Vol. 22, No. 1, 1990, pp. 13 –18.

根据习惯的概念及相关已有研究，可以得出：当私家车驾驶者越表现出重复、自觉的节能驾驶习惯时，他的节能驾驶行为水平就会越高。反之，则越低。据此提出假设：

H6：节能驾驶习惯对节能驾驶行为有显著正向影响。

6.4 量表设计与问卷发放

6.4.1 研究量表的开发

根据对相关文献的回顾及对专家、私家车驾驶者的访谈，在对研究变量进行选择和定义的基础上进行量表的开发。量表的开发主要借鉴已有的相关文献并进行了修订。量表开发中主要的参考文献和量表工具构成如表 6 - 1 所示。

表 6 - 1 量表的开发

研究变量	参考量表
环境意识	邓拉普（Dunlap，2000）等
感知经济利益	唐（Tang，2001）
环境问题知识	希雅（Sia，1986）等
行为知识与技能	徐（Hsu，1995）等；孙岩（2006）
节能驾驶态度	斯特恩（Stern，1998）等；曲英（2007）
节能驾驶行为	卡夫曼（Kaufmann，2012）等；交通运输部《汽车节能驾驶手册》（2008）
节能驾驶习惯	范普兰肯（Verplanken，2003）等

关于环境意识的量表，最具影响力的是邓拉普（Dunlap，2000）开发的新生态范式量表（New Environmental Paradigm，NEP）[①]。NEP 是对抽象的环境意识、环境信念、一般环境态度测量的量表，诸多研究显示 NEP 能够很好地测量个体所持有的环境意识，因此 NEP 也是一个成熟的量表。本章对环境意识的测量就是参考该量表并结合我国的能源、环境现状进行部分改编，总共 4 个测项，分别是：地球拥有有限的空间和能源；所谓的人类面临的"生

---

① Dunlap, R. E., Van Liere, K. D., Mertig, A. G., New Trends in Measuring Environmental Attitudes: Measuring Endorsement of the New Ecological Paradigm: a Revised NEP Scale. *Journal of Social Issues*, Vol. 56, No. 3, 2000, pp. 425 – 442.

态危机"被过分夸大了（反向测量）；我认为当前城市能源短缺和环境污染问题已经非常严重；能源和环境问题与我无关，我不关心（反向测量）。

感知经济利益测量借鉴了唐（Tang，2001）对循环行为（也是一种典型的环境行为）研究中对感知经济利益的测量量表，共 2 个测项，分别是：我认为节能驾驶可以省钱；我认为节能驾驶可以节约驾驶成本。

环境知识测项部分考查的是关于驾驶行为产生的环境问题具体知识，即私家车驾驶者对汽车驾驶产生环境问题的了解程度及对节能驾驶行动知识与技能的掌握程度。这里对"环境问题知识"及"节能驾驶行动知识与技能"的测量摈弃了以往研究中经常使用的"测试型"方法，而是参考并借鉴前人的环境知识量表①②③，考查被试者对环境问题知识和节能驾驶行动知识与技能的拥有和掌握情况。这样做是因为目前没有公认的环境知识的统一量表；另外，这也与环境知识本身所包含的内容过于繁多有关，前人认为要开发出可以全面考查被试者具体环境知识真实掌握情况的量表是非常困难的。因此，笔者对环境问题知识和行动知识与技能的测量是以一种自我报告的形式，评价驾驶者自身对两方面知识的了解和掌握情况。

节能驾驶态度测项部分是根据斯特恩（Stern，1998）等对环境态度的测量④及曲英对居民生活垃圾分类（一种典型的环境行为）的测量⑤进行改编的。对节能驾驶态度的测量设置 3 个问题，分别是：节能驾驶是有意义的；我认可节能驾驶行为；我对节能驾驶持积极的态度。

节能驾驶行为测量量表参照了交通运输部编写的《汽车节能驾驶手册》及卡夫曼等（Kaufmann，2012）的节能驾驶四大黄金规则⑥并结合对私家车驾驶者访谈结果设计的。主要从以下几个方面进行了测量：尽可能平稳地驾驶，保持稳定车速或保持经济车速；缓慢提速、提前降速，尽量避免猛踩油

① Sia, A. P., Hungerford, H. R., Tomera, A. N., Selected Predictors of Responsible Environmental Behavior: An Analysis. *The Journal of Environmental Education*, Vol. 17, No. 2, 1986, pp. 31–40.

② Spitz, M. R., Hsu, T. C., Wu, X., et al., Mutagen Sensitivity as a Biological Marker of Lung Cancer Risk in African Americans. *Cancer Epidemiology and Prevention Biomarkers*, Vol. 4, No. 2, 1995, pp. 99–103.

③ 孙岩：《居民环境行为及其影响因素研究》，大连理工大学博士学位论文，2006 年。

④ Dietz, T., Stern, P. C., Guagnano, G. A., Social Structural and Social Psychological Bases of Environmental Concern. *Environment and Behavior*, Vol. 30, No. 4, 1998, pp. 450–471.

⑤ 曲英：《城市居民生活垃圾源头分类行为研究》，大连理工大学博士学位论文，2007 年。

⑥ Kaufmann, R., Lauper, E., Fischer, M., et al., What Makes Car Users Adopt an Environmentally Friendly Driving Style? //InterNoise. Institute of Noise Control Engineering, Vol. 12, 2012, pp. 8517–8524.

门或刹车；长时间停车或堵车，汽车熄火；经常检查汽车轮胎气压，使气压正常；合理使用空调，减少不必要的空调使用；遇红灯 5 秒以上等待时间挂 N 挡；尽可能观察复杂交通情况，做到提前换道、规避，避免转向过急、紧急制动。

对节能驾驶习惯的测量参照了范普兰肯（Verplanken，2003）开发的 SRHI 量表①。这一量表的内容是对习惯强度指数（Self-report Index of Habit Strength，SRHI）的自我报告式测量，评价了习惯的关键特征，即重复、自动、一致性。SRHI 的使用很普遍，在以往的研究中也被多次应用。本章参考该量表主要测量了节能驾驶习惯的强度，具体内容是针对以上谈及的节能驾驶行为，从"自然而然的行为、无意识的行为、典型行为、习惯行为"四个方面进行问题设计。

环境意识、感知经济利益、节能驾驶态度、节能驾驶习惯四个变量的问题测量均是采用李克特五级量表来完成，被试者根据自身对测量问题的赞同程度进行评价，1 ~ 5 分别代表"非常不同意""比较不同意""一般""比较同意""非常同意"。

6.4.2 预测试

针对量表的开发及问卷的设计，笔者首先组织专家和部分私家车驾驶者进行深入的访谈。在听取专家及被调查者的意见后，修正了用词不当和编排不当的地方以确保量表的合理性。在编制完成调查问卷之后，对量表进行预测试，选取的研究对象是家庭拥有私家车且会开车的成员。考虑到问卷的随机性和回收率，研究采用滚雪球的抽样方法。预测试结果表明：各个变量的 α 系数均在可以接受的范围内，测量量表的信度较高。而后，根据被试者对问卷的反馈，对部分语句进行了修改。

6.4.3 正式调查

对预测试量表修正后形成正式问卷，接下来开展正式的问卷调查。本章是针对私家车驾驶者节能驾驶行为的研究，所以选择的被调查对象是家庭拥

---

① Verplanken, B., Orbell, S., Reflections on Past Behavior: A Self-report Index of Habit Strength. *Journal of Applied Social Psychology*, Vol. 33, No. 6, 2003, pp. 1313 – 1330.

有私家车且会开车的成员。考虑到问卷的随机性和问卷的回收率，正式问卷仍采用便利抽样和滚雪球的方法。便利抽样的方法就是在汽车 4S 店、汽车专业市场、汽车修理厂等场所对私家车驾驶者进行数据收集。滚雪球的方法就是通过朋友熟人不断进行转推荐符合条件的样本进行数据收集。本次调查通过发放纸质问卷和网络问卷两种形式进行。为了保证数据的有效性，在网络问卷设计上设置了跳选项以便收集的数据更有效。最终纸质问卷和网络问卷共发放 280 份，回收 264 份，其中网络问卷回收 60 份。在总体样本中剔除无效问卷 14 份，有效问卷的 250 份，有效问卷回收率为 89.28%。

6.5　数据分析

6.5.1　正式量表的信度和效度分析

正式调查收集数据之后，对实测数据进行信度和效度分析，采用 SPSS 软件进行数据的信度分析。结果表明，除了环境意识变量的 Cronbach - α 系数为 0.666 外，其他各个变量的 Cronbach - α 系数均高于 0.7，说明各分量表的信度较高。

效度分析采用 KMO 值（Kaiser-Meeyer-Olkin 检验）分析各因子载荷和解释程度百分比。结果为总体 KMO 值为 0.881，并且 Bartlett 检验结果也拒绝了原假设。在因子分析中各因子载荷及解释程度结果分别是：环境意识的因子载荷为 0.703，解释程度 50.08%；感知经济利益的因子载荷为 0.600，解释程度 94.134%；环境问题知识的因子载荷为 0.600，解释程度 79.959%；节能驾驶态度的因子载荷为 0.683，解释程度 68.071%；节能驾驶习惯的因子载荷为 0.816，解释程度 80.259%；节能驾驶行为的因子载荷为 0.902，解释程度 53.507%。综上所述，反应因子载荷均在 0.60 以上，解释程度 50% 以上，所以内部效度较好。

6.5.2　均值分析和方差分析

在 250 个有效被调查对象中，男性被调查者的数量为 149 位，占样本总体数量的 59.6%；女性被调查者的数量为 101 位，占样本总体数量的 40.4%。年龄层次上，18~25 岁的占 16.8%、26~45 岁的占了 72%、46~

55 岁占 10.4%，这些占比与我国当前私家车车主驾驶年龄分布情况基本上是相符的。从学历分布来看，本次调查中被调查者的学历涵盖不同层次，大专、本科、硕士及以上学历的被调查者居多，分别占比 20.4%、42.8%、28.4%。从职业上来看，本次调查涵盖被调查者的多种不同职业，包括退休人员及家庭主妇、学生、政府部门工作人员、一般工人或服务人员、教师、工程技术人员、管理人员等。从被调查者的驾龄情况来看，近七成的被调查者拥有 1 年以上的驾驶经验。

描述性统计分析不仅可以了解人口统计变量的相关情况，还能够了解私家车驾驶者节能驾驶行为及其影响因素的基本情况。对研究中涉及的自变量、因变量进行描述性统计分析，主要采用的是均值、标准差统计指标。因变量节能驾驶行为的描述性统计分析结果为：8 个测量题项的均值为 3.6560，该均值水平大于量表中 3 "约半做到"，小于 4 "较多做到"。从整体水平上来看，被调查者的节能驾驶行为处于中等水平。从具体的各个问题来看，"开车时正确判断处理各种交通情况，做到提前换道、避让"题项得分的均值最高，为 3.8680。其中原因也是私家车驾驶者出于安全的考虑，在变动的环境中开车，预见判断交通流，提前采取避让对保障出行安全是非常必要的。当然，这样做也能够节约能源，减少不必要的能源耗费。而"较长时间停车或堵车，汽车熄火""经常检查汽车轮胎气压，保持气压正常"的均值分别为 3.504、3.512，得分相对较低，说明被调查者在这两方面的节约行为不强。

然而，比较出乎意料的是，本次调查中节能驾驶态度、环境意识、感知经济利益、环境问题知识的均值都大于 4，分别是 4.1427、4.0930、4.1700、4.1240，其中均值最大的是感知经济利益。但是行动知识与技能、节能驾驶习惯两个变量的均值则偏低，分别是 3.4146、2.9310，特别是节能驾驶习惯低于中间值 3。从中我们可知，私家车驾驶者所掌握的节能驾驶行动知识与技能水平不高，驾驶者拥有的良好节能驾驶习惯还远远不够。

另外，对人口统计变量中的性别进行分析，采用独立样本 T 检验分析性别在节能驾驶行为变量上的差异，结果显示方差相等的 Levene 检验中 F 值没有通过显著性检验，说明节能驾驶行为在性别上没有显著差异。同样的方法对年龄进行检验的 F 值为 2.197，显著性为 0.070 > 0.05，也没有通过检验，但从均值来看，随着年龄的从小到大，节能驾驶行为基本呈现出逐渐增强的趋势。

对节能驾驶行为在驾龄上的方差分析中，F 检验值为 17.762，显著性为 0.000 < 0.05，通过显著性水平的检验，说明不同驾龄的人其节能驾驶行为存

在显著差异。进一步发现，拥有较长驾龄的驾驶者和较短驾龄的驾驶者相比，表现出更积极的节能驾驶行为，随着驾龄的增长，节能驾驶行为的均值出现明显增长趋势。进一步针对驾龄对其他变量做方差分析发现，随着驾龄的增长，节能驾驶行动与技能及节能驾驶习惯也呈现了较明显的增长趋势，但在其他因素上没有发现显著差异性。据此，我们可以推测出驾龄高的群体表现出的良好驾驶行为是由行动与技能、习惯因素影响产生的。

6.5.3 相关分析

运用 SPSS 软件进行相关分析的结果表明：行动知识与技能、节能驾驶态度、环境意识、感知经济利益、环境问题知识、节能驾驶习惯与节能驾驶行为均存在正相关关系，且在显著性水平 0.01 下显著；环境意识、感知经济利益、环境问题知识与节能驾驶态度存在正相关关系，且也都在显著性水平 0.01 下显著。

6.5.4 回归分析

为了进一步分析变量间的关系，采用回归方法进行研究。

（1）分析环境意识、感知经济利益、环境问题知识与节能驾驶态度的关系，回归分析结果如表 6-2 所示。

表 6-2　　　　　　　　　　　节能驾驶态度回归分析结果

因变量	自变量	标准化系数	t 检验值	显著度 Sig.	容忍度	决定系数 R^2	Durbin Watson	F 检验值	F 显著性
BA	常数		4.632	0.000		0.542	1.890	7.214	0.008
	EK	0.600	13.097	0.000	0.998				
	SM	0.209	4.464	0.000	0.999				
	EA	0.122	2.686	0.008	1.000				

注：BA 表示节能驾驶态度，EA 表示环境意识，SM 表示感知经济利益，EK 表示环境问题知识。

从表 6-2 可知，自变量容忍度的值非常接近 1，表明自变量间不存在共线性问题。Durbin-Watson（DW）值为 1.890，非常接近 2，说明残差没有相关性。以节能驾驶态度为因变量的回归模型中，其决定系数 R^2 为 0.542，回归模型 F 检验值为 7.214，显著性水平为 0.008（P < 0.05），说明整个模型

是显著的。环境意识、感知经济利益、环境问题知识三个变量都进入回归模型，t 检验的结果显著性小于 0.05，表明回归系数是具有统计意义的。根据回归分析结果的数学意义，将环境意识、感知经济利益、环境问题知识对节能驾驶态度的影响关系模型表述为：$BA = 0.600 \times EK + 0.209 \times SM + 0.122 \times EA$，由此可知三个变量对节能驾驶态度影响力大小依次为环境问题知识、感知经济利益、环境意识。其中标准化回归系数都为正的，表明三个变量都是正向影响节能驾驶态度，假设 H1、H2、H3 均得到验证。尤其需要强调的是环境问题知识对节能驾驶态度的影响很大，影响系数达到了 0.6。在本章的调查中，侧重于对汽车驾驶影响环境和资源的特定知识进行的测量，这也再次证明了针对特定环境问题知识比一般环境知识的影响力更大。

（2）分析节能驾驶态度、节能驾驶知识与技能及节能驾驶习惯对节能驾驶行为的影响。仍采用逐步回归的方法，具体的回归结果如表 6-3 所示。

表 6-3　　　　　　　　　　节能驾驶行为回归分析结果

因变量	自变量	标准化系数	t 检验值	显著度 Sig.	容忍度	决定系数 R^2	Durbin Watson	F 检验值	F 显著性
B	常数		-9.748	0.000		0.899	1.830	18.651	0.000
	BA	0.872	36.194	0.000	0.999				
	AK	0.656	27.192	0.000	0.999				
	BH	0.102	4.319	0.000	0.998				

注：BA 表示节能驾驶态度，BH 表示节能驾驶习惯，AK 表示行动知识与技能，B 表示节能驾驶行为。

回归模型 F 的检验值为 18.651，R^2 为 0.899，P 值为 $0.000 < 0.05$，整个模型是显著的。节能驾驶态度、节能驾驶行动知识与技能、节能驾驶习惯都进入回归模型中，t 检验的结果显著性都为 0.000，表明回归系数是具有统计意义的。根据回归分析结果的数学意义，将节能驾驶态度、节能驾驶行动知识与技能、节能驾驶习惯对节能驾驶行为的影响关系模型表述为：$B = 0.872 \times BA + 0.656 \times AK + 0.102 \times BH$，且系数均为正数，假设 H4、H5 均得到验证。

6.5.5　调节效应分析

调节效应分析结果表明：自变量节能驾驶态度、调节变量节能驾驶行动知识与技能、自变量与调节变量的交互项对因变量节能驾驶行为的回归模型中，F值为 7.167，P = 0.008 < 0.05，具有统计意义；模型 R^2 为 0.894，相比于没有交互项的两个模型，该值有显著提高，说明行动知识与技能对节能驾驶态度影响节能驾驶行为的路径有显著调节作用。节能驾驶态度、行动与技能的交互项的回归系数 0.056 为正数，说明私家车驾驶者拥有的节能驾驶行动知识与技能越多，在一定程度上会增强节能驾驶态度对节能驾驶行为的正向影响。因此，假设 H6 得到验证。

6.5.6 整体模型检验

通过前文的数据分析，对研究中所提出的假设进行总结。具体假设检验结果如表 6-4 所示。第一，环境意识、环境问题知识、感知经济利益对节能驾驶态度有显著正向影响。第二，节能驾驶态度、节能驾驶习惯、行动知识与技能对节能驾驶行为有显著正向影响。第三，节能驾驶态度与节能驾驶行为的关系受到行动知识与技能的正向调节影响。第四，节能驾驶行为在驾龄上存在显著差异性，在性别、年龄上不存在显著差异性。

表 6-4　　　　　　　　　　　　假设验证结果汇总

研究假设	研究内容	研究结果
H1	环境意识对节能驾驶态度有显著正向影响	证实
H2	感知经济利益对节能驾驶态度有显著正向影响	证实
H3	环境问题知识对节能驾驶态度有正向影响	证实
H4	节能驾驶态度对节能驾驶行为有显著正向影响	证实
H5	节能驾驶习惯对节能驾驶行为有显著正向影响	证实
H6	节能驾驶态度对节能驾驶行为的影响受到节能驾驶行动知识与技能的正向调节	证实

6.6　主要研究结论及管理借鉴

6.6.1　主要研究结论

本章对私家车驾驶者节能驾驶行为的探究是基于新生态范式理论、负责任环境行为模型、人际行为理论基础上提出研究假设，采用实证研究方法，运用 SPSS 软件，对数据进行分析。主要研究结果体现在以下几个方面。

（1）通过对私家车驾驶者的节能驾驶行为分析，发现目前私家车驾驶者节能驾驶行为处于一般的中等水平，还有很大改进的空间。

（2）节能驾驶行为以及主要影响因素在人口统计变量中的性别、年龄方面没有显著差异性，但驾龄是一个重要的影响因素。随着驾龄的增长，节能驾驶习惯、行动知识与技能也出现增长趋势，并使得节能驾驶行为显著增加。

（3）环境意识、环境问题知识、感知经济利益对节能驾驶态度均有显著正向影响。当私家车驾驶者拥有较强的环境意识、较高的环境问题知识、感知到节能驾驶带来的经济利益越多时，对节能驾驶行为所持有的态度越积极。

（4）节能驾驶行动知识与技能正向调节节能驾驶态度与节能驾驶行为的关系，当驾驶者所拥有的节能驾驶行动知识与技能越多，积极的节能驾驶态度更容易转化成节能驾驶行为。

6.6.2　管理借鉴

鉴于以上研究结论，为了进一步提高车主的节能驾驶行为水平，政府及相关部门在节能驾驶行为的宣传和推广中应当充当重要的角色。自 20 世纪 90 年代以来，西方国家就开始对节能驾驶行为进行干预，实践也证明政府及相关部门在开展社会营销引导公众树立节能理念，培养驾驶者良好节能驾驶习惯方面起着积极的促进作用。所以，我国应把节能驾驶作为节能减排的必要组成部分，重视和加强对驾驶者节能驾驶行为的引导。

6.6.2.1　加强节能驾驶的宣传和教育

本章研究表明节能驾驶态度对节能驾驶行为有显著正向影响。因此，推动私家车驾驶者节能驾驶行为的基础在于培养积极的节能驾驶态度。另外，环境意识、环境问题知识、感知经济利益对节能驾驶态度有积极的正向影响。其中环境意识是指驾驶者对人与自然关系的基本看法及对环境问题的关心程度，环境问题知识是驾驶者对汽车驾驶造成环境和资源问题后果的认识，感知经济利益是车主对节能驾驶带来成本节约、金钱减少的感知。节能驾驶态度在环境意识、环境问题知识、感知经济利益对节能驾驶行为影响的关系中起中介作用。因此，把私家车驾驶者的环境意识、环境问题知识、对节能驾驶感知的经济利益转化成积极的节能驾驶态度，将在很大程度上促进驾驶者的节能驾驶行为。鉴于此，推动私家车驾驶者节能驾驶行为的可行思路，是培育私家车驾驶者对节能驾驶的良好态度。

　　具体地，相关部门应加强对节能驾驶行为的宣传，加快普及节能驾驶知识，加大当前汽车耗能及产生的环境污染等相关问题在各种媒体的曝光度，提高驾驶者对汽车驾驶引发问题的认识度、关注度及敏感程度。除此之外，相关部门应充分发挥各自职能，广泛动员驾校、车友俱乐部、驾协等机构开展多种形式的能源环境现状宣传活动、节能驾驶宣传教育活动，营造节能驾驶的氛围，提高驾驶者节能意识。宣传的对象应该既包括驾校的教练、私家车驾驶者，也包括潜在学车者及正在学车者。在宣传形式上，应综合多种形式。例如，制作环保公益广告，以节能减排为主题，以"小细节、大节约"等贴近生活的形式展现节能驾驶行为的价值。在广告制造手法上，可以运用3D动画结合中国特色文字、图腾等艺术的表现手法展现。除了制作宣传广告外，还可以在媒体上开辟节能驾驶专栏/节目，定期组织有经验驾驶者开展节能驾驶现身说法。建立节能驾驶知识的公众号或网站，向驾驶者传播基本理论知识及具体的操作指导。同时，利用与汽车相关的活动，借机实施事件营销也是一个可行的思路。另外，还可以定期举办"节能驾驶知识竞赛"、联合汽车品牌商开展节能驾驶比赛、"节能驾驶月"等活动。相关部门也可以编写安全和节能驾驶手册，将手册免费发放给驾驶者，还可以通过报刊、书籍的形式向众多驾驶者介绍在不同的情形下，采取节能驾驶行为的具体行动方式与技巧，从而为驾驶者提供切实可行的行为指导。

6.6.2.2　加强对节能驾驶行为的培训

　　本章研究表明，被调查样本总体的节能驾驶态度尚可，但节能驾驶行为的均值却远低于节能驾驶态度均值，其中的原因是受到了节能驾驶行动知识与技能的影响。鉴于此，相关部门和组织机构应积极开展节能驾驶项目的相关培训，提高驾驶者节能驾驶的行动知识与驾驶技能。在我国，道路运输驾驶员从业资格的培训主要是要求驾驶员能够了解交通法规、安全行车知识及汽车使用技术等常识，尚没有将节能驾驶的内容考虑在内，也没有把节能驾驶作为驾驶员培训考试的一部分。而在西方的一些国家，如德国把节能驾驶作为驾驶员驾照考试的一部分，并且专门出台一系列详细的节能驾驶指导方针，指导教练员将"节能"的内容整合运用到驾驶培训和考试中；荷兰也将节能驾驶引入驾驶员的培训和考试制度中。因此，我国也可以借鉴国外节能驾驶行为的成功经验，系统地将"节能驾驶"引入驾驶员获取驾照的培训和考试中。

　　实施节能驾驶的培训和考核，首先应加强培训教练员的节能驾驶意识，形成强有力的示范作用，这样才能更好地促进学员的学习。在培训的内容上应该尽可能全面，除了开展节能驾驶基础理论知识和节能驾驶实践培训课程外，还应包括个人驾驶风格、汽车节能使用方法、汽车使用频率、汽车配置、汽车日常和长期的保养等多方面内容。培训的方式可以是在线学习的形式，也可以线下授课或研讨会的形式。相关部门还可以借鉴日本的"生态驾驶课程"培训，即驾驶者可在网上免费注册参与节能驾驶课程，输入自身驾车的实际油耗与里程比以及各种影响因素（如计算期限、驾驶环境、使用率、车型等）的信息，便可从多个角度获得自己的燃油经济值及与其他用户相比的排名情况，并获得免费的历史分析和改善驾车的建议。在培训中应当注意结合公众对节能驾驶已有的知识和技能水平，做到"因材施教"，确保节能驾驶的宣传效果，从而真正能够增强节能驾驶的行动知识和技能水平。

6.6.2.3　提供节能驾驶信息反馈

本章研究表明，节能驾驶习惯正向影响节能驾驶行为，但调研数据结果表明这一变量的均值远远偏低，影响了节能驾驶行为的实施。西方的节能驾驶实践也证明，要促进驾驶者的节能驾驶行为，仅仅靠短期的宣传与培训是远远不够的，对驾驶行为的及时监测与节能效果的评估反馈对于促进节能驾驶十分必要。宣传和培训往往在短期内提高私家车驾驶者的节能驾驶水平是有效的，然而要在长期内保持这种节能驾驶行为，必须使之形成一种习惯，而监测和反馈信息恰恰有助于习惯的形成。这类信息可以起到两方面的作用：一方面当驾驶者及时接收到当前行为积极效果的反馈信息时，能起到强化行为的作用；另一方面当驾驶者及时接收到当前行为消极效果的反馈信息时，能起到调整行为的作用。

监测和反馈信息离不开新技术的应用。具体而言，应大力倡导驾驶者或汽车生产商在汽车上安装燃油经济数值显示仪表等能够即时监测和反馈汽车节能驾驶信息的设备。这样有助于驾驶者在培训结束后，在日常的驾驶中关注节能驾驶技能应用，强化、固化节能驾驶行为习惯。同时，本书在第3章已经谈及节能目标和信息反馈往往是不可分割的，没有节能目标，反馈信息效果会大打折扣。所以，在反馈的内容上除了提供驾驶者耗能实时数据外，还应提供当前驾驶能耗情况与节能目标进行比照的数据。另外，结合感知经济利益正向影响节能驾驶态度的结论，除了反馈能耗信息，最好也能提供更为直观的经济信息反馈。总之，反馈要以量化的金钱节约和量化的环境效应表现出来效果会更好。节能驾驶行为的形成不是一蹴而就的，需要长期的持续性反馈，这样节能驾驶行为才能得以固化，并成为一种自然而然的行为。

政府也可以通过实施补贴的方式来促进汽车厂商或私家车驾驶者安装节能驾驶反馈设备，运用补贴、降价、奖励等方式对私家车驾驶者进行经济上的诱导。

6.6.3 研究局限

本章基于环境行为视角展开对私家车驾驶者节能驾驶行为的探究，研究的视角比较新颖，但研究过程和内容仍存在局限和不足。除了由于样本选择可能导致研究结论的偏差外，另一个明显的不足是为了研究便利，没有考虑可能对节能驾驶行为产生影响的其他外部因素。总体上，驾驶行为会受到驾驶员、车辆、道路三类因素的复杂影响。本章将节能驾驶行为限定为驾驶者在不赶时间，安全平稳、正常交通路况条件下的驾驶行为。而驾驶者真实的驾驶环境可能比以上界定的情况复杂得多，驾驶中的其他外部环境如旁边的车辆情况、法律法规等也会影响节能驾驶行为。所以，未来对节能驾驶行为的研究应该将更多的外部情境因素及其他可能的内部影响因素综合考虑在内。

第 7 章

促进我国城镇居民新能源
汽车消费的对策分析

随着汽车业快速发展，新能源汽车也成为家庭购车的一个重要选择，新能源汽车对改变家庭的用能方式、用能结构、用能量将会发挥越来越重要的作用。因此，本章将对促进我国城镇居民新能源汽车消费的对策进行分析。

新能源汽车（NEV）是我国重要的战略性新兴产业。它不仅能够促进我国汽车工业和交通运输业的发展，还可以通过提供多样化的能源结构来帮助国家应对气候变化和能源挑战。因此，鼓励、引导城镇居民购买和使用新能源汽车对于实现经济增长与节能环保的目标具有重要意义。在过去十几年间，从中央到地方各级政府颁布了一系列刺激公众购买与使用新能源汽车的政策，推动了产业快速发展。然而，新能源汽车的推广和普及并不简单，事实上，在公众接受和使用意愿等方面存在诸多挑战。

7.1 新能源汽车概述

7.1.1 新能源汽车的发展背景

近年来，我国汽车的产销总量一直位居世界前列。截至 2018 年底全国民用汽车保有量达 2.4 亿辆，其中私人轿车达 1.26 亿辆[①]。同时，我国原

---

① 国家统计局：《2018 年国民经济和社会发展统计公报》，www. tjcn. org。

油消耗和汽车生产增长趋势大体一致，石油供应约 2/3 依赖于进口[1]。庞大的汽车总量导致了过度的燃油消耗，严重制约着我国的能源供应与经济发展。此外，燃油燃烧产生的车辆排放物是造成空气污染的重要因素。已有研究表明，挥发性碳化合物和氮氧化物等汽车污染物的大量排放是导致城市大气细颗粒物超标的重要原因。更重要的是，我国的汽车数量每年仍在不断增长，汽车排放物所引发的空气问题使我国面临着巨大的环境压力，引发民众越来越多的担忧。因此，发展新能源汽车是缓解能源供求矛盾、减少汽车尾气排放、改善空气环境的重要举措。

为了更好地应对日益严峻的能源紧缺与环境问题，欧美和日本等国家正积极推进新能源汽车的研发与生产，加快相关战略部署，加大宣传与推广力度。目前发展新能源汽车已成为全球汽车产业的重心。我国是世界上汽车产销规模最大的国家之一，市场潜力巨大。因此，有必要抓住这次发展机会，在推动产业发展与经济增长的同时加强环境保护与资源节约。

7.1.2 新能源汽车的概念及特性

新能源汽车是指采用可替代性燃料而非化石燃料作为动力来源的汽车[2]。根据动力来源的差异，新能源汽车主要包括全电动汽车（BEV）、插电式混合动力电动汽车（PHEV）、燃料电池汽车（FCV）以及具有节能特性的非插电式混合动力汽车（HEV），其特性比较如表 7-1 所示。在国外，各国的新能源汽车在发展规划与技术水平上存在明显区别，从而形成了多样化的风格与差异化的格局。在美国，通常称这些采用新型能源的汽车为"可替代燃料汽车"，得益于美国雄厚的生物科技与电气化技术，插式混合汽车在美国新能源汽车市场中占据着优势地位[3]。在日本，通常称这些汽车为"新一代汽车"[4]，其中混合动力汽车技术较为成熟且普及率最高，已经成为世界其他各国的研究典范。此外，处于市场投放期的燃料电池车表现出强劲的增长趋势。

---

① 中国产业信息网：《2016 年中国原油产量、需求量、消费量、进口量分析》，2016 年 10 月 15 日。
② 国务院办公厅：《节能与新能源汽车产业发展规划》，2012 年。
③ 徐长明、李伟利：《我国新能源汽车发展分析》，载于《当代石油石化》，2010 年第 18 卷第 1 期，第 4-6 页。
④ 产业研究智库：《2016 年日本新能源汽车行业发展现状》，2016 年，第 1 页。

表 7 – 1　　　　　　　　各类型新能源汽车的特性对比

类型	全电动汽车（BEV）	燃料电池汽车（FCV）	插电式混合动力电动汽车（PHEV）	非插电式混合动力汽车（HEV）
驱动方式	电机	电机	电机（主）+ 内燃机	内燃机（主）+ 电机
能源系统	电能	电能	电能（主）+ 燃油	燃油（主）+ 电池
能量转换	高	较高	低	较低
续航能力	差	强	强	强
尾气排放	低	低	低	与混合度相关

资料来源：Krieger, A., Rathke, P., Wang, L., Recharging China's Electric Vehicle Aspirations. Retrieved, Vol. 10, 2012。

7.1.3　我国新能源汽车的发展历程

随着技术水平的不断发展与国家政策不断地完善，我国新能源汽车产业日趋成熟。在此之前，我国新能源汽车产业总共经历了三个阶段。第一阶段：2001～2009 年。此阶段的主要目标是重点发展电动汽车、燃料电池汽车和混合动力汽车（三横战略），并努力实现相关技术领域的关键技术突破（三纵战略）。通过大量国家政策扶植（如 863 计划），我国新能源汽车产业在几年内取得了较大的技术成就，积累了丰富的研发经验，培养了初始消费群体，产销量稳步提升。第二阶段：2009～2010 年。此阶段的主要目标是建立新能源汽车市场。此外，国家政策开始重点扶持混合电动汽车和纯电动汽车。在这一年中，国家先后颁布并实施了十城千辆工程、产业振兴规划、国家专项资金计划、企业共同发展纲要、财政刺激补贴方案等一系列扶植政策，加速了我国新能源汽车产业的发展进程，并初步建设起我国新能源汽车市场体制。第三个阶段：2010 年至今。此阶段的主要目标在于鼓励私人购买新能源汽车。同时，国家将电动汽车和插电式混合动力汽车放在优先发展位置。从 2010 年起，国家进一步扩大新能源汽车试点示范城市，大力推行节能产品惠民工程，积极实现新能源汽车交通领域全覆盖和国民购买享优惠的目标。与此同时，大量国内学者就我国新能源汽车的未来发展方向进行了探讨与论证。总体上看，关键领域技术问题的解决将决定新能源汽车未来的命运。

7.2 我国新能源汽车的消费现状

7.2.1 我国新能源汽车销售现状

中国的汽车消费市场虽然日趋成熟，但汽车工业却仍然处于成长期。2018年全年汽车产销分别完成 2780.9 万辆和 2808.1 万辆，汽车制造业已经连续十年继续蝉联全球冠军。但是，2018 年却首次出现了自 1990 年以来的同比下滑。与此相对应的是，新能源汽车则继续保持高速增长，呈爆发增长态势，无论是传统车企还是造车新势力都在积极布局，各种新车层出不穷，新能源汽车成了汽车市场一道亮丽的风景。2018 年，新能源汽车产销分别完成 127 万辆和125.6 万辆，比 2017 年同期分别增长 59.9% 和 61.7%。其中纯电动汽车产销分别完成 98.6 万辆和 98.4 万辆，比 2017 年同期分别增长 47.9% 和 50.8%；插电式混合动力汽车产销分别完成 28.3 万辆和 27.1 万辆，比 2017 年同期分别增长122% 和 118%。可以看出，目前纯电动汽车仍然占据新能源汽车的主导地位，尤其是在商用车领域，纯电动汽车销量占比达到 96.6%；乘用车领域，纯电动车汽车销量占比也达到 74.8%[①]。在销售地域分布上看，新能源汽车销售依旧集中在限牌城市，北京、上海、广州、深圳仍占据前四席，但和历史数据比较，其销量占比在不断减小，新能源汽车有向非限牌城市扩张的迹象。

今后，随着我国新能源汽车产业在关键技术领域实现突破，消费者购车成本将会逐渐降低，购买整车优势显现。在配套基础设施方面，全国充电基础设施建设稳步发展，北、上、广、深等城市充电服务网络基本建成。未来我国将进一步加速充电基础设施的建设步伐，从根本上解决充电服务系统薄弱的问题，提升民众购买和使用新能源汽车的意愿[②]。随着新能源汽车技术不断发展、配套设施不断完善以及管理体制日益健全，新能源汽车产业将表现出巨大的市场潜力。

7.2.2 我国新能源汽车品牌发展现状

在过去几年中，我国新能源汽车已经从技术研发转向了产业化和商业化。

---

① 中国汽车工业协会、中国汽车工程学会联合研究小组：《2018 年新能源汽车产能、销量和市场分析》，https://www.d1ev.com/news/shuju/85937。

② 国务院办公厅：《关于加快电动汽车充电基础设施建设的指导意见》，2015 年。

从 2008 年 12 月我国第一款自主品牌混合动力汽车诞生到今天，国内新能源汽车自主品牌市场已经初具规模①。据中国汽车工业协会提供的数据显示，2018 年新能源汽车市场依旧是中国自主品牌的天下，前十名销量中占据八席。比亚迪汽车、北汽新能源汽车、上汽乘用车表现尤为突出，这与近几年这些车企在产品和研发上的巨大投入有很大关系。此外，一些国外汽车集团如通用、大众和丰田与国内合作伙伴也积极开展各种类型新能源汽车的研发与生产。比如，通用汽车与上汽集团提出以节油环保、驾享乐趣、安全舒适等顾客体验为核心的新能源汽车开发战略，先后推出 Riviera 比克（2007）、别克君越混合动力车（2008）、赛欧纯电动汽车（2012）、凯迪拉克 CT6 混合动力汽车（2016）、雪佛兰迈锐宝混合动力汽车（2016）等一系列新能源汽车，并取得良好的市场表现。美国明星企业特斯拉于 2013 年进入中国市场，凭借其酷炫的外形与优越的性能受到中国消费者的喜爱。

7.3　影响我国城镇居民新能源汽车消费的因素

随着新能源汽车产业快速发展，如何大力推广和普及新能源汽车已成为国家和企业需要迫切解决的问题。国内外学者针对这一问题展开了系列研究，从不同角度来提出观点和建议。总结以往学者的研究，总共有五方面的因素被认为对消费者新能源汽车的购买和采用具有影响，分别为心理变量、社会参照规范变量、人口统计变量、产品属性变量以及政策变量。

7.3.1　心理变量对居民新能源汽车消费的影响

新能源汽车是一种使用清洁能源且能带来环境效益的产品。和消费传统汽车相比，使用新能源汽车也是一种特定的亲环境行为。我们可以看到在国外的新能源汽车宣传中，常常会突出其环保的特性并诉诸于使用者亲环境者形象，这一宣传策略就是抓住了消费者的特定消费心理。环境行为研究领域涉及的个体心理变量也会影响对新能源汽车的消费。具体包括以下方面：

---

① Liu, Y., Kokko, A., Who does What in China's New EnergyVehicle Industry?. *Energy Policy*, Vol. 57, 2013, pp. 21 – 29.

（1）环境问题感知。环境问题感知是指个体对环境问题的认识和理解程度①，是影响个体环境保护行为和低碳消费行为的重要因素②。比如，达格（Dagher，2014）等认为环境问题感知是影响消费者绿色消费的主要原因③。然而，海因斯（Hines，1987）的研究则发现环境问题感知与环境友好行为之间的相关性并不强烈④。进一步地，阿耶兹（Ajzen，1980）等的研究表明环境问题感知并不能直接影响个体的亲环境行为，但可以通过一些其他变量来间接影响个体的亲环境行为⑤。王（Wang，2016）等将环境问题感知与计划行为理论相结合，通过对443名中国城镇居民进行问卷调查后发现，环境问题感知会影响个体对新能源汽车态度、主观规范、感知行为控制以及个人道德规范，并在此基础上进一步作用于消费者新能源汽车购买意愿⑥。

（2）环境价值观。环境价值观是指个体对环境事件或问题所持有的态度、意愿和行为倾向，包括利己价值观（关注自我与环境的关系）、利他价值观（关注他人与环境的关系）和生态价值观（关注整个生态环境）三种类型⑦，不同价值观反映了人们采取环境保护行为时的动机，是预测个体亲环境行为的重要变量⑧。汉斯拉（Hansla，2008）等通过对494名瑞典居民的调查研究发现，三种价值观下个体的低碳消费行为具有显著差异⑨。赫夫纳

① Schuitema, G., Anable, J., Skippon, S,, et al., The Role of Instrumental, Hedonic and Symbolic Attributes in the Intention to Adopt Electric Vehicles. Transportation Research Part A: Policy and Practice, Vol. 48, 2013, pp. 39 – 49.

② Bamberg, S., How does Environmental Concern Influence Specific Environmentally Related Behaviors? A New Answer to an Old Question. *Journal of Environmental Psychology*, Vol. 23, No. 1, 2003, pp. 21 – 32.

③ Dagher, G. K., Itani, O., Factors Influencing Green Purchasing Behaviour: Empirical Evidence from the Lebanese Consumers. *Journal of Consumer Behaviour*, Vol. 13, No. 3, 2014, pp. 188 – 195.

④ Hines, J. M., Hungerford, H. R., Tomera, A. N., Analysis and Synthesis of Research on Responsible Environmental Behavior: A Meta-analysis. *The Journal of Environmental Education*, Vol. 18, No. 2, 1987, pp. 1 – 8.

⑤ Ajzen, I., Fishbein, M., Understanding Attitudes and Predicting Social Behaviour. 1980.

⑥ Wang, S., Fan, J., Zhao, D., et al., Predicting Consumers' Intention to Adopt Hybrid Electric Vehicles: Using an Extended Version of the Theory of Planned Behavior Model. *Transportation*, Vol. 43, No. 1, 2016, pp. 123 – 143.

⑦ Stern, P. C., Dietz, T., The Value Basis of Environmental Concern. *Journal of Social Issues*, Vol. 50, No. 3, 1994, pp. 65 – 84.

⑧ Schultz, P. W., Zelezny, L. Values as Predictors of Environmental Attitudes: Evidence for Consistency Across 14 Countries. *Journal of Environmental Psychology*, Vol. 19, No. 3, 1999, pp. 255 – 265.

⑨ Hansla, A., Gamble, A., Juliusson, A., et al., The Relationships between Awareness of Consequences, Environmental Concern, and Value Orientations. *Journal of Environmental Psychology*, Vol. 28, No. 1, 2008, pp. 1 – 9.

（Heffner，2005）等通过对 10 户拥有新能源汽车的美国家庭研究发现，环境价值观与新能源汽车购买之间具有密切联系[1]，大多数家庭的新能源汽车消费与利他主义价值观相关联，是个体社会责任感的表现，还有部分家庭认为使用新能源汽车是节俭与智慧的体现。

（3）感知行为效力。感知行为效力是指消费者对自身行为在改善或解决问题时所产生实际效果的感知程度，对个体亲环境行为具有较强的解释力[2]。罗伯特（Roberts，1990）认为，感知行为效力是个体生态消费行为的最主要影响因素，企业可以通过提高消费者感知行为效力来提高其生态消费意愿[3]。进一步地，李（Lee，1999）发现感知行为效力与高成本节能消费的联系更加紧密[4]。特伦坦（Turrentine，2007）等的研究结果表明消费者感知行为效力在混合动力汽车早期销售过程中发挥着极为重要的作用[5]。类似地，何（He，2012）等的研究发现，当消费者意识到自己购买新能源汽车对改善空气污染具有帮助时会更有可能产生购买行为[6]。

（4）个人责任意识。个人责任意识是指个体基于自身的责任与原则对事物所作出的判断[7]，是影响消费者亲环境行为的重要内在变量。尼堡（Nyborg，2006）认为环境责任意识越强的消费者越愿意购买绿色产品[8]。进一步研究发现，消费者对自己的责任意识和对他人责任意识都会影响其绿色消费意愿[9]。在新能源汽车领域，阿赫特尼克（Achtnicht，2012）的研究表明，

---

① Heffner, R. R., Kurani, K. S., Turrentine, T., Effects of Vehicle Image in Gasoline-hybrid Electric Vehicles. Institute of Transportation Studies, 2005.

② Straughan, R. D., Roberts, J. A., Environmental Segmentation Alternatives: a Look at Green Consumer Behavior in the New Millennium. *Journal of Consumer Marketing*, Vol. 16, No. 6, 1999, pp. 558 −575.

③ Roberts, J. A., Green Consumers in the 1990s: Profile and Implications for Advertising. *Journal of Business Research*, Vol. 36, No. 3, 1996, pp. 217 −231.

④ Lee, J. A., Holeden, J. S., Understanding the Determination of Environmentally Conscious Behavior. *Psychology & Markrting*, Vol. 16, No. 5, 1999, pp. 373 −392.

⑤ Turrentine, T. S., Kurani, K. S., Car Buyers and Fuel Economy. *Energy Policy*, Vol. 35, No. 2, 2007, pp. 1213 −1223.

⑥ He, L., Chen, W., Conzelmann, G., Impact of Vehicle Usage on Consumer Choice of Hybrid Electric Vehicles. Transportation Research Part D: Transport and Environment, Vol. 17, No. 3, 2012, pp. 208 −214.

⑦ Beck, L., Ajzen, I., Predicting Dishonest Actions Using the Theory of Planned Behavior. *Journal of Research in Personality*, Vol. 25, No. 3, 1991, pp. 285 −301.

⑧ Nyborg, K., Howarth, R. B., Brekke, K. A., Green Consumers and Public Policy: On Socially Contingent Moral Motivation. *Resource and Energy Economics*, Vol. 28, No. 4, 2006, pp. 351 −366.

⑨ Wells, V. K., Ponting, C. A., Peattie, K., Behaviour and Climate Change: Consumer Perceptions of Responsibility. *Journal of Marketing Management*, Vol. 27, No. 7 −8, 2011, pp. 808 −833.

当消费者具有较高个人责任意识时，更有可能采用新能源汽车[1]。类似地，王（Wang，2016）等的研究结论也表明个人责任意识对消费者新能源汽车购买意愿具有积极作用[2]。

综上所述，环境问题感知、环境价值观、感知行为效力、个人责任意识四个心理变量会直接或间接影响消费者新能源汽车购买和使用意愿。此外，各个心理变量之间是互相影响的，某一因素的变化通常也会带动其他心理因素的相应改变。因此，对影响消费者新能源汽车采用的心理因素研究需要将这些变量紧密结合进行分析。

7.3.2　社会参照规范变量对居民新能源汽车消费的影响

现实生活中，个体消费意愿及消费行为经常受到相关群体或整个社会的示范或规范作用的影响，如参照群体、社会规范和社会风气，这一类因素可统称为社会参照规范变量。尤其是对于创新性产品，利用参照规范发挥影响效果更好，而新能源汽车就是一类典型的创新产品。

参照群体是指影响个体态度、意愿和行为的相关群体，是买卖双方信息互动的重要接口。参照群体涵盖的范围很广，不仅包括与消费者交往密切的人，如亲朋好友、邻居同事，还包括与消费者社会联系较少的群体，如意见领袖、行业专家、影视明星以及政商界有影响力的人士等。威尔什（Welsch，2009）等在研究德国居民家庭能源消费行为时发现，参照群体的消费模式会显著影响被试的绿色购买行为[3]。莫林（Molin，2007）等的研究则表明，缺乏购买经验与相关知识的消费者在购买新能源汽车时对参照群体的依赖性非常高[4]。进一步的研究结论表明相比于专业人士和销售人员的影响，朋友、亲人对消费者新能源汽车购买意愿的影响更大[5]。国内外新能源汽车的宣传策略也常

① Achtnicht, M., German Car Buyers' Willingness to Pay to Reduce CO2 Emissions. *Climatic Change*, Vol. 113, No. 3 - 4, 2012, pp. 679 - 697.

② Wang, S., Fan, J., Zhao, D., et al., Predicting Consumers' Intention to Adopt Hybrid Electric Vehicles: Using an Extended Version of the Theory of Planned Behavior Model. *Transportation*, Vol. 43, No. 1, 2016, pp. 123 - 143.

③ Welsch, H., Kühling, J., Determinants of Pro-environmental Consumption: The Role of Reference Groups and Routine Behavior. *Ecological Economics*, Vol. 69, No. 1, 2009, pp. 166 - 176.

④ Molin, E., Aouden, F., van Wee, B., Car Drivers' Stated Choices for Hydrogen Cars: Evidence from a Small-scale Experiment//Transportation Research Board 86th Annual Meeting. 2007 (07 - 0547).

⑤ Caulfield, B., Farrell, S., McMahon, B., Examining Individuals Preferences for Hybrid Electric and Alternatively Fuelled Vehicles. *Transport Policy*, Vol. 17, No. 6, 2010, pp. 381 - 387.

常借助明星、时尚达人或与目标受众有相似性的群体，就是希望借助参照群体发挥影响力。

社会规范是指整个社会或某些社会团体约束其成员行为的规章制度、道德标准和法律准则等[①]，也包括成文及不成文的惯例。社会风气是指整个社会或某些社会团体中普遍存在且受到推崇的习惯爱好、思想观念及价值取向，体现了集体惯有的意识形态[②]。社会规范与社会风气之间存在着紧密联系，很多研究将两者放在了一起，认为它们同属于社会压力因素。王建明（2013）在研究中国文化对我国居民资源节约行为时发现，社会压力对我国居民资源节约行为具有积极的促进作用[③]。进一步地，布赖恩等在研究居民新能源汽车购买意愿时发现，社会规范和社会压力会对消费者新能源汽车的购买和使用都产生显著影响。

7.3.3　人口统计变量对居民新能源汽车消费的影响

人口统计变量被认为是影响居民新能源汽车消费的重要调节变量，这主要是因为不同人口统计特征下的个体或家庭在生活方式、消费习惯以及对待环境问题的态度上具有显著差异。在年龄方面，昂（Ong，2005）等通过调查美国新能源汽车销售情况后发现，36～54 岁的被调查者表现出最强烈的购买意愿[④]。然而，卡恩（Kahn，2009）的研究则认为年轻一代消费群体对创新产品的接受度更高，因而会对创新性强的新能源汽车有更高的购买动机[⑤]。进一步地，王（Wang，2015）等针对我国上海市民进行了更为细致研究，结果发现年轻人更容易接受新能源汽车且表现出更高的购买动机[⑥]。在收入水平方面，有研究表明中产阶级群体更有可能购买新能

---

①　田志龙、杨文、龙晓枫：《影响中国消费行为的社会规范及消费者的感知——对消费者规范理性的探索性研究》，载于《经济管理》，2011 年第 1 期，第 101－111 页。

②　刘超良、杜时忠：《社会风气：在制度德性的变革中转变》，载于《高等教育研究》，2009 年第 4 期，第 20－24 页。

③　王建明：《资源节约意识对资源节约行为的影响——中国文化背景下一个交互效应和调节效应模型》，载于《管理世界》，2013 年第 8 期，第 77－90 页。

④　Ong，P. M.，Haselhoff，K.，Issue 5：High Interest in Hybrid Cars. 2005.

⑤　Kahn，M. E.，Vaughn，R. K.，Green Market Geography：The Spatial Clustering of Hybrid Vehicles and LEED Registered Buildings. *The Journal of Economic Analysis & Policy*，Vol. 9，No. 2，2009.

⑥　Wang，N.，Yan，R. Research on Consumers' Use Willingness and Opinions of Electric Vehicle Sharing：An Empirical Study in Shanghai. *Sustainability*，Vol. 8，No. 1，2015，P. 7.

源汽车[1]。鲍尔（Power，2008）的调查结果显示拥有新能源汽车的居民普遍具有较好的收入水平[2]。在受教育程度方面，高学历往往与个体创新性与未来世界洞察力有着密切联系，因此，学者们普遍认为高学历者更有可能购买和采用新能源汽车。比如，克莱因（Klein，2007）的研究结果表明，受教育程度高的消费者对新能源汽车表现出更高的兴趣和购买欲望[3]。鲍尔（Power，2008）的调查结果也显示，受教育程度与消费者新能源汽车购买意愿之间存在紧密联系。在地理因素方面，不同城市之间的经济发展状况、交通状况、居民可支配收入、基础设施建设以及环境污染状况存在明显区别，因此有可能会对消费者的购买意愿产生影响。比如，郝（Hao，2016）等对我国 7 个城市的电动汽车潜在消费者进行问卷调查研究后发现，居住城市是影响消费者购买新能源汽车的一个决定性因素[4]。进一步地，赫芬（Heffner，2007）等对美国居民的研究结果显示，经济水平较高的区域拥有更多数量的新能源汽车[5]。在性别方面，虽然大部分学者认为女性对环境的保护欲更强，实施亲环境行为的可能性更高[6]，但在新能源汽车购买意愿上却比男性要更低一些[7]。此外，研究发现，婚姻状况、家庭汽车拥有数量、日常出行方式及出行次数都有可能影响消费者的新能源汽车购买意愿。不过，这些因素的影响作用并未得到学者们的一致认可，其有效性值得进一步探讨。

7.3.4 产品属性变量对居民新能源汽车消费的影响

现实生活中，很多消费者购买新能源汽车不仅是为了环境保护与资源节

① Xiang, Z., Jia, W., Jianzhong, Y., et al., Prospects of New Energy Vehicles for China Market. 2008.

② J. D. Power and Associate, 2008. The Hybrid Dilemma. （Accessed：04/09/2009）

③ Klein, J., Why People Really Buy Hybrids. Topline Strategy Group. Available, 2007.

④ Hao, Y., Dong, X. Y., Deng, Y. X., et al., What Influences Personal Purchases of New Energy Vehicles in China? An Empirical Study Based on a Survey of Chinese Citizens. *Journal of Renewable & Sustainable Energy*, Vol. 8, No. 6, 2016, pp. 262 – 269.

⑤ Heffner, R., Kurani, K. S., Turrentine, T. S., Symbolism in Early Markets for Hybrid Electric Vehicles. Institute of Transportation Studies, University of California, Davis, 2007.

⑥ Carlsson-Kanyama, A., Lindén, A. L., Energy Efficiency in Residences—Challenges for Women and Men in the North. *Energy Policy*, Vol. 35, No. 4, 2007, pp. 2163 – 2172.

⑦ Wang, N., Yan, R., Research on Consumers' Use Willingness and Opinions of Electric Vehicle Sharing：An Empirical Study in Shanghai. *Sustainability*, Vol. 8, No. 1, 2015, pp. 1 – 18.

约，更是为了方便生活和降低消费成本。因此，新能源汽车属性成了人们关注的焦点之一。这里所指的新能源汽车属性主要是指汽车特征属性，主要包括价格、性能以及购后维护情况等因素。

在价格方面，莱恩（Lane，2007）等通过对英国消费者研究发现，高昂的购车价格是影响对新能源汽车购买态度的主要障碍[①]。考菲尔德（Caulfield，2010）的研究结果表明，受访者在购买新能源汽车时并不会将排放量作为汽车的关键属性，他们更关注购车成本和燃料价格[②]。进一步地，赫夫纳（Heffner，2007）等的研究认为，新能源汽车的运营成本是潜在消费者考虑的重要因素[③]。类似地，王（Wang，2017）等通过调查我国22个省份的新能源汽车销售情况发现，经济效益因素是居民购买新能源汽车过程中最关心的问题[④]。在性能方面，汽车的加速性能、行驶距离、充电时间等会对潜在消费者的购买意愿产生影响。比如，尤因（Ewing，2000）的研究结果表明，消费者在购买新能源汽车时不仅会关心汽车的购买和维护成本，还会关注汽车的加速能力和一次充电后的行驶距离[⑤]。斯奇普（Skippon，2011）等的研究则发现，电池寿命和充电时间是影响电动汽车采用的重要因素[⑥]。事实上，性能不仅体现在产品的质量方面，对于新能源汽车这一类产品而言，还有一个特殊的因素，就是消费者的感知风险。在对中国电动汽车销售状况的研究中发现车辆安全性受到了消费者的高度关注[⑦]；研究发现，汽车电池也是消费者关心的重要因素之一，电池

① Lane, B., Potter, S., The Adoption of Cleaner Vehicles in the UK: Exploring the Consumer Attitude-action Gap. *Journal of Cleaner Production*, Vol. 15, No. 11, 2007, pp. 1085 – 1092.

② Caulfield, B., Farrell, S., Mcmahon, B., Examining Individuals Preferences for Hybrid Electric and Alternatively Fuelled Vehicles. *Transport Policy*, Vol. 17, No. 6, 2010, pp. 381 – 387.

③ Heffner, R. R., Kurani, K. S., Turrentine, T. S., Symbolism in California's Early Market for Hybrid Electric Vehicles. Transportation Research Part D: Transport and Environment, Vol. 12, No. 6, 2007, pp. 396 – 413.

④ Wang, Z., Zhao, C., Yin, J., et al., Purchasing Intentions of Chinese Citizens on New Energy Vehicles: How Should one Respond to Current Preferential Policy?. *Journal of Cleaner Production*, 2017.

⑤ Ewing, G., Sarigöllü, E., Assessing Consumer Preferences for Clean-fuel Vehicles: A Discrete-choice Experiment. *Journal of Public Policy &Marketing*, Vol. 19, No. 1, 2000, pp. 106 – 118.

⑥ Skippon, S., Garwood, M., Responses to Battery Electric Vehicles: UK Consumer Attitudes and Attributions of Symbolic Meaning Following Direct Experience to Reduce Psychological Distance. Transportation Research Part D Transport & Environment, Vol. 16, No. 7, 2011, pp. 525 – 531.

⑦ Xu, F., Xu, Guohu., Impact Factors of Purchase Decision of New Energy Automobile. *China Population, Resources and Environment*, Vol. 11, 2010, pp. 91 – 95.

漏电、辐射或爆炸等情况会对消费者新能源汽车的购买意愿起到负面影响作用①。目前，我国新能源汽车的售后服务体系和配套服务设施尚不健全，会大大影响消费者使用时的便利性与有用性感知，因此这一因素是居民购买过程中需要考虑的重要因素之一②。斯奇普（Skippon，2011）等的研究结论也进一步表明，居民电动汽车的采用意愿取决于充电站或充电点的可用性③。

7.3.5　政府政策变量对居民新能源汽车消费的影响

作为新兴产业，新能源汽车的发展离不开政府的大力支持。事实上，各国政府在本国新能源汽车的推广和普及过程中都扮演了重要角色。目前来看，虽然各国新能源汽车政策在最终的目标上存在一定差异性，但手段方式较为一致，主要包括消费者购买前的公众宣传，消费者购买过程中的优惠补贴以及消费者购买后的基础设施建设三个方面。

首先，公共宣传方面。政府的公共宣传内容主要包括环境问题、社会榜样、新能源汽车信息以及购车鼓励政策等。亚伯拉罕斯（Abrahamse，2005）认为公共宣传是政府政策中的重要前置战略，通过设计合理的宣传内容可以显著提高民众的环境问题感知、知识水平以及社会责任感，但并不能必然导致消费者低碳消费行为④。进一步地，皮特（Peter，2008）等的研究结果表明，新能源汽车的优惠折扣宣传会对消费者购买意愿产生显著影响，并且宣传汽车所带来的经济利益会比宣传汽车节能特性的效果更好⑤。

其次，优惠补贴方面。政府的优惠补贴主要包括财政补贴与退税政策。亚伯拉罕斯（Abrahamse，2005）认为政府的优惠补贴策略属于后置策略，通过有效的经济刺激可以在短期内提高消费者的低碳消费意愿。大卫（David，

① Jiang, S., Purchase Intention for Electric Vehicles in China from a Customer-value Perspective. Social Behavior and Personality: an International Journal, Vol. 44, No. 4, 2016, pp. 641–655.

② 徐国虎、许芳：《新能源汽车购买决策的影响因素研究》，载于《中国人口·资源与环境》，2010年第20卷第11期，第91–95页。

③ Skippon, S., Garwood, M., Responses to Battery Electric Vehicles: UK Consumer Attitudes and Attributions of Symbolic Meaning following Direct Experience to Reduce Psychological Distance. Transportation Research Part D: Transport and Environment, Vol. 16, No. 7, 2011, pp. 525–531.

④ Abrahamse, W., Steg, L., Vlek, C., et al., A Rreview of Intervention Studies Aimed at Household Energy Conservation. *Journal of Environmental Psychology*, Vol. 25, No. 3, 2005, pp. 273–291.

⑤ Peter, A., Mueller, M. G., de Haan, P., et al., Feebates Promoting Energy-efficient Cars: Design Options to Address More Consumers and Possible Counteracting Effects. *Energy Policy*, Vol. 36, No. 4, 2008, pp. 1355–1365.

2009）研究美国政府新能源汽车策略时发现，政府的财政补贴政策对居民新能源汽车采购计划具有积极的影响①。进一步地，有学者在研究退税政策对混合动力汽车销售的影响时发现，退税政策在很大程度上刺激了消费者购买新能源汽车的欲望②。在我国研究者通过访问 454 名消费者后发现，政府的财政补贴与消费者对功能价值的感知之间存在紧密联系，但政府政策与消费者风险感知、情感价值以及购买意向之间的关系并不显著③。因此，研究者认为我国政府对电动汽车技术创新的支持依然不够，同时政府有必要加强低碳消费观念的宣传。

最后，基础设施建设方面。政府的基础设施建设主要包括推进汽车企业维修维护建设与充电服务网络的建设。前述产品属性中的售后服务部分有相当多的内容需要政府的辅助和支持，政府能否有效保障消费者购买新能源汽车后的维护维修和能源的可获得性及便利性，是影响居民购买和使用新能源汽车的重要因素。

7.4 促进我国城镇居民新能源汽车消费的整合模型和引导对策

7.4.1 促进居民新能源汽车消费的整合模型

从上文可以看出，国内外营销领域与政策研究领域已经对城镇居民新能源汽车购买和使用意愿进行了大量探讨。然而，这些研究的视角比较单一，内容也较为分散。鉴于此，通过对以往文献进行梳理并结合相关理论，本书将构建影响我国城镇居民新能源汽车消费的整合模型。在应用的基础理论方面，除了本书前面章节已经提及的计划行为理论（TPB）、理性行为理论（TRA）、负责任的环境行为理论（REB），还参照了技术接受模型（TAM）、态度—行为—情境模型（ABC）以及价值—信念—规范模型（VBN）。

---

① David, D. , The Impact of Government Incentives for Hybrid-electric Vehicles: Evidence from US States. *Energy Policy*, Vol. 37, 2009, pp. 972 - 983.

② Chandra, A. , Gulati, S. , Kandlikar, M. , Green Drivers or Free Riders? An Analysis of Tax Rebates for Hybrid Vehicles. *Journal of Environmental Economics and Management*, Vol. 60, No. 2, 2010, pp. 78 - 93.

③ Jiang, S. , Purchase Intention for Electric Vehicles in China From a Customer-value Perspective. *Social Behavior & Personality An International Journal*, Vol. 44, No. 4, 2016, pp. 641 - 655.

（1）计划行为理论及其拓展模型是环境行为研究领域学者使用频率最高的模型，主要是指个体的行为态度（个体对某一事件所持有的认知与情感倾向）、主观规范（个体对群体所带来的压力感知）和感知行为控制（个体对行为发生难易程度或可控性的感知）会对其行为意愿产生影响，并进一步作用于其行为[1]。

（2）理性行为理论是基于理性人假设所提出的认知行为模型，主要是指个体对行为结果的认知分析和价值判断会影响他们的行为态度，并进一步作用于其行为[2]。

（3）负责任的环境行为理论是海因斯（Hines，1987）等通过对大量有关环境行为的文献梳理后所总结出的理论推导模型，主要是指个体的行动技能、行动策略知识、环境问题感知和个体变量（态度、控制感和个人责任感）会影响其行为意愿，并进一步作用于其环境行为[3]。在这一过程中，经济、社会等方面的情境因素是重要的协变量。

（4）技术接受模型是研究个体对创新产品和创新技术采纳意愿时常用的模型，主要是指个体的感知有用性（个体对产品功能有用程度的感知）和感知易用性（个体对产品操作难易程度的感知）会影响个体的使用态度，并进一步作用于其行为[4]。

（5）态度—行为—情境模型是研究个体行为与外部因素关系时常用的模型，重点强调外部情境因素对个体行为的制约作用[5]。

（6）价值—信念—规范模型是研究个体人格特征与环境行为关系影响时常用的模型，主要是指个体的价值观会影响其信念，并进一步作用于其个体主观规范，最终影响行为[6]。

---

① Wang. S., Fan, J., Zhao, D., et al., Predicting Consumers' Intention to Adopt Hybrid electric vehicles: using an extended version of the theory of planned behavior model. *Transportation*, Vol. 43, No. 1, 2016, pp. 123 – 143.

② Fishbein, M., Ajzen, I., Belief, Attitude, Intention, and Behaviour: An Introduction to Theory and Research. 1975.

③ Hines, J. M., Hungerford, H. R., Tomera, A. N., Analysis and Synthesis of Research on Responsible Environmental Behavior: A Meta-analysis. *The Journal of Environmental Education*, Vol. 18, No. 2, 1987, pp. 1 – 8.

④ 何伟怡、何瑞：《新能源汽车公众市场扩散影响因素的实证分析——基于 TAM-IDT 理论》，载于《大连理工大学学报》（社会科学版），2015 年第 3 期，第 28 – 33 页。

⑤ Tanner, C., Kast, S. W., Promoting Sustainable Consumption: Determinants of Green Purchases by Swiss Consumers. *Psychology & Marketing*, Vol. 20, No. 10, 2003, pp. 883 – 902.

⑥ Stern, P. C., Towards a Coherent Theory of Environmentally Significant Behavior. *Journal of Social Issues*, Vol. 56, No. 3, 2000, pp. 407 – 424.

以上六个基础理论中包含了产品属性、政府政策、人口统计因素、个体心理和社会参照规范这些变量的影响分析。基于这些基本理论，借鉴王建明提出的低碳消费心理模型①，本章构建了影响消费者新能源汽车消费的框架模型，如图 7-1 所示。

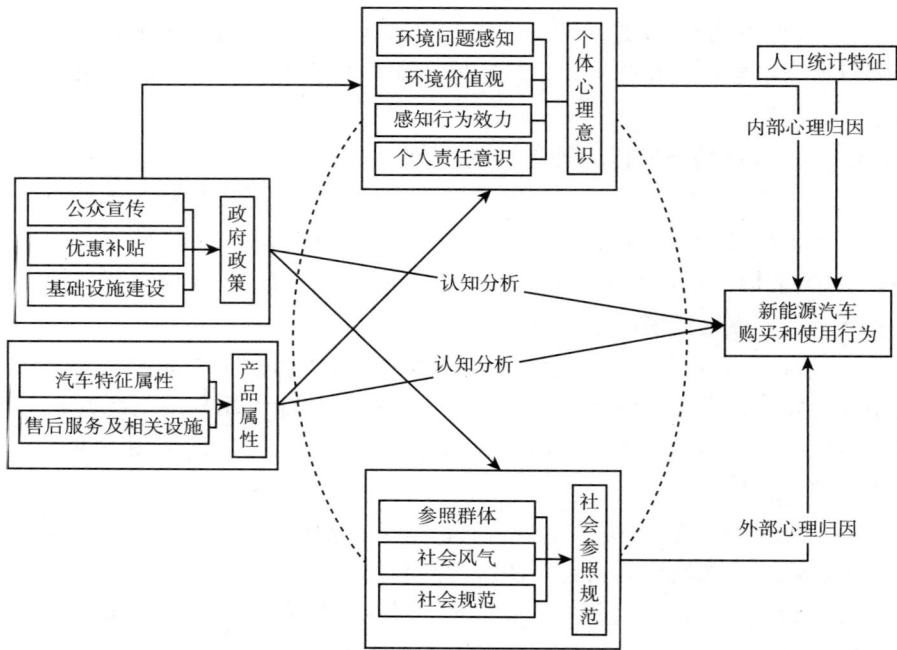

图 7-1 影响居民新能源汽车消费的整合模型

该模型中，个体心理意识变量包括环境问题感知、环境价值观、感知行为效力和个人责任意识，这些变量是影响消费者购买和使用新能源汽车的内部心理因素，会通过作用于消费者的心理偏好来影响他们对新能源汽车的购买和使用行为。具体来说，环境问题感知会积极影响消费者对新能源汽车态度、主观行为规范和感知行为效力，并进一步作用于其购买和使用意愿，最终促使他们购买和使用新能源汽车②。利他环境价值观和生态价值观会积极

① 王建明、贺爱忠：《消费者低碳消费行为的心理归因和政策干预路径：一个基于扎根理论的探索性研究》，载于《南开管理评论》，2011 年第 14 卷第 4 期，第 80-89 页。

② Wang, S., Fan, J., Zhao, D., et al., Predicting Consumers' Intention to Adopt Hybrid Electric Vehicles: Using an Extended Version of the Theory of Planned Behavior Model. *Transportation*, Vol. 43, No. 1, 2016, pp. 123-143.

影响消费者对新能源汽车的信念，并最终促使他们是否购买和使用新能源汽车[1]。个体责任意识会积极影响消费者对新能源汽车的态度，并最终促使他们对新能源汽车产生购买欲望。

社会参照规范，包括参照群体、社会风气和社会规范，是消费者购买和使用新能源汽车的外部心理归因。具体来说，参照群体对消费者能够提供新能源汽车消费的信息性和规范性影响[2]。社会规范是影响消费者新能源汽车消费的规范性因素，会促使消费者为了获得认同、称赞及接纳或为了避免抵制及排斥去购买和使用新能源汽车[3]。社会风气是影响消费者新能源汽车购买和使用的价值导向性因素，也会通过塑造消费者的心理价值观来促使他们发自内心地形成购买和使用新能源汽车的意愿。

产品属性，包括汽车特征属性和售后服务及相关设施，对消费者新能源汽车购买和使用的影响路径有两条：一是产品属性会通过影响消费者认知促使他们购买和使用新能源汽车。根据理性行为理论和技术接受模型，消费者通过对新能源汽车进行价值评估、有用性和易用性分析等认知判断产生新能源汽车消费意愿及行为[4][5]。二是产品属性还会通过影响消费者心理意识促使他们购买和使用新能源汽车。消费者对新能源汽车节能属性和清洁能源属性的认知分析会促使他们开始关注和了解环境问题（环境问题感知），思考自身行为对环境改善的帮助（感知行为效力），从而产生新能源汽车消费意愿及行为[6]。

政府政策，包括公众宣传、优惠补贴以及基础设施建设，对消费者新能源汽车购买和使用的影响路径有三条：第一，政府政策会通过影响消费者认知促使他们购买和使用新能源汽车。根据理性行为理论，优惠补贴会促使消

① Swami, V., Chamorropremuzic, T., Snelgar, R., et al., Egoistic, Altruistic, and Biospheric Environmental Concerns: a Path Analytic Investigation of their Determinants. *Scandinavian Journal of Psychology*, Vol. 51, No. 2, 2010, pp. 139 – 145.

② Molin, E., Aouden, F., van Wee. B., Car Drivers' Stated Choices for Hydrogen Cars: Evidence from a Small-scale Experiment//Transportation Research Board 86th Annual Meeting. 2007 (07 – 0547).

③ Koller, M., Floh, A., Zauner, A., Further Insights into Perceived Value and Consumer Loyalty: A "green" Perspective. *Psychology & Marketing*, Vol. 28, No. 12, 2011, pp. 1154 – 1176.

④ 何伟怡、何瑞:《新能源汽车公众市场扩散影响因素的实证分析——基于 TAM-IDT 理论》, 载于《大连理工大学学报》（社会科学版），2015 年第 3 期，第 28 – 33 页。

⑤ Ajzen, I., Fishbein, M., Belief, Attitude, Intention and Behavior: An Introduction to Theory and Research. 1975.

⑥ Jiang, S., Purchase Intention for Electric Vehicles in China From a Customer-value Perspective. *Social Behavior & Personality An International Journal*, Vol. 44, No. 4, 2016, pp. 641 – 655.

费者对新能源汽车进行成本收益分析；根据技术接受模型，基础设施建设和完善会促使消费者对新能源汽车进行有用性和易用性判断，从而产生对新能源汽车的消费意愿及行为。第二，政府政策也会通过作用于消费者的心理来进一步影响消费者购买和使用新能源汽车。一方面，公众宣传能够提供更多知识，积极影响消费者的环境问题感知和感知行为效力[①]；另一方面，公共宣传通过正能量内容能够引导人们树立正确的环境价值观与个人责任意识[②]。第三，政府政策也能够通过社会参照规范来影响消费者购买和使用新能源汽车。通过公共宣传能够营造良好的社会风气，从而促使消费者关注与解决环境和资源问题密切相关的新能源汽车[③]。

7.4.2　基于三方视角的居民新能源汽车消费引导对策

中央政府、地方政府、企业三方应采取的引导策略，如图 7－2 所示。

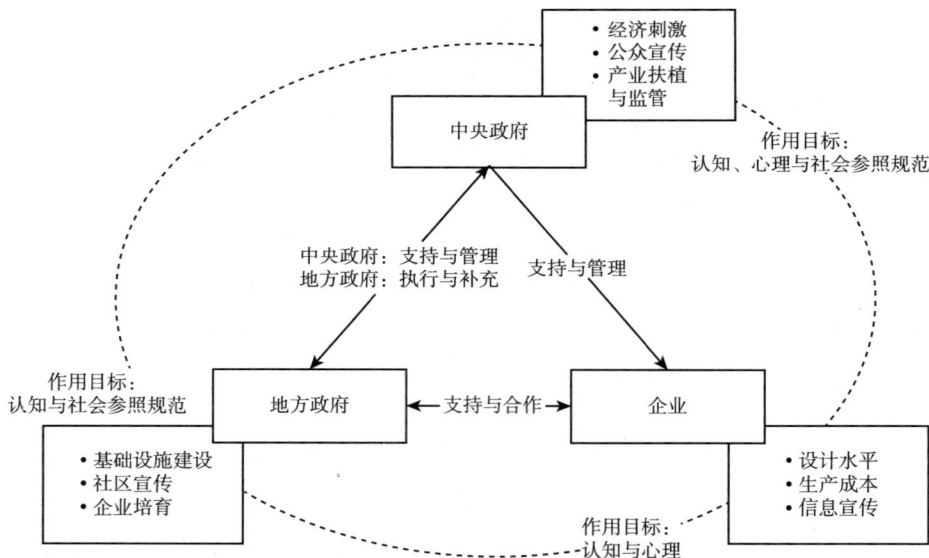

图 7－2　基于三方视角的我国居民新能源汽车消费引导建议框架

---

① Abrahamse, W., Steg, L., Vlek, C., et al., A Review of Intervention Studies Aimed at Household Energy Conservation. *Journal of Environmental Psychology*, Vol. 25, No. 3, 2005, pp. 273－291.

② Steg, L., Promoting Household Energy Conservation. *Energy Policy*, Vol. 36, No. 12, 2008, pp. 4449－4453.

③ 王建明、贺爱忠：《消费者低碳消费行为的心理归因和政策干预路径：一个基于扎根理论的探索性研究》，载于《南开管理评论》2011 年第 14 卷第 4 期，第 80－89 页。

首先，中央政府方面。中央政府引导策略的重点是经济刺激支持、公共宣传支持、产业扶植与监管。经济刺激支持是指中央政府向私人购买者提供财政补贴、税费减免等经济优惠政策来刺激居民新能源汽车购买欲望。这类政策的特点是见效快但持续时间短，需要及时更新相关信息并合理调配优惠力度。目前，已有研究发现由于我国政府颁布的经济刺激政策存在补贴种类少、补贴额度低、有效时间短等问题，居民对促进新能源汽车消费的政府经济刺激政策评价整体偏低①。因此，中央政府应该加紧相关政策研究，提出合理补贴方案，进一步刺激消费者新能源汽车的购买意愿。公共宣传支持是指国家相关部门向居民宣传节能环保和新能源汽车的产业信息与政策信息，这类措施的特点是作用范围广、周期长。针对我国居民新能源汽车消费状况调查时发现，由于我国新能源汽车公共宣传策略存在渠道少、形式单一、内容简单等问题，消费者所拥有的新能源汽车知识较为匮乏②。因此，政府有关部门可以通过报纸、电视、网络、手机等渠道以公益广告、新闻节目、专家座谈、用户回馈访谈等形式来宣传节能环保信息和新能源汽车的产业与政策信息，以帮助消费者获取更多相关知识，刺激他们的购买欲望。该策略属于消费者认知和个体心理上的引导策略。产业扶植与监管是指中央政府加大对新能源汽车产业研发资金的支持，加强对企业的监管审查力度，选拔并培育优质企业。目前，虽然国家对新能源汽车产业给予了大量财政支持，但关键领域的技术问题仍难以取得突破③。更糟糕的是，甚至有部分新能源汽车企业出现骗取国家补助行为，不仅导致整个新能源汽车产业中国家层面财政资金的大幅减少，还让民众对新能源汽车企业产生诸多质疑。鉴于此，国家应该完善监督审核机制，对于企业资质进行严格审查，对于违规企业严格处理，培育优质企业，从而带动整个产业的发展。虽然该策略并不能直接引导消费者产生新能源汽车消费行为，但可以通过提升企业研发和生产能力间接地刺激消费者理性购买需求。此外，该策略强调我国新能源汽车产业管理监督体制的健全与完善，能够从根本上保障消费者的经济利益和安全利益，降低消费者对于产品的感知风险，从而提高他们的购买可能性。

---

① 王显志、郭宏伟、王武宏：《基于层次分析法的新能源汽车产业政策评价》，载于《道路交通与安全》，2015 年第 1 期，第 41 - 46 页。

② 张大蒙、李美桂：《政策工具视角：中国汽车产业政策的主要问题与对策研究》，载于《工业技术经济》，2015 年第 1 期，第 3 - 11 页。

③ 李松：《中国新能源汽车产业的盛世危局——基于专利分析视角》，载于《商场现代化》，2014 年第 30 期，第 256 - 259 页。

其次，地方政府方面。地方政府引导策略的重点是基础设施建设支持、宣传支持以及企业培育支持。基础设施建设支持是指地方政府完善新能源汽车的维修、维护等服务平台和能源供应网络，这类政策的特点是周期长、耗资大，但长期效果好，需要与中央政府密切配合来完成。目前，我国新能源汽车发展策略是将纯电动汽车列为重要发展对象，并不断加强充电服务网点的建设。事实上，对于消费者来说，总是希望充电桩越多越好，充电时间越短越好，最好每一个可以停车的地方都建造一个充电桩，或者有便携充电器，像给电动自行车充电那样给新能源汽车充电。然而我国新能源汽车的充电桩无论是在数量上和还是在服务质量上都没有达到人们的预期。因此，地方政府应该紧密结合本地的经济发展状况、城市建设规划、新能源汽车保有量以及未来新能源汽车增长量等相关情况，合理地建设基础设施，提升消费者对新能源汽车消费兴趣和欲望。宣传支持是指地方政府对本地居民加强有关保护环境、节约资源以及创建和谐社会等的宣传。不同于国家层面的公众宣传，地方政府的宣传作为有益补充，在营造良好的社会风气，提升民众的社会责任感与道德责任意识，培养居民爱环境、懂节约、不浪费、不污染好习惯等方面都发挥重要影响作用。在促进新能源汽车推广策略上，地方政府可以设置新能源汽车体验店，让居民进入到店内有更多互动体验，让他们了解有关新能源汽车使用的知识，从而刺激其新能源汽车购买欲望。

再次，企业培育支持。事实上，我国很多汽车企业与地方政府之间的关系更为密切，尤其是那些处于起步阶段、实力相对较弱的公司，他们需要地方政府的扶持并借助地方政府的力量变得强大。因此，地方政府有必要对本地的优质新能源汽车公司进行更多的政策扶植，比如，在财政上提供更多帮助，加强企业与地方高校、科研机构之间的技术交流，推动企业的对外交流合作等，从而加速企业的发展步伐。

最后，企业方面。企业的引导策略重点是技术研发支持与广告宣传。企业要加强科技研发力度，实现关键领域技术突破，在稳定提升新能源汽车各方面性能的同时有效降低消费者购车成本。目前，我国新能源汽车在外形设计、技术成熟度及服务保障等方面实力较弱，汽车关键性能表现不足，甚至一些消费者认为购买新能源汽车会没有安全感。徐国虎等研究中的受访者普遍认为，电动汽车的成本远高于汽油或柴油车辆的成本，同时很担心电池问题，包括可能的爆炸和定期更换[①]，受访者还认为，广泛使用电动车可能导

---

① 徐国虎、徐芳：《新能源汽车购买决策的影响因素研究》，载于《中国人口·资源与环境》，2010 年第 11 期，第 91 - 95 页。

致供电短缺，从而使电价大幅上涨。鉴于此，企业一方面要加大研发力度，早日解决关键领域的技术问题，提高新能源汽车性能的同时降低消费者的购买成本；另一方面要大力进行广告宣传，传递新能源汽车的节能性、安全性与可靠性信息，提供给消费者更多可参照信息的同时降低他们对购车风险的感知。

综上所述，中央政府、地方政府和企业三方在促进我国居民新能源汽车消费的引导策略中各自扮演着不同的重要角色。事实上，三者并不是各自独立的，它们彼此之间有着紧密的联系。从图7-2中我们可以看到，中央政府实行宏观层面的经济刺激、公众宣传以及产业支持，地方政府则实行本地化的宣传支持与企业扶植，参与并执行中央政府关于相关基础设施的规划、建设与维护保障工作，是中央政策的执行者与补充者。中央政府和地方政府是企业的支持者、管理者及合作者。企业则是研发、生产新能源汽车的实施者，会受惠于中央和地方政府的支持，当然同时也要担负其广告宣传和教育消费者的责任。

附录 A

正式调查问卷

调查问卷
居民家庭能源消费调查问卷

问卷编号：_____

您好！我们是某大学居民家庭能源消费行为研究课题组，现调查居民家庭能源消费的状况。本调查问卷仅作为学术调查研究所用，问卷答案无好坏和对错之分，请您放心填写。谢谢您对我们工作的支持！请根据您的实际情况认真填写，在选项上打勾即可。

调查时间 _____ 年 ____ 月 ____ 日，调查人员 _____，调查地点 _____ 省（自治区/直辖市） _____ 市（县/区）。

A. 基本情况

A1. 您的性别：A. 男　　B. 女

A2. 您的年龄：A. 18 岁以下　B. 18～30 岁　C. 31～45 岁　D. 46～55 岁　E. 55 岁以上

A3. 您从事的行业：A. 国家机关、社会团体　B. 农、林、牧、渔　C. 建筑　D. 制造　E. 交通运输、仓储、邮政　F. 科、教、文、卫、体　G. 能源供应　H. 信息、金融　I. 食宿、销售　J. 其他

A4. 您的最高学历：A. 初中及以下　B. 高中及中专　C. 高职及大专　D. 大学本科　E. 研究生及以上

A5. 您的家庭类型：A. 独居　B. 已婚，无子女或不与子女同住　C. 三口之家　D. 两代家庭（已婚夫妻与父母同住）　E. 三代同堂或四代同堂

A6. 您家庭平均月收入：A. 4000 元及以下　B. 4001～8000 元　C. 8001～15000 元　D. 15001～30000 元　E. 30000 元以上

A7. 您居住房屋的使用面积：A. 50 平方米及以下　B. 51～80 平方米　C. 81～120 平方米　D. 121～160 平方米　E. 161 平方米以上

节能行为调查

购买行为：请根据您购买商品时的考虑，勾选出一个最恰当的选项（打√即可）。

考虑问题	很少做到	较少做到	约半做到	较多做到	很多做到
B1. 购买灯具或其他电器的时候，我会重点考虑是否节能					
B2. 购买空调、电冰箱、洗衣机等家电时注重高效节能的品牌					
B3. 购买家庭厨卫设施时，是否节能是影响我购买的主要因素之一					
B4. 购买小汽车时，是否节油是我重点考虑的一个因素					

削减行为：请根据您自身实际行为，勾选出一个最恰当的选项（打√即可）。

考虑问题	很少做到	较少做到	约半做到	较多做到	很多做到
C1. 离开房间时能随手关灯					
C2. 电器长时间不用时会主动切掉待机电源，减少电视、空调、电脑、饮水机、音响、微波炉等家用电器的待机耗电					
C3. 看完电视用遥控器关机后，还会关闭电源					
C4. 积累到足够的洗衣量才使用洗衣机					
C5. 如果不是太热，尽量使用电风扇而不是空调					
C6. 使用空调时夏季温度设定不低于24度					
C7. 存取冰箱中的食物时，尽量减少开门次数和开门时间					

节能动机调查

请根据您自身的判断，勾选出一个最恰当的选项（打√即可）。

考虑问题	非常不同意	比较不同意	不确定	比较同意	非常同意
D1. 我节能是因为我觉得这是我们每一个人应尽的责任和义务					
D2. 能源问题事关全社会的可持续发展，所以我尽可能去节能					
D3. 环境是大家的，能源是有限的，因此我会有意识主动去节能					
D4. 我节能是因为觉得这是获得所在团体或身边人的认可和接纳的行为（团体，可以是正式或非正式的，比如说一个单位的或经常聚在一起的某个圈子）					
D5. 我节能是因为觉得这是获得他人及社会认可的行为					
D6. 我节能是因为受到了身边人节能行为的激励和影响					
D7. 我节能是因为这样可以少交些电费或煤气费					
D8. 为了少交电费，我会有意识地节约用电					
D9. 如果不是为了减少费用和开支（比如电费、煤气费等），我是不会注意节能的					
D10. 通过节能行为，我为保护环境出了一份力，我感觉很开心					
D11. 我有境界和能力去实施节能，从中我感到了对自我的肯定和愉悦					
D12. 我实施节能行为是因为能从自己的行为中获得快乐感和满足感					

节能引导措施效果调查

请根据您自身的判断，勾选出一个最恰当的选项（打√即可）。

考虑问题	非常不同意	比较不同意	不确定	比较同意	非常同意
E1. 关于生活中节能带来社会效益和环境效益的相关信息和宣传能有效促进我节能					
E2. 有关能源社会问题（比如能源短缺、环境污染等）的信息宣传能有效促进我节能					

考虑问题	非常 不同意	比较 不同意	不确定	比较 同意	非常 同意
E3. 政府、相关组织及媒体给予的具体节能行为指导能有效促进我节能					
E4. 具体节能知识（比如如何选购节能电器、如何在日常消费行为中节能环保，如何在驾车中节能等）的信息和宣传能有效促进我节能					
E5. 周围朋友节能行为的示范效应会有效促使我去节能					
E6. 榜样人物（我认可的身边人或公众人物）节能的现身说法会有效促进我节能					
E7. 我所在的团体奉行的节能行为准则能有效促进我自己采取节能行为（团体，可以是正式或非正式的，比如说一个单位的或经常聚在一起的某个圈子）					
E8. 我希望每月能够收到电费、煤气费的月对比账单，让我直观地看到节能效果，这样会更刺激我节能					
E9. 看不到实施节能行为的效果会削减我的节能积极性					
E10. 如果有智能技术能让我看到具体用能行为的耗能量（比如一次洗衣耗能、一小时空调耗能等）肯定能大大促进我的节能行为					
E11. 能源价格高低是影响我是否节能的一个重要因素					
E12. 国家给予节能电器的价格补贴能有效促进我对这些节能产品的购买					
E13. 电费、气费的价格调整政策会在很大程度上影响我的节能行为					

问卷到此结束，再次表示感谢！

附录 B

节能动机测量模型验证性因子分析的部分输出结果

B1	LAMBDA-X			
	KSI1	KSI2	KSI3	KSI4
D1	0.99 (0.04) 32.40	—	—	—
D2	0.97 (0.03) 31.13	—	—	—
D3	0.90 (0.04) 27.08	—	—	—
D4	—	0.90 (0.04) 26.59	—	—
D5	—	0.98 (0.04) 30.77	—	—
D6	—	0.79 (0.05) 21.90	—	—
D7	—	—	0.99 (0.03) 31.96	—
D8	—	—	0.96 (0.04) 30.48	—

续表

	KSI1	KSI2	KSI3	KSI4
D9	—	—	0.89 (0.04) 26.61	—
D10	—	—	—	0.99 (0.03) 32.31
D11	—	—	—	0.99 (0.03) 32.57
D12	—	—	—	0.97 (0.03) 30.88

B2   **THETA-DELTA**

D1	D2	D3	D4	D5	D6
0.02 (0.01) 2.72	0.06 (0.01) 8.58	0.19 (0.01) 15.32	0.19 (0.02) 10.32	0.03 (0.02) 2.01	0.37 (0.05) 14.88

D7	D8	D9	D10	D11	D12
0.03 (0.01) 3.61	0.07 (0.01) 9.00	0.21 (0.08) 14.96	0.02 (0.00) 8.39	0.01 (0.00) 5.80	0.07 (0.00) 14.54

B3   **Squared Multiple Correlations for X-Variables**

D1	D2	D3	D4	D5	D6
0.98	0.94	0.81	0.81	0.97	0.63

D7	D8	D9	D10	D11	D12
0.97	0.93	0.79	0.98	0.99	0.93

附录 C

引导措施效果测量模型的
验证性因子分析输出结果

C1	LAMBAD-X				
	ETA1	ETA2	ETA3	ETA4	ETA5
E1	0.84 (0.03) 31.64	—	—	—	—
E2	0.86 (0.03) 32.16	—	—	—	—
E3	—	0.83 (0.03) 29.04	—	—	—
E4	—	0.99 (0.03) 35.73	—	—	—
E5	—	—	0.64 (0.02) 26.82	—	—
E6	—	—	0.69 (0.02) 27.82	—	—
E7	—	—	0.48 (0.02) 21.73	—	—
E8	—	—	—	0.64 (0.03) 23.44	—
E9	—	—	—	0.67 (0.03) 22.04	—

续表

	ETA1	ETA2	ETA3	ETA4	ETA5
E10	—	—	—	0.75 (0.03) 27.14	—
E11	—	– –	—	—	0.92 (0.03) 28.11
E12	—	—	—	—	0.96 (0.04) 30.37
E13	—	—	—	—	0.96 (0.03) 30.32

C2   **THETA-DELTA**

E1	E2	E3	E4	E5	E6
0.02 (0.01) 1.97	0.00 (0.01) 2.01	0.10 (0.01) 12.83	0.08 (0.01) 9.27	0.08 (0.01) 8.92	0.07 (0.01) 7.15
E7	E8	E9	E10	E11	E12
0.14 (0.01) 14.33	0.17 (0.01) 11.56	0.24 (0.02) 13.02	0.09 (0.02) 5.84	0.16 (0.01) 13.68	0.08 (0.01) 10.25
E13					
0.08 (0.01) 10.36					

C3   **Squared Multiple Correlations for X-Variables**

E1	E2	E3	E4	E5	E6
0.98	1.00	0.88	1.08	0.83	0.87
E7	E8	E9	E10	E11	E12
0.63	0.71	0.65	O.86	0.84	0.92
E13					
0.92					

附录 D

节能动机与节能引导措施效果间匹配关系的结构模型输出结果

D1   **LAMBDA-Y**

	ETA1	ETA2	ETA3	ETA4	ETA5
VAR1	1.00	—	—	—	—
VAR2	1.00 (0.01) 72.16	—	—	—	—
VAR3	—	1.00	—	—	—
VAR4	—	1.09 (0.03) 33.73	—	—	—
VAR5	—	—	1.00	—	—
VAR6	—	—	0.99 (0.04) 24.55	—	—
VAR7	—	—	0.87 (0.04) 20.71	—	—
VAR8	—	—	—	1.00	—
VAR9	—	—	—	1.02 (0.06) 18.47	—
VAR10	—	—	—	1.14 (0.06) 20.02	—
VAR11	—	—	—	—	1.00

续表

	ETA1	ETA2	ETA3	ETA4	ETA5
VAR12	—	—	—	—	1.05 (0.03) 36.72
VAR13	—	—	—	—	1.04 (0.03) 36.28

D2　　　　　　　　　　　**LAMBDA-X**

	KSI1	KSI2	KSI3	KSI4
VAR14	1.00			
VAR15	0.98 (0.02) 44.32			
VAR16	0.88 (0.03) 31.95			
VAR17		1.00		
VAR18		1.04 (0.03) 30.53		
VAR19		0.87 (0.04) 22.87		
VAR20			1.00	
VAR21			1.01 (0.02) 46.48	
VAR22			0.93 (0.03) 34.30	
VAR23				1.00
VAR24				1.00 (0.02) 64.49

续表

	KSI1	KSI2	KSI3	KSI4
VAR25				0.98 (0.02) 54.32

D3　　　　　　　　　　　**THETA—EPS**

VAR1	VAR2	VAR3	VAR4	VAR5	VAR6
0.03 (0.01) 3.66	0.03 (0.01) 3.87	0.19 (0.02) 9.84	0.03 (0.02) 1.80	0.24 (0.02) 9.89	0.26 (0.02) 10.55
VAR7	VAR8	VAR9	VAR10	VAR11	VAR12
0.42 (0.03) 13.81	0.40 (0.03) 12.77	0.38 (0.03) 12.38	0.23 (0.03) 8.12	0.20 (0.01) 13.67	0.12 (0.01) 11.16
VAR13					
0.13 (0.01) 11.53					

D4　　　　　　**Squared Multiple Correlations for Y-Variables**

VAR1	VAR2	VAR3	VAR4	VAR5	VAR6
0.97	0.97	0.81	0.97	0.76	0.74
VAR7	VAR8	VAR9	VAR10	VAR11	VAR12
0.58	0.60	0.62	0.77	0.80	0.88
VAR13					
0.87					

D5　　　　　　　　　　　**THETA—DELTA**

VAR14	VAR15	VAR16	VAR17	VAR18	VAR19
0.08 (0.01) 7.67	0.12 (0.01) 10.51	0.29 (0.02) 14.66	0.21 (0.02) 10.79	0.15 (0.02) 8.34	0.40 (0.03) 14.42
VAR20	VAR21	VAR22	VAR23	VAR24	VAR25
0.11 (0.01) 11.65	0.09 (0.01) 10.52	0.24 (0.02) 14.60	0.06 (0.01) 9.74	0.05 (0.01) 8.89	0.10 (0.01) 12.91

D6　　　　　　　　**Squared Multiple Correlations for X-Variables**

VAR14	VAR15	VAR16	VAR17	VAR18	VAR19
0.92	0.88	0.71	0.79	0.85	0.60
VAR20	VAR21	VAR22	VAR23	VAR24	VAR25
0.89	0.91	0.76	0.94	0.95	0.90

附录 E

不同动机下收入和学历的样本特征统计结果

E1					道德动机			

平均月收入	学历	N	均值	标准差	标准误	均值的 95% 置信区间	
						下限	上限
4000 元及以下	初中及以下	26	1.7949	0.55037	0.10794	1.5726	2.0172
	高中及中专	14	2.9048	0.59094	0.15793	2.5636	3.2460
	高职及大专	11	3.2727	0.69631	0.20995	2.8049	3.7405
	大学本科	7	4.2857	0.89087	0.33672	3.4618	5.1096
	总数	58	2.6437	1.06488	0.13983	2.3637	2.9237
4001 ~ 8000 元	初中及以下	3	3.2222	1.34715	0.77778	−0.1243	6.5687
	高中及中专	35	3.2190	0.79600	0.13455	2.9456	3.4925
	高职及大专	62	3.1828	0.64635	0.08209	3.0187	3.3469
	大学本科	56	3.7500	0.57647	0.07703	3.5956	3.9044
	研究生及以上	18	4.3148	0.56560	0.13331	4.0336	4.5961
	总数	174	3.4904	0.75663	0.05736	3.3772	3.6036
8001 ~ 15000 元	初中及以下	4	2.3333	1.18634	0.59317	0.4456	4.2211
	高中及中专	11	3.1212	0.65443	0.19732	2.6816	3.5609
	高职及大专	19	3.1930	0.58072	0.13323	2.9131	3.4729
	大学本科	48	3.8958	0.61945	0.08941	3.7160	4.0757
	研究生及以上	37	4.3243	0.65962	0.10844	4.1044	4.5443
	总数	119	3.7927	0.82109	0.07527	3.6437	3.9418
15001 ~ 30000 元	初中及以下	6	2.0556	1.21868	0.49752	0.7766	3.3345
	高中及中专	7	2.6190	0.73102	0.27630	1.9430	3.2951
	高职及大专	16	3.1667	0.62063	0.15516	2.8360	3.4974
	大学本科	30	3.6889	0.50236	0.09172	3.5013	3.8765
	研究生及以上	50	4.3200	0.65625	0.09281	4.1335	4.5065
	总数	109	3.7431	0.92700	0.08879	3.5671	3.9191

续表

平均月收入	学历	N	均值	标准差	标准误	均值的 95% 置信区间	
						下限	上限
30000 元以上	初中及以下	2	4.3333	0.00000	0.00000	4.3333	4.3333
	高中及中专	6	2.3333	0.36515	0.14907	1.9501	2.7165
	高职及大专	27	2.3457	0.52690	0.10140	2.1372	2.5541
	大学本科	17	3.4902	0.94368	0.22887	3.0050	3.9754
	研究生及以上	36	4.1481	0.66402	0.11067	3.9235	4.3728
	总数	88	3.3485	1.05156	0.11210	3.1257	3.5713

E2　　　　　　　　　　　规范动机

平均月收入	学历	N	均值	标准差	标准误	均值的 95% 置信区间	
						下限	上限
4000 元及以下	初中及以下	26	3.4231	1.03519	0.20302	3.0050	3.8412
	高中及中专	14	3.1905	0.94022	0.25128	2.6476	3.7333
	高职及大专	11	2.9697	1.13973	0.34364	2.2040	3.7354
	大学本科	7	2.9524	1.39348	0.52669	1.6636	4.2411
	总数	58	3.2241	1.06949	0.14043	2.9429	3.5053
4001 ~ 8000 元	初中及以下	3	3.2222	0.38490	0.22222	2.2661	4.1784
	高中及中专	35	3.4286	0.91670	0.15495	3.1137	3.7435
	高职及大专	62	2.8011	0.87769	0.11147	2.5782	3.0240
	大学本科	56	2.4405	0.91697	0.12254	2.1949	2.6860
	研究生及以上	18	2.1852	0.68811	0.16219	1.8430	2.5274
	总数	174	2.7548	0.95628	0.07250	2.6117	2.8979
8001 ~ 15000 元	初中及以下	4	4.3333	0.47140	0.23570	3.5832	5.0834
	高中及中专	11	2.9697	1.24235	0.37458	2.1351	3.8043
	高职及大专	19	2.5439	1.03166	0.23668	2.0466	3.0411
	大学本科	48	2.2500	0.72608	0.10480	2.0392	2.4608
	研究生及以上	37	2.1261	0.78705	0.12939	1.8637	2.3885
	总数	119	2.3950	0.94377	0.08652	2.2236	2.5663
15001 ~ 30000 元	初中及以下	6	3.0000	1.05409	0.43033	1.8938	4.1062
	高中及中专	7	3.2381	0.71270	0.26937	2.5790	3.8972
	高职及大专	16	2.5625	1.09354	0.27339	1.9798	3.1452
	大学本科	30	1.9667	0.81344	0.14851	1.6629	2.2704
	研究生及以上	50	1.9733	0.68954	0.09752	1.7774	2.1693
	总数	109	2.1957	0.89605	0.08583	2.0256	2.3658

续表

平均月收入	学历	N	均值	标准差	标准误	均值的 95% 置信区间	
						下限	上限
30000 元以上	初中及以下	2	1.6667	0.00000	0.00000	1.6667	1.6667
	高中及中专	6	1.6111	0.38968	0.15909	1.2022	2.0201
	高职及大专	27	1.5062	0.37406	0.07199	1.3582	1.6541
	大学本科	17	1.4902	0.69839	0.16938	1.1311	1.8493
	研究生及以上	36	1.6481	0.48432	0.08072	1.4843	1.8120
	总数	88	1.5720	0.48987	0.05222	1.4682	1.6758

E3 　　　　　　　　　　　　　　　　**获利动机**

平均月收入	学历	N	均值	标准差	标准误	均值的 95% 置信区间	
						下限	上限
4000 元及以下	初中及以下	26	4.7821	0.24841	0.04872	4.6817	4.8824
	高中及中专	14	4.5476	0.33607	0.08982	4.3536	4.7417
	高职及大专	11	4.6061	0.38925	0.11736	4.3446	4.8676
	大学本科	7	3.6667	1.30526	0.49334	2.4595	4.8738
	总数	58	4.5575	0.61618	0.08091	4.3955	4.7195
4001 ~ 8000 元	初中及以下	3	4.3333	0.66667	0.38490	2.6772	5.9894
	高中及中专	35	4.4095	0.41291	0.06979	4.2677	4.5514
	高职及大专	62	4.5269	0.38434	0.04881	4.4293	4.6245
	大学本科	56	4.3810	0.52196	0.06975	4.2412	4.5207
	研究生及以上	18	4.1296	0.54997	0.12963	3.8561	4.4031
	总数	174	4.4119	0.46959	0.03560	4.3416	4.4821
8001 ~ 15000 元	初中及以下	4	4.8333	0.33333	0.16667	4.3029	5.3637
	高中及中专	11	4.1818	0.60302	0.18182	3.7767	4.5869
	高职及大专	19	4.0175	0.52674	0.12084	3.7637	4.2714
	大学本科	48	3.7222	0.50685	0.07316	3.5750	3.8694
	研究生及以上	37	3.3243	0.97019	0.15950	3.0008	3.6478
	总数	119	3.7255	0.76855	0.07045	3.5860	3.8650
15001 ~ 30000 元	初中及以下	6	4.3889	0.53403	0.21802	3.8285	4.9493
	高中及中专	7	3.4762	0.83571	0.31587	2.7033	4.2491
	高职及大专	16	3.0833	0.85635	0.21409	2.6270	3.5396
	大学本科	30	2.5667	1.00630	0.18372	2.1909	2.9424
	研究生及以上	50	2.3800	0.87290	0.12345	2.1319	2.6281
	总数	109	2.7156	1.02120	0.09781	2.5217	2.9095

续表

平均月收入	学历	N	均值	标准差	标准误	均值的 95% 置信区间	
						下限	上限
30000 元以上	初中及以下	2	4.3333	0.00000	0.00000	4.3333	4.3333
	高中及中专	6	1.9444	0.57413	0.23439	1.3419	2.5470
	高职及大专	27	1.6543	0.46668	0.08981	1.4697	1.8389
	大学本科	17	1.8235	0.51529	0.12498	1.5586	2.0885
	研究生及以上	36	1.9907	0.68770	0.11462	1.7581	2.2234
	总数	88	1.9053	0.69471	0.07406	1.7581	2.0525

E4　快乐动机

平均月收入	学历	N	均值	标准差	标准误	均值的 95% 置信区间	
						下限	上限
4000 元及以下	初中及以下	26	1.5128	0.59052	0.11581	1.2743	1.7513
	高中及中专	14	2.2857	0.86585	0.23141	1.7858	2.7856
	高职及大专	11	2.2121	0.71915	0.21683	1.7290	2.6953
	大学本科	7	3.5238	1.24510	0.47060	2.3723	4.6753
	总数	58	2.0747	0.99716	0.13093	1.8125	2.3369
4001 ~ 8000 元	初中及以下	3	2.7778	1.64429	0.94933	− 1.3069	6.8624
	高中及中专	35	2.5714	1.07427	0.18159	2.2024	2.9405
	高职及大专	62	2.2849	0.82282	0.10450	2.0760	2.4939
	大学本科	56	2.6369	0.96458	0.12890	2.3786	2.8952
	研究生及以上	18	3.2963	1.31799	0.31065	2.6409	3.9517
	总数	174	2.5690	1.02444	0.07766	2.4157	2.7223
8001 ~ 15000 元	初中及以下	4	2.0833	1.42400	0.71200	− 0.1826	4.3492
	高中及中专	11	2.6364	1.06931	0.32241	1.9180	3.3547
	高职及大专	19	2.2807	0.76387	0.17524	1.9125	2.6489
	大学本科	48	2.8611	0.95979	0.13853	2.5824	3.1398
	研究生及以上	37	3.6396	0.91752	0.15084	3.3337	3.9456
	总数	119	2.9636	1.05836	0.09702	2.7715	3.1557
15001 ~ 30000 元	初中及以下	6	2.3333	0.98883	0.40369	1.2956	3.3710
	高中及中专	7	3.4286	1.39728	0.52812	2.1363	4.7208
	高职及大专	16	2.7917	0.97278	0.24319	2.2733	3.3100
	大学本科	30	2.9111	0.61235	0.11180	2.6825	3.1398
	研究生及以上	50	3.5733	0.81104	0.11470	3.3428	3.8038
	总数	109	3.1988	0.91750	0.08788	3.0246	3.3730

续表

平均月收入	学历	N	均值	标准差	标准误	均值的95% 置信区间	
						下限	上限
30000元以上	初中及以下	2	2.0000	0.00000	0.00000	2.0000	2.0000
	高中及中专	6	1.2222	0.27217	0.11111	0.9366	1.5078
	高职及大专	27	1.7531	0.61736	0.11881	1.5089	1.9973
	大学本科	17	2.6667	1.12423	0.27267	2.0886	3.2447
	研究生及以上	36	3.7778	0.70373	0.11729	3.5397	4.0159
	总数	88	2.7273	1.21248	0.12925	2.4704	2.9842

附录 F

不同动机下收入和性别的样本特征统计结果

动机	平均月收入	男			女		
		N	均值	标准差	N	均值	标准差
道德动机	4000 元及以下	32	2.9063	1.15232	26	2.3205	0.86142
	4001~8000 元	79	3.5907	0.68552	95	3.4070	0.80509
	8001~15000 元	62	3.8656	0.70248	57	3.7135	0.93316
	15001~30000 元	52	3.7821	0.78628	57	3.7076	1.04477
	30000 元以上	34	3.5098	1.07382	54	3.2469	1.03439
规范动机	4000 元及以下	32	3.0312	1.13706	26	3.4615	0.94787
	4001~8000 元	79	2.4515	0.96231	95	3.0070	0.87920
	8001~15000 元	62	2.2742	0.90036	57	2.5263	0.97985
	15001~30000 元	52	2.0833	0.89510	57	2.2982	0.89239
	30000 元以上	34	1.5686	0.57166	54	1.5741	0.43638
获利动机	4000 元及以下	32	4.4375	0.74506	26	4.7051	0.36911
	4001~8000 元	79	4.4388	0.43541	95	4.3895	0.49740
	8001~15000 元	62	3.7957	0.59247	57	3.6491	0.92243
	15001~30000 元	52	2.5897	1.03662	57	2.8304	1.00223
	30000 元以上	34	1.7647	0.66934	54	1.9938	0.70187
快乐动机	4000 元及以下	32	2.2500	1.15159	26	1.8590	0.73135
	4001~8000 元	79	2.5190	0.96039	95	2.6105	1.07810
	8001~15000 元	62	2.8065	0.98726	57	3.1345	1.11423
	15001~30000 元	52	3.1218	0.88075	57	3.2690	0.95210
	30000 元以上	34	2.6863	1.14280	54	2.7531	1.26422

附录 G

不同动机下收入和年龄的
样本特征统计结果

G1   道德动机

平均月收入	年龄	N	均值	标准差	标准误	均值的 95% 置信区间	
						下限	上限
4000 元 及以下	18 岁以下	1	3.6667	—	—	—	—
	18~30 岁	27	3.1235	0.92518	0.17805	2.7575	3.4894
	31~45 岁	9	2.7037	1.41857	0.47286	1.6133	3.7941
	46~55 岁	12	2.0278	0.75823	0.21888	1.5460	2.5095
	55 岁以上	9	1.8519	0.55556	0.18519	1.4248	2.2789
	总数	58	2.6437	1.06488	0.13983	2.3637	2.9237
4001~ 8000 元	18 岁以下	1	4.6667	—	—	—	—
	18~30 岁	59	3.4972	0.69031	0.08987	3.3173	3.6771
	31~45 岁	83	3.4418	0.77932	0.08554	3.2716	3.6119
	46~55 岁	20	3.6833	0.71308	0.15945	3.3496	4.0171
	55 岁以上	11	3.3636	0.97131	0.29286	2.7111	4.0162
	总数	174	3.4904	0.75663	0.05736	3.3772	3.6036
8001~ 15000 元	18 岁以下	2	3.6667	0.00000	0.00000	3.6667	3.6667
	18~30 岁	35	4.0000	0.76696	0.12964	3.7365	4.2635
	31~45 岁	58	3.8966	0.71793	0.09427	3.7078	4.0853
	46~55 岁	15	3.5333	0.94112	0.24300	3.0122	4.0545
	55 岁以上	9	2.7778	0.81650	0.27217	2.1502	3.4054
	总数	119	3.7927	0.82109	0.07527	3.6437	3.9418

平均月收入	年龄	N	均值	标准差	标准误	均值的 95% 置信区间	
						下限	上限
15001 ~ 30000 元	18 ~ 30 岁	25	3.8533	0.84481	0.16896	3.5046	4.2021
	31 ~ 45 岁	66	3.9343	0.74700	0.09195	3.7507	4.1180
	46 ~ 55 岁	6	3.5556	0.93492	0.38168	2.5744	4.5367
	55 岁以上	12	2.5556	1.17493	0.33917	1.8090	3.3021
	总数	109	3.7431	0.92700	0.08879	3.5671	3.9191
30000 元 以上	18 ~ 30 岁	17	3.0784	0.97560	0.23662	2.5768	3.5800
	31 ~ 45 岁	66	3.4040	1.08370	0.13339	3.1376	3.6704
	46 ~ 55 岁	5	3.5333	0.86923	0.38873	2.4540	4.6126
	总数	88	3.3485	1.05156	0.11210	3.1257	3.5713

G2 规范动机

平均月收入	年龄	N	均值	标准差	标准误	均值的 95% 置信区间	
						下限	上限
4000 元 及以下	18 岁以下	1	3.6667	—	—	—	—
	18 ~ 30 岁	27	2.9259	1.12976	0.21742	2.4790	3.3728
	31 ~ 45 岁	9	2.7407	0.93953	0.31318	2.0186	3.4629
	46 ~ 55 岁	12	3.5833	0.91149	0.26312	3.0042	4.1625
	55 岁以上	9	4.0741	0.61864	0.20621	3.5985	4.5496
	总数	58	3.2241	1.06949	0.14043	2.9429	3.5053
4001 ~ 8000 元	18 岁以下	1	3.0000	—	—	—	—
	18 ~ 30 岁	59	2.6780	0.90965	0.11843	2.4409	2.9150
	31 ~ 45 岁	83	2.5382	0.93390	0.10251	2.3342	2.7421
	46 ~ 55 岁	20	3.2667	0.84880	0.18980	2.8694	3.6639
	55 岁以上	11	3.8485	0.47990	0.14469	3.5261	4.1709
	总数	174	2.7548	0.95628	0.07250	2.6117	2.8979
8001 ~ 15000 元	18 岁以下	2	2.3333	1.41421	1.00000	−10.3729	15.0395
	18 ~ 30 岁	35	2.0476	0.77604	0.13118	1.7810	2.3142
	31 ~ 45 岁	58	2.1782	0.76016	0.09981	1.9783	2.3780
	46 ~ 55 岁	15	3.1778	0.86251	0.22270	2.7001	3.6554
	55 岁以上	9	3.8519	0.70929	0.23643	3.3066	4.3971
	总数	119	2.3950	0.94377	0.08652	2.2236	2.5663

平均月收入	年龄	N	均值	标准差	标准误	均值的95% 置信区间	
						下限	上限
15001～30000元	18～30岁	25	2.1333	0.76980	0.15396	1.8156	2.4511
	31～45岁	66	1.9040	0.73442	0.09040	1.7235	2.0846
	46～55岁	6	3.1667	0.50553	0.20638	2.6362	3.6972
	55岁以上	12	3.4444	0.74309	0.21451	2.9723	3.9166
	总数	109	2.1957	0.89605	0.08583	2.0256	2.3658
30000元以上	18～30岁	17	1.3922	0.41223	0.09998	1.1802	1.6041
	31～45岁	66	1.5808	0.45030	0.05543	1.4701	1.6915
	46～55岁	5	2.0667	0.89443	0.40000	0.9561	3.1772
	总数	88	1.5720	0.48987	0.05222	1.4682	1.6758

G3 获利动机

平均月收入	年龄	N	均值	标准差	标准误	均值的95% 置信区间	
						下限	上限
4000元及以下	18岁以下	1	4.3333	—	—	—	—
	18～30岁	27	4.4321	0.83622	0.16093	4.1013	4.7629
	31～45岁	9	4.5185	0.29397	0.09799	4.2926	4.7445
	46～55岁	12	4.7500	0.25126	0.07253	4.5904	4.9096
	55岁以上	9	4.7407	0.32394	0.10798	4.4917	4.9897
	总数	58	4.5575	0.61618	0.08091	4.3955	4.7195
4001～8000元	18岁以下	1	3.6667	—	—	—	—
	18～30岁	59	4.4181	0.46975	0.06116	4.2957	4.5405
	31～45岁	83	4.4297	0.42462	0.04661	4.3370	4.5224
	46～55岁	20	4.2833	0.58515	0.13084	4.0095	4.5572
	55岁以上	11	4.5455	0.54309	0.16375	4.1806	4.9103
	总数	174	4.4119	0.46959	0.03560	4.3416	4.4821
8001～15000元	18岁以下	2	3.3333	0.00000	0.00000	3.3333	3.3333
	18～30岁	35	3.4000	0.81969	0.13855	3.1184	3.6816
	31～45岁	58	3.6322	0.66282	0.08703	3.4579	3.8065
	46～55岁	15	4.2889	0.39574	0.10218	4.0697	4.5080
	55岁以上	9	4.7407	0.36430	0.12143	4.4607	5.0208
	总数	119	3.7255	0.76855	0.07045	3.5860	3.8650

续表

平均月收入	年龄	N	均值	标准差	标准误	均值的 95% 置信区间	
						下限	上限
15001 ~ 30000 元	18 ~ 30 岁	25	2.4933	0.95316	0.19063	2.0999	2.8868
	31 ~ 45 岁	66	2.4444	0.85402	0.10512	2.2345	2.6544
	46 ~ 55 岁	6	3.4444	0.62063	0.25337	2.7931	4.0958
	55 岁以上	12	4.3056	0.41337	0.11933	4.0429	4.5682
	总数	109	2.7156	1.02120	0.09781	2.5217	2.9095
30000 元以上	18 ~ 30 岁	17	1.6667	0.39087	0.09480	1.4657	1.8676
	31 ~ 45 岁	66	1.9040	0.63721	0.07843	1.7474	2.0607
	46 ~ 55 岁	5	2.7333	1.47949	0.66165	0.8963	4.5704
	总数	88	1.9053	0.69471	0.07406	1.7581	2.0525

G4   **快乐动机**

平均月收入	年龄	N	均值	标准差	标准误	均值的 95% 置信区间	
						下限	上限
4000 元及以下	18 岁以下	1	3.3333	—	—	—	—
	18 ~ 30 岁	27	2.2469	0.98966	0.19046	1.8554	2.6384
	31 ~ 45 岁	9	2.1111	1.28019	0.42673	1.1271	3.0952
	46 ~ 55 岁	12	1.7222	0.74986	0.21647	1.2458	2.1987
	55 岁以上	9	1.8519	0.97341	0.32447	1.1036	2.6001
	总数	58	2.0747	0.99716	0.13093	1.8125	2.3369
4001 ~ 8000 元	18 岁以下	1	4.6667	—	—	—	—
	18 ~ 30 岁	59	2.6610	0.83389	0.10856	2.4437	2.8783
	31 ~ 45 岁	83	2.4739	1.11302	0.12217	2.2309	2.7169
	46 ~ 55 岁	20	2.6333	1.13889	0.25466	2.1003	3.1664
	55 岁以上	11	2.4848	0.95874	0.28907	1.8408	3.1289
	总数	174	2.5690	1.02444	0.07766	2.4157	2.7223
8001 ~ 15000 元	18 岁以下	2	3.0000	0.00000	0.00000	3.0000	3.0000
	18 ~ 30 岁	35	3.1810	0.99785	0.16867	2.8382	3.5237
	31 ~ 45 岁	58	3.0000	1.12564	0.14780	2.7040	3.2960
	46 ~ 55 岁	15	2.7333	0.97753	0.25240	2.1920	3.2747
	55 岁以上	9	2.2593	0.84620	0.28207	1.6088	2.9097
	总数	119	2.9636	1.05836	0.09702	2.7715	3.1557

续表

平均月收入	年龄	N	均值	标准差	标准误	均值的 95% 置信区间	
						下限	上限
15001~30000 元	18~30 岁	25	3.6800	0.79629	0.15926	3.3513	4.0087
	31~45 岁	66	3.2121	0.85462	0.10520	3.0020	3.4222
	46~55 岁	6	2.8333	0.98319	0.40139	1.8015	3.8651
	55 岁以上	12	2.3056	0.80977	0.23376	1.7911	2.8201
	总数	109	3.1988	0.91750	0.08788	3.0246	3.3730
30000 元以上	18~30 岁	17	2.8039	1.13075	0.27425	2.2225	3.3853
	31~45 岁	66	2.7727	1.24744	0.15355	2.4661	3.0794
	46~55 岁	5	1.8667	0.76739	0.34319	0.9138	2.8195
	总数	88	2.7273	1.21248	0.12925	2.4704	2.9842

参 考 文 献

1. 陈利顺：《城市居民能源消费行为研究》，大连理工大学博士学位论文，2009 年。

2. 程川、陈蓓、任绍光：《重庆农村不同家庭能源消费研究》，载于《可再生能源》，2004 年第 5 期。

3. 樊丽明、郭琪：《公众节约能源行为及政策引导研究》，载于《中国科技产业》，2007 年第 10 期。

4. ［美］菲利普·科特勒、内德·罗伯托、南希·李：《社会营销——提高生活质量的方法》，中央编译出版社 2006 年版。

5. 封亚琴、钱希兹：《居民节能与电价关系探析》，载于《电力需求侧管理》，2009 年第 5 期。

6. 冯怡琳：《城镇居民的节能意识和节能状况》，载于《中国统计》，2008 年第 8 期。

7. 焦有梅、白慧仁、蔡飞：《山西城乡居民生活节能潜力与途径分析》，载于《山西能源与节能》，2009 年第 2 期。

8. 刘毅：《居民节能意识及节能行为调查分析》，载于《电力需求管理》，2009 年第 11 期。

9. 刘宇伟：《国外住户节能行为的机理、促进策略及对我国的启示》，载于《扬州大学学报》，2009 年第 2 期。

10. 刘宇伟：《消费者家庭节能行为的综合模型》，载于《中国经济》，2009 年第 12 期。

11. 陆莹莹、赵旭：《家庭能源消费研究述评》，载于《水电能源科学》，2008 年第 1 期。

12. 芈凌云：《城市居民低碳化能源消费行为及政策引导研究》，中国矿业大学博士论文，2011 年。

13. 曲英：《城市居民生活垃圾源头分类行为研究》，大连理工大学博士学位论文，2007 年。

14. 孙岩、武春友：《环境行为理论研究评述》，载于《科研管理》，2007 年第 3 期。

15. 孙岩：《居民环境行为及其影响因素研究》，大连理工大学博士学位论文，2006 年。

16. 谭婧：《城镇居民的生活方式与绿色购买行为的关系研究——以大石桥市为例》，吉林大学博士学位论文，2008 年。

17. 陶蕊：《基于计划行为理论的环保型产品购买行为分析》，载于《云南农业大学学报》，2011 年第 2 期。

18. 王春清、韦新东、高伟俊：《吉林省生活用能源消费结构及环境负荷的预测研究》，载于《长春工业大学学报》，2007 年第 7 期。

19. 王凤：《公众参与环保行为的影响因素及其作用机理研究》，西北大学博士学位论文，2007 年。

20. 王建明：《消费者为什么选择循环行为》，载于《中国工业经济》，2007 年第 10 期。

21. 王建明：《资源节约意识对资源节约行为的影响——中国文化背景下一个交互效应和调节效应模型》，载于《管理世界》，2013 年第 8 期。

22. 温忠麟、张雷、侯杰泰等：《中介效应检验及其应用》，载于《心理学报》，2004 年第 5 期。

23. 姚涛：《基于延伸的计划行为理论的网络游戏持续使用研究》，浙江大学博士论文，2011 年。

24. 张文彤：《SPSS 统计分析教程》，北京希望电子出版社 2002 年版。

25. 张文渊：《淮海农场家庭生活用能和能源消费的分析研究》，载于《能源研究与信息》，2000 年第 1 期。

26. 张毅祥、王兆华：《基于计划行为理论的节能意愿影响因素——以知识型员工为例》，载于《北京理工大学学报》，2012 年第 6 期。

27. 郑晓明、方俐洛、凌文辁：《社会规范研究综述》，载于《心理学动态》，1997 年第 5 期。

28. 中华人民共和国交通运输部：《汽车驾驶节能手册》，人民交通出版社 2008 年版。

29. 庄仲达、白二朋：《影响汽车油耗的因素及降低油耗的对策》，载于《工程技术与产业经济》，2012 年第 3 期。

30. Abrahamse, W., Energy Saving Through Behavioral Change: Examining

the Effectiveness of a Tailor-Made Approach. Thesis of State University Groningen, the Netherlands, 2007.

31. Abrahamse, W. , Steg, L. , Vlek, C. et al. , A Review of Intervention Studies Aimed at Household Energy Conservation. *Journal of Environmental Psychology*, 2005.

32. Abrahamse, W. , Steg, L. , How Do Socio-demographic and Psychological Factors Relate to Households' Direct and Indirect Energy Use and Savings. *Journal of Economic Psychology*, Vol. 30, No. 5, 2009.

33. Ajzen, I. , Perceived Behavioral Control, Self-efficacy, Locus of Control and the Theory of Planned Behavior. *Journal of Applied Social Psychology*, Vol. 32, No. 4, 2002.

34. Andoa, R. , Nishihori, Y. , A Study on Factors Affecting the Effective Eco-driving, Procedia-Social and Behavioral Sciences, No. 54, 2012.

35. Anker-Nilssen, P. , Household Energy Use and the Environment—a Conflicting Issue. *Applied Energy*, Vol. 76, No. 1 – 3, 2003.

36. Bamberg, S. , How does Environmental ConcernInf luence Specific Environmentally Related Behaviors? A New Answer to an Old Question. *Journal of Environmental Psychology*, Vol. 23, No. 1, 2003.

37. Baron, R. M. , Kenny, D. A. , The Moderator Mediator Variable Distinction in Social Psychological Research: Conceptual, Strategic and Statistical Considerations. *Journal of Personality and Social Psychology*, 1986.

38. Barr, S. , Household Waste Management: Social Psychological Paradigm in Social-psychological Context. *Environment and Behavior*, Vol. 27, No. 6, 1995.

39. Barr, S. , Gilg, A. W. , Ford, N. , The Household Energy Gap: Examining the Divide between Habitual and Purchase-related Conservation Behaviours. *Energy Policy*, Vol. 33, No. 11, 2005.

40. Black, J. S. , Stern, P. , Elworth, J. T. , Personal and Contextual Influences on Household Energy Adaptations. *Journal of Applied Psychology*, Vol. 70, No. 1, 1985.

41. Bohm, G. , Pfister. H. R. , Consequences, Morality, and Time in Environmental Risk Evaluation. *Journal of Risk Research*, Vol. 8, No. 6, 2005.

42. Borgstede, C. , Biel, A. , Pro-environmental Behavior: Situational Barriers and Concern for the Good at Stake. *Goteborg Psychological Reports*, Vol. 32,

No. 1, 2002.

43. Breakwell, G. M., The psychology of risk. Cambridge: Cambrige University Press, 2007.

44. Bronfman, N. C., Cifuentes, L. A., Gutierrez. V. V., Participant-focused Analysis: Explanatory Power of the Classic Psychometric Paradigm in Risk Perception. *Journal of Risk Research*, Vol. 11, No. 6, 2008.

45. Castronova, E., Achievement Bias in the Evolution of Preferences. *Journal of Bioeconomics*, Vol. 6, No. 2, 2004.

46. Chan, K., Mass Communication and Pro-environmental Behavior: Waste Recycling in Hong Kong. *Journal of Environmental Management*, Vol. 52, No. 4, 1998.

47. Chan, K., Determinants of Chinese Consumers' Green Purchase Behavior. *Psychology & Marketing*, Vol. 18, No. 4, 2001.

48. Cristea, M., Paran, F., Delhomme, P., The Role of Motivations for Eco-driving and Social Norms on Behavioural Intentions Regarding Speed Limits and Time Headway. *World Academy of Science, Engineering and Technology*, Vol. 6, No. 6, 2012.

49. Dahlstand, U., Biel, A., Pro-environmental Habits: Propensity Levels in Behavioral Change. *Journal of Applied Social Psychology*, Vol. 27, No. 7, 1997.

50. Dake, K. Orienting Dispositions in the Perception of Risk: An Analysis of Contemporary Worldviews and Cultural Biases. *Journal of Cross-Cultural Psychology*, Vol. 22, No. 1, 1991.

51. Danner, U. N., Aarts, H., DeVries, N. K., Habit Formation and Multiple Means to Goal Attainment: Repeated Retrieval of Target Means Causes Inhibited Access to Competitors. *Personality and Social Psychology*, Vol. 33, No. 10, 2007.

52. Darby, S., Social Learning and Public Policy: Lessons from an Energy-Conscious Village. *Energy Policy*, Vol. 34, No. 17, 2006.

53. Dohle, S., Keller, C., Siegrist. M., Examining the Relationship between Affect and Implicit Associations: Implications for Risk Perception. *Risk Analysis*, Vol. 30, No. 7, 2010.

54. Dunlap, R., Trends in Public Opinion toward Environmental Issues: 1965 – 1990. *Society and Natural Resources*, Vol. 4, No. 3, 1991.

55. Egmond, C., Jonkers, R., Kok. G., A Strategy to Encourage Housing

Associations to Invest in Energy Conservation. *Energy Policy*, Vol. 33, No. 18, 2005.

56. Ek, K., Soderholm, P., Norms and Economic Motivation in Swedish Green Electricty Market. *Ecological Economics*, Vol. 68, No. 1 – 2, 2008.

57. Eriksson, L. J. G., Annika, M. N., Interrupting Habitual Car Use: The Importance of Car Habit Strength and Moral Motivation for Personal Car Use Reduction. Transportation Research Part F: Traffic Psychology and Behaviour, Vol. 11, No. 1, 2008.

58. Fazio, R. H., and M. A. Olson., Implicit Measures in Social Cognition Research: Theirmeaning and Use. *Annual Review of Psychology*, Vol. 54, 2003.

59. Fischer, C., Feedback on Household Electricity Consumption: a Tool for Saving Energy? *Energy Efficience*, Vol. 1, No. 1, 2008.

60. Fischhoff, B., Gonzalez, R. A., Lerner, J. S., Small, D. A., Evolving Judgments of Terrorrisks: Foresight, Hindsight, and Emotion. *Journal of Experimental Psychology-Applied*, Vol. 11, No. 2, 2005.

61. Frick, J., Kaiser, F. G., Wilson, M., Environmental Knowledge and Conservation Behavior: Exploring Prevalence and Structure in a Representative Sample. *Personality and Individual Differences*, Vol. 37, No. 8, 2004.

62. Gatersleben, B., Steg, L., Vlek, C., Measurement and Determinants of Environmentally Significant Consumer Behavior. *Environment and Behavior*, Vol. 34, No. 3, 2002.

63. Gert-Jan, Understanding College Students' Fruit Consumption Integrating Habit Strength in the Theory of Planned Behavior. *The Journal of Appetite*, 2009.

64. Gram-Hanssen, K., Standby Consumption in Households Analyzed with a Practice Theory Approach. *Journal of Industrial Ecology*, Vol. 14, No. 1, 2010.

65. Guagnano, G. A., Stern, P. C., Dietz, T., Influences on Attitude-behavior Relationships: A Natural Experiment with Curbside Recycling. *Environment and Behavior*, Vol. 27, No. 5, 1995.

66. Gutteling, J. M., M. Kuttschreuter., The Role of Expertise in Risk Communication: Lay People's and Expert's Perception of the Millennium Bug Risk in the Netherlands. *Journal of Risk Research*, Vol. 5, No. 1, 2002.

67. Hines, J. M., Hungerford, H. R., Tomera, A. N., Analysis and Synthesis of Research on Responsible Environmental Behavior: AMeta-analysis. *Journal*

of Environmental Education, Vol. 18, No. 2, 1986.

68. Jaber, J. O. , Mamlook, R. , Awad, W. , Evaluation of Energy Conservation Programs in Residential Sector Using Fuzzy Logic Methodology. *Energy Policy*, Vol. 33, No. 10, 2005.

69. James, K. , Evaluating the Applicability of Integrated Domestic Energy Consumption Frameworks in the UK. *Energy Policy*, Vol. 34, No. 17, 2006.

70. Jansson, J. , Marell, A. , Green Consumer Behavior: Determinants of Curtailment and Eco-innovation Adoption. *Journal of Consumer Marketing*, Vol. 27, No. 4, 2010.

71. Joffe, H. , Risk: From Perception to Social Representation. *British Journal of Social Psychology*, Vol. 42, No. 1, 2003.

72. Leiserowitz, A. A. , American Risk Perceptions: Is Climate Change Dangerous? *Risk Analysis*, Vol. 25, No. 6, 2005.

73. Linden A. L. , Carlsson-Kanyama, A. , Eriksson, B. , Efficient and Inefficient Aspects of Residential Energy Behavior: What are the Policy Instruments for Change? *Energy Policy*, Vol. 34, No. 14, 2006.

74. Mahmoud, M. A. , Alajmi, A. F. , Quantitative Assessment of Energy Conservation Due to Public Awareness Campaigns Using Neural Networks. *Applied Energy*, Vol. 87, No. 1, 2010.

75. Marcinkowski, T. J. , An Analysis of Correlates and Predictors of Responsible Environmental Behavior. Southern Illionois University, 1988.

76. McCalley, L. T. , Cees, J. H. , Midden, Energy Conservation Through Product-Integrated Feedback: The Roles of Goal-Setting and Social Orientation. *Journal of Economic Psychology*, Vol. 23, No. 5, 2002.

77. McKenzie-Mohr, D. , Promoting Sustainable Behavior: An Introduction to Community-based Social Marketing. *Journal of Social Issues*, Vol. 56, No. 3, 2000.

78. Nordlunda, A. M. , Garvill, J. , Effects of Values, Problem Awareness, and Personal Norm on Willingnessto Reduce Personal Car Use. *Journal of Environmental Psychology*, Vol. 23, No. 4, 2003.

79. Ouellette, J. A. , Wood, W. , Habit and Intention in Everyday Life: The Multiple Processes by Which Past Behavior Predicts Future Behavior. *Psychological Bull*, Vol. 124, No. 1, 1998.

80. Perugini, M. , Bagozzi, R. P. , The Role of Desires and Anticipated Emotions in Goal-directed Behaviours: Broadening and Deepening the Theory of Planned Behaviour. *British Journal of Social Psychology*, Vol. 40, No. 1, 2001.

81. Peters, R. G. , Covello, V. T. , McCallum, D. B. , The Determinants of Trust and Credibility in Environmental Risk Communication: An empirical Study. *Risk Analysis*, Vol. 17, No. 1, 1997.

82. Scott, D. , Parker, P. , Rowlands, H. I. , Determinantsof Energy Efficiency Behaviors in the Home. *Environments*, Vol. 28, No. 3, 2000.

83. Sia, A. P. , Hungerford, H. R. , Tomera, A. N. , Selected Predictors of Responsible Environmental Behavior: an Analysis. *The Journal of Environmental Education*, Vol. 17, No. 2, 1985 /1986.

84. Siegrist, M. , Cvetkovich. G. , Perception of hazards: The role of social trust and knowledge. *Risk Analysis*, Vol. 20, No. 5, 2000.

85. Smith, C. A. , Kirby, L. D. , Putting Appraisal in Context: Toward a Relational Model of Appraisal and Emotion. *Cognition & Emotion*, Vol. 23, No. 7, 2009.

86. Spence, A. , Townsend, E. , Spontaneous Evaluations: Similarities and Differences between the Affect Heuristic and Implicit Attitudes. *Cognition & Emotion*, Vol. 22, No. 1, 2008.

87. Stern, P. C. , Dietz, T. , The Value Basis of Environmental Concern. *Journal of Social Issues*, Vol. 50, No. 3, 1994.

88. Stern, P. C. , Toward a Coherent Theory of Environmentally Signifieant Behavior. *Journal of Social Issues*, Vol. 56, 2000.

89. Sutterlin, B. , Brunner, T. A. , Siegrist, M. , Who Puts the Most Energy into Energy Conservation? A Segmentation of Energy Consumers Based on Energy-related Behavioral Characteristics. *Energy Policy*, Vol. 39, No. 12, 2011.

90. Swan, L. G. , Ugursal, V. I. , Modeling of End-use Energy Consumption in the Residential Sector: A Review of Modeling Techniques. Renewableand Sustainable Energy Reviews, Vol. 13, No. 8, 2009.

91. Tanner, C. , Kast, S. W. , Promoting Sustainable Consumption: Determinants of Green Purchases by Swiss Consumers. *Psychology&Marketing*, Vol. 20, No. 10, 2003.

92. Thøgersen, J. , Møller, B. , Breaking Car Use Habits: the Effectiveness

of a Free one-month Travelcard. *Transportation*, Vol. 35, No. 3, 2008.

93. Triandis, H., Interpersonal Behavior. Monterey, CA: Brooks-Cole. No. 3, 1977.

94. Tueker, P., A Survey of Attitudes and Barriers to Kerbside Recycling. *Environmental and Waste Management*, Vol. 2, No. 1, 1999.

95. Vastfjall, D., Peters, E., Slovic. P., Affect, Risk Perception and Future Optimism after the Tsunami Disaster. Judgment and Decision Making Journal, Vol. 3, No. 1, 2008.

96. Verplanken, B., Orbell, S., Reflections of Past Behavior: A Self-report Index of Habit Strength. *Journal of Applied Social Psychology*, Vol. 33, No. 6, 2003.

97. Watson, L., Spence, M. T., Causes and Consequences of Emotions on Consumer Behaviour – a Review and Integrative Cognitive Appraisal Theory. *European Journal of Marketing*, Vol. 41, No. 5, 2007.

98. Willis, H. H., Dekay, M. L., The Roles of Group Membership, Beliefs, and Norms in Ecological Risk Perception. *Risk Analysis*, Vol. 27, No. 5, 2007.